第九集

主编 严晓星

图书在版编目(CIP)数据

掌故.第9集/严晓星主编. —北京:中华书局,2022.8
ISBN 978-7-101-15854-0

Ⅰ.掌… Ⅱ.严… Ⅲ.中国历史-掌故 Ⅳ.K206.6

中国版本图书馆CIP数据核字(2022)第143832号

书　　名　掌　故(第九集)
主　　编　严晓星
责任编辑　李世文
责任印制　管　斌
出版发行　中华书局
(北京市丰台区太平桥西里38号　100073)
http://www.zhbc.com.cn
E-mail:zhbc@zhbc.com.cn
印　　刷　三河市中晟雅豪印务有限公司
版　　次　2022年8月第1版
2022年8月第1次印刷
规　　格　开本/850×1168毫米　1/32
印张11　插页2　字数180千字
印　　数　1-4500册
国际书号　ISBN 978-7-101-15854-0
定　　价　78.00元

掌故

第九集

目　录

钱锺书旁记

钱锺汉编写　钱汝虎整理

整理者言：

这是我父亲在1981年左右所写的一组手稿，原稿比较凌乱，字迹也潦草难辨。我花了大约十天时间才释读整理出来。原稿其实有多篇，不同人事以及前后时间错综交集，且有不少重复内容。为了便于阅读，我稍稍做了一些调整，合而为一，并加了小标题。我还酌加了少量注释，用小字加括号以作区别。

上世纪70年代末，父亲被宣布右派问题改正，心情变得比较愉悦。但是岁月蹉跎二十年，小半辈子荒废掉了，桑榆暮色总是无奈。好在他早已耐得住寂寞，恰逢大量文史书籍源源出版，他就以购书、读书为乐，并且毫无功利目的地撰写各种小说自娱。偶遇对历史掌故有兴趣的年轻人，就侃侃而谈，天花乱坠——他的经历繁杂，又善于讲故事。只是我们自家几个兄弟姐妹却毫无兴趣。

也就在那段时间，堂伯父锺书先生的声名突然先在海外鹊起，随后国内就出现了最早的“锺粉”。其中有几位通过各种关系找到父亲，跟他打听锺书轶事，他便不厌其烦地倾囊相告。当时信息手段远不如今天，于是父亲的日常功课又添了一门：为那几位“锺粉”撰写资料。

我对他此举并不以为然，因为我知道锺书先生很讨厌被不相干的人放在显微镜下观察，进而受到不同形式的干扰。但“只因父亲做主决定的事，也无法反对”。包括我母亲，也只能啧有烦言而已。那时锺书先生跟父亲时有鸿札过往，似乎他也对父亲有所劝喻，但我老爹依然如故，堂伯父亦无可奈何。

父亲于1982年9月突然病逝，当时大家手忙脚乱，料理完后事又各忙各的。他遗留下一大堆手稿，我胡乱打成包放进书橱里，以后就一直埋没在我们自己越来越多的书底下。其实我也很想把父亲遗稿阅读整理，只是他的字迹很难辨认，一般人看他手写的文字如读天书。当年他有一位挚友黄琏宝（讳一生）世伯，总是帮他把要发表的手稿工整誊抄后才能送出。因为这份顾忌，所以他的手稿在我家亭子间里蒙尘近四十年。直至近年来我基本停止社会活动，才重新翻出了那些纸包。最近检出这一组关于锺书先生的文稿，原先分散在几个包里，现在虽拢在一起了，其实还是缺页的。好在本来就是零碎的，互相不挨着。我猜应是当年父亲为飨“锺粉”而写，且是草稿，因为有些内容尚未见诸“钱学”著作。

整理过程甚觉艰难。首先是因为我“生在新中国，长在红旗下”，以前对列祖列宗的事迹不感兴趣，长辈也不愿意提起。在80年代之前，所有人都尽量回避旧事，“不知道的别打听，打听明白放在心里也是病”。直到我整理父亲撰写的历史小说《商埠春秋》（已于2020年10月出版），考证了无锡乃至我们家的一些往事，才算看到一点皮毛。不少“钱学”研究人士对我家族脉络的熟稔程度，其实远超过墙内的我们这些本主儿。其次是我接受的正规教育到1966年初中毕业就戛然而止，以后一直没有系统地学习文史，对文学理论更是未窥其门。这组文字里涉及一大批民国时代的国学人物，于我大多素昧平生，老爹笔划犹如蛐蟮，每每一处读不明白就得花半天去核查。好在一旦上了手，一点一点抽丝剥茧便有滋有味了，至少弄清自家祖宗八代就很有所谓的“获得感”（手边没有家谱，靠拼凑）。有些原先深埋在记忆深处的淡薄印象，会突然跳出来——“原来就是他（她）！”还真是非常地激动。

一开始并不打算让这组文字外传，因为毕竟是家庭内部的琐事。再想想，这也算父亲的“口述历史”，里面牵涉的人物均已作古，而且八卦成分有限，公之于众也无伤大雅，或许能给某些朋友帮点小忙。因此决定分赠文友，也算替老爹出了一点劳务。

特别要感谢无锡图书馆的朱刚老师，他帮我订正了第一稿中未能辨识出来的多个人名和文字。

2020年7月

一、我们的祖父与祖母

我们的祖父钱福炯（字祖耆）是一个城居的小地主，他只是继承了祖遗田产四十馀亩，而且直至我十二岁，全家还租住在别人家的屋舍里。他在前清的科举功名不过是中了秀才。但是我的高、曾祖父都是本乡（即无锡，但在太平天国时代曾侨居江阴）的古文名家，当地有不少达官乡绅都是他们亲戚或门生的后辈。我的伯祖父也曾中过举人，做了个县学教谕，同样有不少阔门生故旧。因此祖父虽只是小地主，科举功名又极低，却凭藉父兄馀荫，也被视为世代小乡绅。

我祖母的娘家——石塘湾孙家，是无锡当时最大的两个官僚地主世族之一。祖父的一个内兄曾在翰林院担任过官职，为当年无锡首绅之一，在地方上很有势力。他家子弟好几个中过举人，或者留学日本；有的在外担任官职，或为本乡大绅士——他们都算是我祖父的侄辈。由于这层妻党关系，祖父这个小乡绅在社会上受到一种特殊的趋奉：被称为“四先生”而不直呼其名。

祖父在前清虽未得到过朝廷的什么恩典，可是在辛亥革命以后，却也以“逊清遗老”自居，脑后的辫子到去世还坚持留着不肯剃。后来儿子当上洋学堂的教师（钱基博）以及主管洋学堂的县教育科长（钱孙卿），他却反对把孙儿（钱锺书、钱锺韩）送到新式小学读书，主张仍去读私塾。

我祖母以大乡绅世家之女下嫁，而丈夫终身只是个小秀才，为此颇遭母家兄弟轻视。于是她一心想让儿子成才，替自己争回这口气，却又失望于长子。据说那位二伯父相当聪明，则不幸早早身故。于是祖母的全部希望都寄托在两个小儿子身上。三伯父和父亲最初识字读书，都得于母教，而且督教甚严，稍大则由母亲和长兄一起执教。她还把娘家的全套封建官绅礼节规矩都带到我家来了。

祖母在锺书出生后不久即去世（孙氏夫人殁于宣统二年十一月十三日，公历1910年12月14日，锺书诞于同年十月二十日，公历11月21日），所以我们孙儿女辈中，只有大伯父所生的最年长堂姐（钱梅安）跟这位老祖母有过真正的接触。听说堂姐十岁左右时，有一次在祖母面前跟人说笑，没忍住笑出了声，竟遭到祖母严厉斥责，说她全无家教，不知女儿自爱，要是长此以往，“还不如拿条绳吊死了好”！这件事在我家长久流传。

据我母亲说，祖母在世时，众人在家里都格外小心，唯恐触犯了祖母的大家规矩。屋里总是保持肃静，只有祖父和祖母说话声音稍响一些。

我父亲是祖母最溺爱的少子，他常忆及，自己到十岁时，还由母亲带着睡在一床。每晚临睡之前，祖母定要他将当天塾师所教的新课文背诵一过，而且必须熟背无讹才准许睡下，否则就命他取书倚枕诵读，读熟后再背，直到全无差错为止。

二、关于父辈

我父亲有四个兄弟两个姐妹。大伯父基成，字子兰，为锺书的嗣父。二伯父名讳我已想不起来，他未成年即早夭。（钱基恒，字仁卿，1876—1891。）三伯父和父亲谈到这位二哥，都认为天资聪明在他们之上。我祖父母曾对这个二儿子寄很大希望。

三伯父基博，字子泉，为锺书生父，锺书是他的长子。我父亲是祖父的小儿子，名基厚，字孙卿。三伯父和我父亲是一八八九年阴历二月二日出生的孪生兄弟。在他俩和二伯父之间有一大姐，后有一小妹，俱未成年即早亡。锺书出生时，二伯父和两个姑母都已去世。

我父亲后来从事地方政治，解放前担任无锡县商会会长多年，对锺书直接影响并不大。他也终身酷爱读书，古文写得很好。他和三伯父终身友爱，彼此互相推重，在旧时无锡有“二钱”之名。1947至1949年，无锡工商界人士为祝贺他们六十寿辰，捐资在太湖风景区建造了一座“二泉桥”（谐音“二钱”）。

无锡出去的大学教授其实很多，学术成就和声名超过

《钱锺书旁记》手稿

我三伯父的也有多位，例如姓钱的就有钱穆先生。但是无锡当地人谈到本籍的古文家和国学大师，常会首推我三伯父，这一方面是他的著作等身、桃李满天下。同时也是因为他有个兄弟长期支配无锡地方势力，邑人因捧弟而愈益推重其兄。我之所以特别提出这一点，就是在锺书出生以后，正值我们这个家庭的经济条件和社会地位处于显著上升时期，环境条件说起来相对比较优越，读书和生活再无不继之忧，我们一辈都未经历过一般清寒子弟为谋生活出路的艰苦挣扎。

同时因父辈的社会地位关系，我们堂兄弟的少年时代都是在别人捧场和拉拢中成长。在无锡这样比较封闭的小县城，自己无须通过吹牛拍马、钻营倾轧的处世术，就能比较顺利地立足，还可以自命清高和自命不凡，即便有愤世嫉俗的表现，仍能得到社会的宽容原谅，认为是“书生本色”、“名士习气”。

我大哥锺韩从小对自然科学感兴趣，进大学读了工科。在他影响下，我的几个亲弟弟也都去学工科了，没受锺书多少影响。只有我是一个例外。

我父亲的学术观点，基本和三伯父相同，是“中学为体，西学为用”，而且也信守封建礼教。在对待子女这一点上，似乎三伯父更古方迂执一些，而我的父亲比较讲究权术。《围城》中的方老先生，其实就是以作者和我的两位父亲结合作为典型，加以刻画，入木三分。

三、再说说大伯父

大伯父钱基成早年也中过秀才，大约四书是读完的，五经也读过一点。至于文字学问，恐怕都极平常。我听父亲说过，他倒是在十七八岁时就已进了学。当年在科场应试，他把一篇熟读的前辈名家八股文旧卷默写在卷上，因而得中。他并不喜爱习文，倒学习过武术，可能因此颇让我祖父母对他失望。不过他的书法却是我父辈中最好的。

三伯父和我父亲的字都写得拙笨，只有他写一手好柳公权体，很有骨力。他虽学文和习武都未有成就，但事务能力很强，因此在主持家务方面倒是我祖父的得力臂助。从我记事开始，他似乎就没有正式职业，一直在帮助祖父管着家事。

大伯父迎娶的大伯母，是江阴毛姓大地主家的闺女，她娘家的田产、资财在江阴地方上屈指可数。土改时苏南大地主的典型毛敬伯，就是大伯母的侄子。她可能从小娇惯，未嫁前就吃上鸦片；嫁给大伯父时，娘家给的陪嫁极多。大伯父大概是仗着有妻财可资，不务正业。而我祖父家教最严，当然要教训儿子，结果大伯母竟公开出头帮丈夫说话："我有钱，可以供得起他花。他花我的钱，不花父母的，用不着你们做父母的再来代我管！"因此我祖父母同这个长媳经常淘气。有一次大伯母还负气带着大伯父一同回江阴娘家居住，不愿再回夫家。还是她的长兄把他们送回来，代向我祖父母赔礼道歉。祖父母因管不住这个大媳妇，索性对自家大儿子也放弃管束。因为父母都不敢管大媳妇，下面的兄弟和小姑更秉承"长兄如父，长嫂如母"的原则，对长兄本来就畏惧，对长嫂更是"遇事加让三分"。

大伯父身处严厉的父母与娇妻之间，日子大概并不好过，后来经常外出赌博，中夜始归。

大伯父、伯母只生有一女，闺名梅安，比锺书大了十一岁。她后来由我祖父做主，嫁到秦琢如家为长媳。（钱梅安在90年代仍健在。）因为大伯父、大伯母生女以后未再生育，所以锺书一出生就过继给大伯父为嗣子，成为我们堂兄弟一辈中法定的长子长孙。大伯母对这个嗣子格外庇护，爱抚有加，达到了溺爱程度，以至于我三伯父对自己这个亲生儿子也只能教而不能过于管。我们一众堂兄弟辈对他都要退让三分，遇事不敢有所计较。所以锺书儿时在家中已养成“有我无他”、“唯我独尊”的习气，这对于他日后好胜奋进、“目无馀子”性格的形成不无影响。

大伯父虽已自甘颓废，但对于嗣子锺书却深寄希望，一心望子成龙。自从锺书接受启蒙教育起，他亲自写了方块字，教识教写，不亦乐乎。本来他爱赌如命，经常深夜才得归宿。可是锺书进私塾后，他居然因此停止夜间赌博，早早归家，亲自督促锺书温习日间功课。锺书开始临习书法，也是他把着手亲教的。我们堂兄弟辈中，几乎没有一个写字像模像样的，唯独锺书是个例外。饮水思源，必定要归功于大伯父最初就为他打下扎实基础。当然，现在锺书的书体中已看不出早年临柳帖的面貌，这是他后来学过古篆、章草，又喜学苏东坡书体并加以变化，才形成今天自己的书写风格。

大约在1920年左右，大伯父在我家租住的留芳声巷朱姓宅中去世。那时锺书已在县里第二高等小学（即东林小学）读书。大伯母过世似在1928年以后（1929），锺书已在无锡辅仁中学读书，当时他对于中、西文学已超过一般高中学生程度。大伯母身故后的那一篇《先妣毛太夫人行述》全是锺书自撰的。因年代久远，已记不清这篇《行述》内容，但当时印象已不失为情文相生、修辞雅洁的好古文。从锺书当年在我大伯父、伯母亡故后的悲痛情状来看，他对这一双嗣父母的感情确实是十分真挚的。

四、关于三伯父钱基博

我三伯父是解放前全国比较有名的一位古文家和国学家。我不准备也无法对他作全面的历史介绍，仅就自己记得起的并与锺书有关的问题作一简述。

锺书出生之年，三伯父已开始在无锡社会初露头角。那时他年龄不过二十二三岁，由廉泉（字惠卿，号南湖）的推荐，进了新上任的江西臬台陶大钧（字杏南）的衙门中当文案，月俸银一百元。三伯父和我父亲一样，封建科举没有考上秀才（他们长大到可以进学时，适值前清政府推行所谓“新政”，废除了科举和八股文，所以没有赶得上进封建科举的学），却也没有正式进过新学堂，仅是由我祖父母出资，送到一个本地举人许国风（字彝定）那里学古文（或许还有策论）。许先生是当时无锡比较有名的一位制艺（即八股文）和古文老师，门生不少，内中还有我父、伯终身交好的一位同窗徐彦宽（字薇生）。

三伯父和我父亲都未接受过正式的旧学（科举）和新学教育，主要依靠自学，所学也主要是中国的旧文史学。他们曾进过无锡的民主革命先驱人物杨荫杭等创办的一个理化研究会，业馀学了一些所谓“数理化”的自然科学入门知识。后来又经过适当的自学，以此为本钱，都在当时无锡的初级小学里教过算术。

兄弟俩开始以能文见称于世，大约是受了康梁维新变法的影响。两人都喜欢无所师承地博览文史时政、新旧群书，撰写经世的政论文章，逐渐博得邑人刮目相看。特别是三伯父，因写了一篇《中国舆地大势论》投寄梁启超主办的《新民丛报》，获得梁任公赏识，给予发表，并致书奖许，于是一举成名。

兄弟二人俱是既无科举功名又无新学资历可恃的少年子弟，却都得到同邑名流廉南湖的器重。廉泉先生先把我父亲请到他在上海名为“小万柳堂”的宅园中做家庭教师，接着又把三伯父推荐给去江西上任的陶臬台当文案。陶杏南在江西只待了半年，时间并不算长，但是二人之间十分相得。由于陶杏南不久便病逝在任上，三伯父就返回无锡。他的能古文之名，即在此时得到确立，并传播到无锡之外。

辛亥革命前，三伯父曾在无锡竞志女学教书。竞志女学是邑人侯鸿鉴（葆三）先生在维新变法后办的第一所女子学校，最初也是初、高等全学制的一所小学，辛亥革命后又增设中学部。辛亥革命期间，在无锡地方上发动武装起义的领导人中，有好几位是这所学校的教师（包括三伯父）。辛亥后，无锡推翻清朝的县衙，成立军政分府，第一篇公告地方和邻近各县，宣布无锡光复的檄文，就由三伯父拟笔。无锡军政分府时期建立的重要碑记，如《无锡光复门碑记》等，都出于他的手笔。

无锡光复后，三伯父进入无锡最早的（也是解放前当地唯一的）公立中等师范担任教师，后来任教务主任至1922年，无锡许多中小学教师都是他的学生。与此同时，我父亲从1913年至1922年间一直担任无锡县公署的第三科科长，第三科主管全县教育。当时无锡县城乡有一所县立女子初级师范，六所县立全学制小学，一所乙种实业学校（即全学制职业小学），都归属第三科主管，这些学校的校长人选均由第三科科长提名。所以我们堂兄弟辈在无锡上学的时候，即使不享受特殊优待，至少校长和老师对我们的管教要比其他同学更尽心一些，因此读书环境和条件也较为有利。

1922年，三伯父应上海的美国基督教圣公会办的圣约翰大学之聘，去该校担任国文教授。在1925年爆发的五卅运动中，因圣约翰大学的美国校长卜舫济禁止学生出校参加爱国游行，践踏中国国旗，三伯父便与国文系主任孟宪承先生首先辞职离校，表示抗议。下半年，他和孟先生一起应清华大学之聘，去清华任教一年。我记得当时梁启超也在清华任教，学生中有同乡的顾毓琇。

1926年，因圣约翰离校师生另行建立了光华大学，三伯父即又回上海任光华大学国文系主任，后兼任文学院院长至1936年。

在1928年后，三伯父还同时兼任唐蔚芝（文治）创办并担任校长的无锡国学专修学校（先名为“无锡国学专修馆”，简称“无锡国专”）的教务主任，并教授韩愈文和《古文辞类纂》解等课程。唐蔚芝是当时全国有名的经学大师和古文家，我三伯父对唐先生讲四书极其佩服，但对他写的古文认为尚待改进，同时也有欧阳修说的浮夸空谈毛病，总未真正心许。锺书对于唐先生的古文可能有同感，所以虽曾以世谊子弟随父前往请益，但并不很佩服。后来先生长子唐谋伯（庆诒）先生为上海交通大学英语系主任，同锺书一见即目为英才，锺书常与他过从谈论英语及英美文学。谋伯先生又是我哥哥锺韩大学时代的英文教授，对锺韩的英语也颇称许，但不如对锺书的推崇。他对锺书以同辈相待，不以师友自许。

1932年前后，国学专修馆还请了当时著名的诗人陈衍（石遗）、钱振锽（名山）等教授讲课，三伯父也介见其子，钱名山先生似与锺书彼此印象都不深。锺书见陈石遗先生时，已尽读石遗先生所撰的《石遗室诗话》和他选编的《近代诗钞》。他向石遗抒己见相认证，并呈阅自己所作旧体诗。陈先生一见即视为后辈之秀，特别赞许他以一少年而对诗学博闻强记如此，且见解精辟又有过人之处，并以自身诗作千秋尽操此君之手而相引重。在他后来刊出的《石遗室诗话续编》中专有一条评介锺书诗文，并在遗老诗人中代为揄扬。当时的遗老、半遗老诗人，如李宣龚（拔可）、冒广生（鹤亭）、卢弼（慎之）等，后来都援引钱锺书为小友，不耻下交，与陈先生对锺书的揄扬颇有关系。当然，凭锺书本人的诗作，特别是旧诗学的研究成就，倒也未必需要靠前辈援引。而锺书对陈先生的论诗也确实极其佩服，认为近代一家，非其他辈能及。

1936年，三伯父离开光华大学，去应浙江大学之聘。锺书也已在前一年考取留英庚款名额，赴英留学。

抗战爆发后，三伯父在1939年离开浙大，去国立蓝田师范学院担任国文系主任。同年锺书留学回国，亦去蓝田师范任英语系教授。当时我母舅高昌运适从英国自费留学回国。他也是桃坞高中毕业，比锺书早了二年，后又在北京大学毕业，抗战前一年去英国留学，此时也由我三伯父介绍到蓝田师范任教，但学校仅授予讲师职位，因此他对三伯父和学校当局都很有意见。客观地说，当时我这位母舅在学术成就上确实难及锺书；另一方面，锺书无论在蓝田师范期间还是离开后，一直都受到追捧和拉拢，内中虽不无父亲馀荫因素，但是说他实至名归也不为过。

三伯父从1939年直至抗战胜利，一直在蓝田师范学院任职，但锺书在那里仅任教大约一年，随后就离校，最终又回上海。他们父子从此再没有在一起工作、生活过。

抗战结束后，三伯父应华中大学（英美基督教差会在武汉办的大学）聘任，去武汉担任该校终身教授。解放后，华中大学改组为华中师范大学，他在该校任教至1958年过世（应为1957年11月30日），享年虚龄七十。

五、三伯母王夫人

我的三伯母王氏夫人是无锡本地人，闺名我不清楚。王家是无锡的世族，但到三伯母那一辈已经式微。三伯母有两个哥哥，他们的名字我也不清楚，仅依稀记得大舅父好像字步瀛，一直在北京做小官吏，庶出一女王璧由三伯父抚养到抗战，抗战后由多年寡居的嫡母收回，嫁的女婿姓周，解放后当过中学教师，现在情况不明。

二舅父也是壮岁即过世（在抗战前），无后，二舅母即由三伯父供养在我家。据我父、伯说，锺书的这两位母舅都很聪明，但不自振作，颓废以终，很是可惜。

三伯母的堂兄弟中有一位文坛著名人士，即王西神（名蕴章，字莼农）。他是南社社员，擅长写文言小说、骈文和旧词，书法也出色，在上海旧文人中颇有地位。抗战前创办正风文学院，自任院长。王西神和我三伯父颇有交往，但锺书似对海派旧文人有成见，与这位出了名的母舅很少过往。

三伯母还有一位小妹，我家都叫她“六阿姨”。六阿姨由兄姐做主，嫁给了一位祖上开漆店的鲍家姨夫。这个姨夫婚前就已患疯病，六阿姨和他生了一个儿子，是锺书的表弟。因夫疯难以同居，三伯母夫妇怜悯小妹，让她母子都养居我家，一直到解放后，六阿姨老死在我家。那个表弟也因遗传而患精神病，最后被送进疯人院，死于那里。

三伯父不嫌累赘，不避嫌疑，把穷内嫂和小姨俱收养终老自家，完全出于他体恤内戚的观念，在道德上无可置疑，举家上下乃至外人知道的也全无非议。只是儿女辈则因舅母和姨母寄居于家，难免多生口舌是非，颇有意见。只因父亲做主决定的事，也无法反对。

三伯母对文化似并无兴趣。她很孝顺翁姑，主持家务任劳任怨。我祖父晚年的饮食起居，全都由她料理，是个很贤惠的媳妇。她对三伯父的生活照料也无比体贴，所以三伯父平时都无须为家务琐事操心，可以把全部精力花在学问著作上面。

对于儿孙的文化教育，则都由三伯父包办，她很少过问，主要承担哺育慈爱，以至于达到姑息溺爱程度。她对丈夫的敬顺和对儿孙的呵护有加，可从《围城》里对方老太太的描写中体会。

三伯母去世比伯父晚一年，她是在无锡故去的。

六、三伯父的得意弟子

三伯父一生中有不少得意学生。在省立无锡三师的三位得意学生是周哲肫、张枕蓉（振镛）和黄霞峰三先生。其中周、张二位是锺书和锺韩的小学老师，张和黄又是我小学时期的老师。黄先生学佛颇有心得，是佛学大师欧阳竟无先生的通信弟子。但他不知怎样，在静坐时如佛家所说的走火入魔，得了狂疾，独自在一个冬日跑到无锡西乡梅园，在一条水仅过膝的浅涧中站立化去。对于他的离世，我父、伯都深深惋惜，三伯父为他撰写了《黄霞峰先生传》。

周、张二位先生后来都由三伯父带到上海，先在光华大学附中教国文，以后又相继引荐到大学任教。我读光华大学时，张先生还教过我中国文学史——从小学教到大学，也称得上有缘分了。周先生后又随三伯父到蓝田师范学院任教授。张先生在抗战中过世，周先生逝于解放前。

三伯父在光华国文系时期的得意学生，有陈祖鳌（字式规[圭]）、张杰。陈祖鳌也是家学渊源，家中祖遗藏书极多。他原在光华附中担任国文教师多年，对所读书校勘注解极精详，但很少述作，有些像徐薇生世伯。解放前夕，因家累重，生活困难，离开学校去一家化工厂任文书工作，一直到“文革”前病故，至死好学不倦。

另一位张杰，字挺生，江西人，在未遇三伯父之前，是一个鲁迅崇拜者。在受教于三伯父后，竟尽弃所学而学焉。他对唐宋八家古文用功甚勤，读书勤于做札记。

此二位都是我大学时代较高年级的同学，与我相亲如兄弟。锺书在光华教书时期，他们二位都留在光华附中教国文，同锺书也很相得，对他十分倾倒佩服。可能因他们过于拘守师学门户，锺书倒对他们并不怎么心许。张杰对老师确实是终身服膺，三伯父的全部古文稿，张杰都为他恭楷手录过，三伯父也很器重他。这两个学生都是性情老实，不欲依附老师成名求利，因此三伯父对他们二人也并未大力援引。张杰尤其迂执鲠直，立身行事都效仿老师。抗战爆发后，他就留在家乡任教，曾担任过本乡的中学校长。解放前在当时的南昌大学任教。解放后留在江西大学中国语文系任教。

石声淮是三伯父在蓝田师范学院的最后一个得意学生，后带至华中大学担任助教。我与这位堂妹夫并无多少接触和了解，仅看到过他写的几篇古文，行文古奥，风格很像三伯父，似差胜张杰。但要说神韵已得乃岳心传，至少当时我未敢心许。三伯父去世时，听说声淮也在华中师范任教。因为从50年代后期我们都要避嫌疑，亲戚之间不方便多联系走动，他现在是否已退休也不清楚。

三伯父终身每天记日记，所记大部分是他的读书心得札记，还有重要文稿。他生前都已全部不传子而传婿，不知“文革”中是否遭到抄毁之厄。

七、锺书的亲弟、妹

锺书于1910年出生于无锡城中我家在岸桥弄租住的韩宅。

锺书有亲兄弟二人。二弟锺纬生于1912年，与我同年。他在辅仁中学读到高中年级，就进了无锡申新第三纺织厂的职员养成所，学了两年后毕业，进上海申新第一纺织厂当职员；又二年后进南通纺织学院（即张謇创办的私立南通学院纺科）学纺织工程技术，未毕业即由经营无锡庆丰纺织厂的唐氏资助，自费去英国曼彻斯特学纺织，两年后归国（抗战前夕），担任过庆丰厂的职业养成所主任。抗战时期辗转在浙江、衡阳、宝鸡等地的纺织厂担任工程师或厂长。抗战胜利后，在武汉的申新第四纺织厂任厂长；解放后留任厂长至1954年公私合营，转任总工程师；以后该厂改为武汉市国营第三棉纺厂，他仍担任总工程师，现在已经退下来任顾问了。他所学与乃父乃兄完全不同，执业亦然，他在自己的行业领域里有所专长。

三伯父的第三子锺英比锺纬小一岁。他就读的中学——桃坞和辅仁两校——都是乃兄的母校。大学进的是光华，读的也是西洋文学（英文系），同乃兄攻读同一门课程。毕业时所写的论文是全校同系第一名，获得当年的论文金牌奖。因有家学渊源，锺英的中英文文字都有一定根底。

《钱锺书旁记》手稿

锺英所志并不在于学术著作事业，大学毕业后，通过有金融背景的光华大学校长张寿镛引荐，进了中央银行当职员。他是我们堂兄弟中最善于交际礼节和应酬手段的，因此也是三伯父甚而我父亲在子侄中最喜欢的一个。作为英国文学的业余爱好者，又是一位合格的英语译员，锺英亦有相当的文化修养。

锺书有一个小妹名锺霞，比我小四岁。三伯父也曾想教以文学，可是她从小就毫无兴趣，做父亲的也莫奈其何。后来老爹做主，嫁给自己的一个得意学生石声淮。

八、锺书儿童时代的师友

七岁以前，锺书由他嗣父——我们的大伯父给予启蒙教育。

七岁以后曾从塾师华掌文先生读书二年。华先生当时在城中大河上（今崇宁路）秦宅坐馆，教授宅中两代单传的孤孙秦瑞延，锺书和我亲长兄锺韩是附读从师的。秦瑞延比我大了六岁，比锺书大了四岁，比锺韩大了五岁。他是一个典型的富家子，后来我的二姨母（与他同年）嫁了他，便成了我的姨夫。（华掌文，即华佐治，前清秀才，后任县立二高小〔即今之东林学校〕教师。）

在华掌文先生之后，他家又请了一位黄澹如先生坐馆教他，我也曾去他家师从黄先生附读一年。后来秦瑞延进入私立无锡中学读书，是学生中年龄最长的一个，且未读完就辍学了。和我二姨母结婚后，曾投帖我三伯父，算他的门生，其实既未从学，也未请益。抗战中，秦瑞延由我二舅父介绍往重庆，担任过极短时期的小职员，1944年在重庆病故。

同我两个兄长一起在秦家从华先生读书的，还有一位许寿康（字思园）。锺书的这位儿时朋友，后来还有一些小名气，他把汪精卫的《双照楼诗集》翻译成英语，又是《围城》里哲学家褚慎明的原型。许思园对康德很佩服，自称康德以外的哲学一概不学。

师从华掌文先生读私塾，主要是读四书。两年后，锺书、锺韩就由我三伯父亲自教读经和古文，大约有一年之久。

锺书十岁时，和锺韩兄弟两人直接考入东林高等小学。东林小学在清代东林书院旧址，学校有一小片松林，内竖一个纪念宋儒杨龟山的“吾道南矣”石牌坊，还有一个道南祠，祭祀杨龟山、高攀龙、顾宪成。现在这松林和牌坊以及道南祠都已为市立第二中学建学舍时拆去，无法再寻觅。

锺书、锺韩在东林读的是旧制高小三年制，校长辛柏森是一个极规矩古板的先生。那时我父亲任县公署第三科（即教育科）科长，县立小学都由他主管。辛校长是我父、伯的一个端友，他的儿子辛一新（辛一心）是我在东林读书的同学，后去英国留学学造船，是解放前我国为数甚少的造船专家之一。

我记得教过锺书的东林老师，有级任（即班主任）兼国文老师周景峰先生。周景峰是一个教学极严的老先生，据当时和锺书同级的季楚书同志回忆，他是一位对学生很负责，教得也很好的老教师。

另外还有两位国文老师周哲肫、张振镛（枕蓉）。这两位先生都是我三伯父在江苏省立第三师范教过的得意学生，后来都由我三伯父介绍到上海光华大学附中以至大学任教。他们都在抗战前后过世。

锺书小学时代比较要好的同班同学，除锺韩外，我记得还有孙祖钰、顾敦吉。这两位连同锺书、锺韩都是同级同学中的优秀学生。孙祖钰天资极聪明，好学深思，后来又曾在上海交通大学和锺韩同过学，我哥哥对这位同学极佩服。他在大学时代已参加共产党，后来辍学离开学校，从事革命工作。现在他已改名孙克定，担任中国科学院数学研究所负责人。

顾敦吉的父亲顾彬生，曾担任过江苏省议员和无锡农学会会长，也是无锡名乡绅之一，是我父、伯的朋友。敦吉的大哥谦吉，解放前曾担任过国民党新疆建设厅长，是二陈系的骨干之一。二哥鼎吉，留学英国读经济，在上海银行待过，后来担任上海申新二、五厂协理多年，成为荣氏资本集团的重要高级代理人之一，解放后去国外侨居巴西，听说现已过世。四弟晋吉和我是东林小学同班同学，后进上海同济大学读工科，后来也成为造船专家，解放后不明其去向。

敦吉是兄弟行中的老三，我也认识；他大哥谦吉我没接触过；二哥鼎吉和我同事有年，抗战时曾同随荣尔仁一起赴重庆，十分相熟；晋吉是儿时同学。要论少年时的聪明才华，我觉得敦吉较他二哥和四弟似乎都远胜。后来锺书读清华大学时，顾敦吉又和他成为同学。在“九一八”后，他就离开大学去了东北，从事秘密抗日活动，应该是加入了军统，在抗战中又来上海做地下工作。解放后镇反受审，幸被释放，到了肃反运动中，又因历史问题被逮捕判徒刑。现在情况不明。

锺书、锺韩读高小时，每日课后仍由三伯父亲为之补习学校功课和另教读古文、写古文。

九、中学时代

锺书十三岁那年（约1922年）和锺韩一起考入苏州桃坞中学。桃坞中学是美国圣公会办的一所教会中学，校长是美国人梅乃魁（H. A. McNulty），能说一口流利的苏白。据说这个中学办得很严格，管教学生比苏州的其他几所教会中学（如东吴附中、晏成中学）要严厉得多。把这两个子侄送到苏州外国人办的教会中学，可能是出于我三伯父的主张。那时我的二舅父高昌运（字子毂）已入桃坞中学。我三伯父应该听说了这个学校管教学生之严。他也可能认为自家子侄“中学为体”的“国学”，已有家庭教育可奠定良好基础，为了要学好“外文”以便“西学为用”，所以才送他们进桃坞读书的。

锺书、锺韩后来很少谈到桃坞中学的老师，我仅知道他们的英语基础都是在桃坞打下的。离开桃坞时，他们的英语语法已无错误，读音正确，英文写作也已很像样，而不是中国式的英文。

我堂弟锺英在桃坞仅读了一年初中，就比我初中时代的英语基础打得扎实，非但读音标准，且受过很好的语法训练，我当时就很难比得上较我低一年级的锺英。

锺书、锺韩的同学，高班级中除二舅父高昌运外，我所记得起的同班同学有吴大榕先生，吴和锺韩经常是全班第二名或第一名。他们二人以后一起进了上海交通大学，也是读的工科。吴后来留学美国，解放后亦曾与锺韩一样担任过南京工学院副院长。

高班次的同学还有徐承谟（字燕谋）、沈泮（磐）度（字之萍〔制平〕）等。

十、关于徐彦宽（薇生）先生

徐薇生是我父、伯年少时就学于许国凤（彝定）先生时期的同学，他们三人终身交好，在无锡曾有“三贤”之誉。

这位徐世伯是个潜心研学的笃学之士，他的旧学、古文以及诗法才学，连我三伯父都很佩服，认为邑人同辈罕及。但他耽于学问，淡于名利，勤于校订，少于述作。过世前曾担任无锡图书馆馆长，声名不传于外，即便在无锡本地也少有人知其姓名。徐薇生体弱多病，未到中年就过世了。在他故世之前，锺书未出学校而开始以能文有名，徐世伯对锺书即已十分心许佩服。

徐薇生是晚清浙江学派的著名学者和词家谭献（字复

堂）的外孙，其外祖父的晚年日记和未刊文字手稿俱收藏于他处。他对这些日记和文字亲加整理，誊写成书稿，但生前未能发行传世。在他逝世后，我父、伯将这些文稿代为印行出版。《复堂日记》的那篇序就是锺书撰写的。谭献声名不如同时代的王闿运（湘绮）和李慈铭（莼客），但是治学的笃实谨严有胜二人处。他对王、李颇多讥非。王、李的大部日记都早已印书行世。对《湘绮楼日记》我已记不清楚，但《李莼客日记》曾全部仔细阅读过，故对他和谭献的异同是非颇有自己见解。

薇生世伯无后嗣，我父亲曾将我的一个小兄弟锺钱（1930–1934）过继给他，可惜早夭了。后来又将稍大的弟弟锺彭在名义上做他夫妻俩的继子。锺彭工作后，一直资助薇生的夫人（她那时又有了一个共同生活的养子）。

十一、桃坞——辅仁——清华

1922年，锺书和锺韩堂兄弟二人小学毕业，进美国教会在苏州办的桃坞中学肄业。让他们兄弟俩进苏州教会中学，而不是在无锡上中学，不外乎下面几个原因。

无锡当时仅有公立中级师范学校，此外有美国教会办的无锡实业中学、私立的公益商业中学，以及一所名义上是教会所办，实际是邑人自办的私立辅仁中学，并没有公立普通中学。按照规定，师范生毕业后必须至少担任小学教师二年。以我父、伯当时的社会地位，是不愿意让自家长子仅做个小学教师的，所以须先读普通中学，才能不受限制地继续进大学深造。而当时无锡的三所中学，两所是培养中等程度工商技术人才的职业学校，不算“正途”中学，而辅仁中学那时尚属初创阶段，名声未著。因此他们才易地苏州就读。

还有一个次要原因，就是我父、伯已经看到，单凭古文、国学的家学渊源已不足于适应未来潮流，必须兼通西文西学，而学习西文西学，外国人办的教会学校远胜于国人自办的学校。此时三伯父已执教于圣约翰大学，和苏州桃坞中学属于同一个教会组织系统，桃坞中学毕业后很容易升读圣约翰大学的。正是三伯父的主张，才把锺书和锺韩送入桃坞中学。我和堂兄弟锺纬、锺英也都曾去考过桃坞中学，我和锺纬未能考取，才被送入我父亲担任校长的公益商业中学。而锺英考入桃坞中学后读过一年。

锺书、锺韩进入桃坞中学后，在英语学习方面确实打下了良好基础，这对于锺书日后的西洋文学（特别是英国文学）深造，是有重要影响的。他对英国文学产生兴趣，大致就在这个时期，而对于中外比较文学的学术兴趣，则始于桃坞中学的停办。那是在1927年，北伐军胜利进占上海、南京，英美人主持的教会中学一度停办，桃坞中学则永久停办了。锺书和锺韩因此回到无锡，进了辅仁中学。他俩本已读完高二，应该升读高中三年级了。可是辅仁中学的校长杨四箴却仍要他们重读一年高二。由于锺书对那些课程都已学过，就有很多时间去自学西洋哲学和西洋文学。在辅仁的两年，学校教育对锺书影响不大，因为他当时的古文、英语和写作水平基本上超过了老师，所以把时间都花在兴趣阅读上，且多有所思。

锺书日后成功的原因，除了家学条件很好外，我认为还有一个很重要的因素，就是从上中学开始，他的兴趣一直很集中，就是倾斜在中外文学和英语方面，为日后发展打下了扎实基础。但他对数学一直没啥兴趣，作业、考试全靠锺韩和几个佩服他的朋友帮衬。考清华时，他的数学成绩离及格线很遥远，还是靠了文科的优秀成绩才拉上去。

中学毕业后，锺书考取清华大学，去了北京；锺韩考入上海交通大学，自幼在一起同校同级的这对堂兄弟从此分开了。

锺书一进清华就显露头角。冯友兰、吴宓、叶公超等教授都不拿他当学生看，而是当朋友对待，锺书常到他们家里去请教。他在清华教师中最佩服的是温源宁——一位教英国文学的华侨，剑桥大学毕业。他其实是北大教授，兼了清华的课，才教上锺书这个学生的。

锺书同现代文学家们来往较少，当时很佩服周作人，他从魏晋散文的角度读周的作品，所以很是欣赏。但他自己的文体却一点不像周作人。

锺书进清华后还热衷写旧体诗，受到近代宋诗派的领袖人物陈石遗先生举荐而活跃于旧体诗坛。锺书自己认为，就诗作和诗论相比较，还是他的诗论成就大，评论水平超过诗作水平。

1933年，锺书在清华毕业，准备参加庚款留英考试。根据应考资历规定，他在大学毕业后，必须工作两年以上才可报考，于是他就去光华大学当讲师教了两年书。传说日后他去考官费留学时，有人听说这一年有锺书参加考试，就放弃不考了。

十二、结婚——留学——回国

我大嫂杨季康和锺书是在国内结婚的。他们的婚姻当然十分美满，值得看客羡慕。杨季康不仅是一位作家，她翻译的《堂吉诃德》等西洋小说，也是文学翻译的上品。从抗战时期到解放前，她还创作了好几部成功的喜剧。她真正了解锺书的才华和学问，也佩服锺书。同样锺书也佩服她，自己写的东西总是先听她的意见。她对锺书确实时有妙悟，或经常有启发妙悟之语。

婚后，锺书就官费留学，于是大嫂自费和锺书一道于1935年去了英国，在牛津大学留学二年。锺书对牛津略有微词。例如，教授讲莎士比亚专讲版本。他还举过一个牛津教授拘守门户之见的例子：有位美国青年哲学家留学牛津，此人在当时的哲学界已经小有名气，不过他是康德学说的批判者。在他考博士的口试考场上，主考的教授却是一位地道的康德派权威，他一连问了考生几个有关康德哲学的问题，考生详述了自己的见解。那位主试教授就下结论道：“你讲的都是某某先生（指该考生本人）的哲学，不是康德的哲学！”因此不让他通过口试。结果那个青年哲学家去了法国巴黎大学，才获得博士学位。

离开英国后，锺书夫妇又去巴黎大学留学一年，那时他们已经有了女儿（钱健汝，即钱瑗）。

1939年回国后，杨季康留在上海，锺书则去了湖南蓝田师范学院，一年后转到西南联大任教授，没多久（1940年）便回上海，到暨南大学教书。回上海主要原因可能是大嫂杨季康带着女儿留在上海教书（震旦女子学院）。

听说在西南联大时，他同吴宓教授发生了不愉快。吴先生是锺书在清华的老师。我还听到过一个小故事：吴先生借了图书馆一本书，阅读时在书中加了批注。后来锺书也借了这本书，看到老师的批注，自己又顽皮地在旁边加批“不通”等语。传到吴先生耳朵里，很不开心。不过此事与西南联大的风波没有关系。

在暨南大学任教时，锺书主要接触两派人。一派就是老派旧体诗人，如李拔可、冒孝鲁等；另一派是西洋文学教授，如陈麟瑞（当时暨南大学的英语系主任，他的寓所也在辣斐德路上，离我们家仅几分钟距离，所以同锺书经常相互串门）、孙大雨（中国的莎士比亚翻译权威）。远在重庆的朱家骅也曾派人来跟他联系过。朱曾任英庚款委员会理事长，当时在重庆做大官。

这一时期锺书在上海很困顿，夫妇二人靠教书和写作为生，经济拮据。杨季康则写了好几个剧本。

十三、《管锥编》和《围城》

当年是开明书店的编辑章克标先生找锺书接洽，代表开明向他约稿。从抗战时期到解放前夕，他通过开明出版了《写在人生边上》（散文集）、《人兽鬼》（短篇小说集）、《谈艺录》（诗论），以及小说《围城》等。（《围城》是上海晨光出版公司出版的。）其中《谈艺录》是锺书的得意之作，日本的文艺评论书中常要引用它。

1950年至“文革”结束，锺书在京的主要工作好像是参加审定《毛选》英译本。在此期间很少有作品问世，除了《宋诗选注》。他早先的作品也很少被提起。直至1979年四卷本《管锥编》出版，那里面集中了他一生的读书心得之精华。可是社会影响最大的却是《围城》。

关于《围城》，我听到有人说是“以西南联大为背景”，这显然是没有常识的捕风捉影。要说背景，也只有蓝田师范才多少有点沾边。蓝田师范的校长廖世承先生是我伯父子泉的好友，但锺书对他不是很佩服。小说里的角色原型，有不少是子泉带过去的朋友和学生，然而主要还是在语言神情、行事方式等等的皮相上影射，书中的故事情节则几乎都是小说家言。比如主角方鸿渐的事迹，既不是锺书自己的经历，我实在也联系不到他周围哪一个具体人物身上。惟有那句“虽不讨厌，可是全无用处”，则我们堂兄弟中的大多数都必须对号入座的。

苏联译者在《围城》的俄译本序中称，《围城》揭示了人民群众对国民党政权的反抗。这实在是言过其实，连锺书本人看了也会哑然失笑。他对政治煽动既不擅长，更没有兴趣。虽然看不起国民党，但对革命事业也未必就理解。其实《围城》就是写了知识分子的各种狭隘心理，描绘他们的勾心斗角、争权夺利，写得很深刻，入木三分，所以能引起读者共鸣。

我个人感觉，英国的赫兹里特（William Hazlitt〔1778–1830〕，文艺评论家，作家）、兰姆（Charles Lamb〔1775–1834〕，英国作家，诗人）、狄更斯，甚至《儿女英雄传》，都在《围城》里留下了痕迹。英国式幽默的讽刺手法，英国修辞的精准和细致，再加上作者本人的中国文学修养（特别是文言文的简练），便成就了第一流的文字技巧。

《围城》第一稿完成时，我适在上海，当时拜读的体会：文字结构之精彩是谁都难以企及的，内容立意则稍逊。对锺书来说，这是偶尔的遣兴之作。而这部小说却让不会去读《谈艺录》《管锥编》的人们从另一个角度认识了钱锺书。

周建人和周作人的“永诀”

宋希於

一

全国解放后不久，有一次，我在教科书编审委员会突然面对面地碰到周作人。我们都不由自主地停了脚步。

他苍老了，当然，我也如此。只见他颇为凄凉地说：“你曾写信劝我到上海。”

“是的，我曾经这样希望过。”我回答。

“我豢养了他们，他们却这样对待我。”

我听这话，知道他还不明白，还以为自己是八道湾的主人，而不明白其实他早已只是一名奴隶。

这一切都太晚了，往事无法追回了。

周作人自小性情和顺，不固执己见，很好相处，但他似乎既不能明辨是非，又无力摆脱控制和掌握。

从八道湾制造的兄弟失和事件中，表演得很充分。这似乎纯系家庭内部问题，却包含着大是大非的原则问题，他从这一点上和鲁迅分了手，以后的道路也就越走越远了。我缺乏研究，不知其所以然。

只是，我觉得事过境迁，没有什么话要说了。这次意外相遇，也就成了永诀。

这是《新文学史料》季刊1983年第4期所发表的周建人文章《鲁迅和周作人》的结尾。文末注明写作时间为1983年6月，看来这是周建人最后的回忆了，翌年7月29日他即逝世。

“这次意外相遇，也就成了永诀”，说明在周建人晚年的认知中，这是他与二哥周作人的最后一次见面。按他的说法，这次见面的时间是“全国解放后不久”，地点是“教科书编审委员会”，两个人是“突然面对面地碰到”。

“全国解放后不久”即1949年10月1日之后不久，“教科书编审委员会”则可能有两种所指，这里须稍作解说。

1949年4月下旬，为了适应工作需要，华北人民政府教育部成立了教科书编审委员会，周建人被聘请为该委员会的副主任（见《人民日报》1949年4月21日报道《华北人民政府　成立教科书编审会》）。这个委员会随后运作了半年多。同年11月1日，中央人民政府出版总署召开第一次扩大会议（也即成立会议），会上胡愈之署长指出，教科书编审委员会、中共中央领导下的出版委员会、新华书店编辑部三个部分已合并为出版总署。周建人旋改任出版总署副署长，教科书编审委员会改制为出版总署编审局第一处（具见《中华人民共和国出版史料》第一卷〔1949年〕，中国书籍出版社1995年5月版）。综上，华北人民政府教育部教科书编审委员会存在于1949年4月至10月间。

另外，1950年年初，出版总署和教育部也有拟组教科书编审委员会的设想。此事见于出版总署副署长叶圣陶和出版总署编审局第一处处长宋云彬二人的日记（《叶圣陶日记》，商务印书馆2018年6月版；《宋云彬日记》，中华书局2016年10月版），也曾引起过研究者的注意（见黄开发《周作人致周建人的一封未刊书信》，原载《新文学史料》2019年第2期）。以下据二人日记略述其要。

1950年1月5日，叶圣陶日记记载，他到政务院文教委员会开会，会上教育部与出版总署"共拟组一委员会"，负责设计和审阅中学课本。1月7日，叶圣陶记教育部派人来找他讨论此事，"结论仍为先组织委员会，提举人名，教部数人，我局亦数人，此外再补加"。1月13日叶圣陶日记记："上午到总署会谈，所谈者教育部决组教科书编委会，拟以余为主任。"可见筹备工作正紧锣密鼓展开。但不久事态却微有一变。1月25日叶圣陶日记只记："午后，少数同人会谈，作即将召开之教科书编委会之准备。"同日宋云彬日记却记了详情："教育部与编审局合组一中学教科书编审委员会，余与圣陶、金灿然、叶蠖生均为委员，名单已送文教会，专候文教会批准，时隔三周，杳无音讯，谓非官僚化而何？今日教部柳湜来电话，谓将不待文教会批准，于二三日内先行集会商讨一切。下午，圣陶特邀同人商讨，预备提出关于精简自然科及各科每周时间分配诸问题。”2月1日，叶、宋二人日记都记了教育部派人来与出版总署编审局第一处同人商讨教科书编辑的事，此后这项工作继续推进，二人日记却再也不提“教科书编审委员会”的名称了。结合前面文教部不批准名单的记载来看，大概委员会的设置最终未能通过文教委批准，也就不存在具体的工作地点了。综上，教育部与出版总署拟设的教科书编审委员会筹备于1950年1月间，但恐怕并未正式成立。

有年谱作者煞有介事地说1950年1月13日“教育部与出版总署联合成立教科书编审委员会，圣陶先生为主任”，对看当日叶圣陶日记中“决组”、“拟以”之类推测的话，显见其记述之不确。何况出版总署编审局第一处本就是由华北人民政府教育部教科书编审委员会改制而成的，职责相近，实不必叠床架屋再设机构。

如果把周建人的话看得很严密，那么把“全国解放后不久”（1949年10月1日之后不久）与“教科书编审委员会存在”（1949年4月至10月间或1950年1月）的条件一结合，就能得到“永诀”发生的时间段。可见“永诀”要么发生在1949年10月，要么发生在1950年1月。

二

周作人1949年的日记已经正式公布（《1949年周作人日记》，周吉宜整理，《中国现代文学研究丛刊》2017年第7期），且检阅之。这年8月14日，周作人方从上海回到北平，入住尤炳圻在太仆寺街的房子。此后友人来访甚多（8月26日日记感叹“今日无来客，亦幸事也”，可见一斑），而他自己的足迹基本不出太仆寺街和八道湾胡同周边，这年在北平稍微远些的出门只有两次：9月28日到成方街访寿洙邻，又到来薰阁访陈济川；11月1日再访寿洙邻。细看10月的日记，这个月他忙碌得很：起先他记录每日翻译或校订《希腊的神与英雄》和友人来访，除个别寄信的记录语焉不详外，应很少出门；10月17日日记记“拟回家去，不果行”，18日日记记“下午同丰一回家”，这才正式回到八道湾十一号自己的寓所；23日起，又重新开始做翻译，至27日把《希腊的神与英雄》全部译完，此后几天又抄《附记》和校订，至30日寄出。再往后看到12月31日，全年都找不到他涉足教科书编审委员会或出版总署的记载，更找不到周建人的名字。

太仆寺街、八道湾胡同和成方街都在西城，来薰阁则在南城的西侧。而教科书编审委员会当时设在东四二条五号，出版总署成立后的工作地点则在东总布胡同十号，均在东城，且与太仆寺街、八道湾胡同、成方街、来薰阁相去都在三公里以上。周作人这一年除了回北平下火车时应是在正阳门东站下车，恐怕不曾再涉足东城，也很难顺道到那两个机关兜一圈的。可以这么说了：在华北人民政府教育部的教科书编审委员会，恐怕并不存在周建人和周作人的“意外相遇”。

周作人1950年的日记尚未正式披露，但根据目前所知，1950年1月23日他和周建人还真见过一面，地点在八道湾十一号。这次见面与出版总署有关，稍详尽的记述也见于叶圣陶当日日记：

> 饭后两时，偕乔峰灿然访周启明于八道湾。启明于日本投降后，以汉奸罪拘系于南京，后不知以何因缘由国民党政府释出，居于上海，去年冬初返居北京，闻已得当局谅解。渠与乔峰以家庭事故不睦，来京后乔峰迄未往访，今以灿然之提议，勉一往。晤见时觉其丰采依然，较乔峰为壮健。室中似颇萧条，想见境况非佳。询其有无译书计划，无确定答复，唯言希腊神话希腊悲剧或可从事，但手头参考书不备，亦难遽为。盖其藏书于拘系时没收，存于北平图书馆也。谈四十分钟而辞出。

乔峰是周建人的字，灿然即金灿然。

此事不是秘密行动，宋云彬当日日记亦云：

圣陶今日偕同金灿然、周建人访周作人。

周作人自己在《知堂回想录》里则记述：

一九五〇年一月承蒙出版总署〈副〉署长叶圣陶君和秘书金灿然君的过访，叶君是本来认识的，他这回是来叫我翻译书，没有说定什么书，就是说译希腊文罢了。（一八六《我的工作三》）

他却完全不提一同来访的周建人。张菊香、张铁荣编著的《周作人年谱（1885-1967）》（天津人民出版社2000年4月版）等研究著作不察而因袭之，也只记当日“出版总署副署长叶圣陶、秘书金灿然来访，邀为翻译希腊作品”云云了。

周作人不提周建人一同来访，难道他并未见到弟弟？并非如此。这里举出两则确切的材料。

止庵先生惠示1950年1月23日这一天的周作人日记，全文如下：

廿三日。晨零十一度。上午往看小原。茂臣来，赠蒲萄酒一瓶。下午叶圣陶、金灿然及乔风来。得永芳十九日信。

写得清清楚楚，“下午叶圣陶、金灿然及乔风来”。

陶亢德的晚年回忆录（《陶庵回想录》，中华书局2022年6月版）里，也记述了他在北京听周作人亲口讲的有关情况：

周作人对我讲了开明约他译法布尔《昆虫记》的经过后，连带讲了叶圣陶同周建人去看他的情形。他轻声慢讲，不动声色，我听了却很感趣味。末了还不揣冒昧，请他在此晚年与老兄弟释嫌修好为是，回到上海后还写信再三劝他。

“叶先生来看我，”他说，“后面跟着一个人，矮矮小小的，拎着皮包，进屋后在靠角落一坐，不声不响。叶先生没有介绍，这人也不自我介绍，我则以为是叶先生的秘书什么的，也不问是谁。

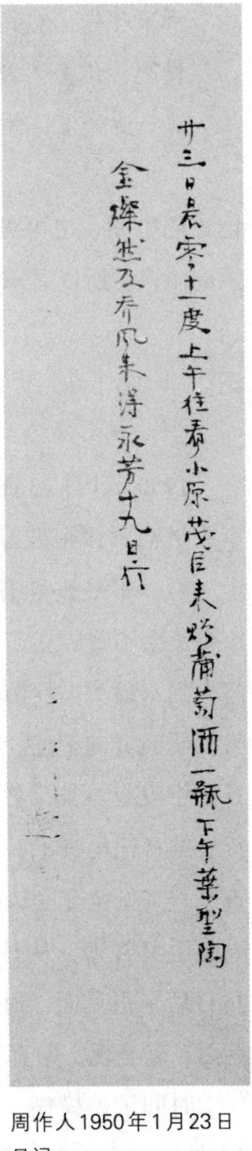
廿三日晨零十一度上午往看小原茂臣来赠葡萄酒一瓶下午叶圣陶
金灿然及乔风来得永芳十九日信

周作人1950年1月23日日记

> 后来叶先生劝我译达尔文的《物种起源》，我说慢慢再说吧，这个人忽然发言，大声说：这怎么可以慢慢！我一听一看，才知道他是建人。”

记述颇生动，也可见两兄弟确实见了面，但并未使周作人感到愉快，所以后来有意隐去不提。

三

1950年1月23日的这次见面恰好落在后一个教科书编审委员会紧锣密鼓筹备的时间段中。但是，地点是八道湾十一号，不是教科书编审委员会（而且这后一个教科书编审委员会不曾成立，更不存在具体的工作地点）；性质是周建人到八道湾去拜访周作人，不是“突然面对面地碰到”。另据研究者的记述，周作人文孙周吉宜先生曾表示：“50年日记中没有参加‘教科书编审委员会’活动的记录，别的年份的日记也查了，都没有。这个说法以前我们就注意过，查过。”（见黄开发《周作人致周建人的一封未刊书信》）止庵先生又告知，从日记来看，周作人和周建人1950年1月23日后未再见面。可见1950年1月23日周作人与周建人的见面，确是现实中真正的“永诀”。

时间记得模糊，地点有出入，有目的的登门拜访成了“突然面对面地碰到”的“意外相遇”，晚年周建人的记忆力也太不行了。那他笔下周作人“我豢养了他们，他们却这样对待我”的话，到底是不是周作人的口吻，又可信不可信呢？

止庵先生顷又见示正在撰写的《周作人传（增订本）》片段：“一九五六至一九五七年间，早已‘断绝了往来’的周建人，也几番主动示好：‘丰一来，交来乔风所贻放大镜一个。’（周作人一九五六年十一月二十七日日记）‘得乔风一日信，下午寄覆信。’（一九五七年四月二日日记）‘晚乔风招丰一、静子在全聚德饭，美瑞同去，予辞以病。六时去，八时半回。’（一九五七年四月十二日日记）”原来“永诀”之后，二人虽未再见面，周建人却还曾送物、来信，后来竟还存着些再见面的愿望（或者说是“推迟‘永诀’”的愿望）来邀请吃饭，一点也看不出晚年所说“觉得时过境迁，没有什么话要说了”的心态。而不愿再见兄弟的倒是周作人。再往后，遂真成“永诀”矣。

从“永诀”这件事，倒可稍窥周作人、周建人两兄弟为人处事的风格。

一个陌生女读者的来信

——胡适与龚羡章、文公直“夫妇”交往钩沉

夏 寅

凡是读过胡适《〈老残游记〉序》(《胡适文存三集》)的读者，想必都对文章的“尾声”印象深刻：

> 今年我作《三侠五义》序的时候，前半篇已付排了，后半篇还未脱稿。上海有一位女士，从她的未婚夫那边看见前半篇的排样，写信来和我讨论《三侠五义》的标点。她提出许多关于标点及考证的问题；她的热诚和细心都使我十分敬仰。她的未婚夫——一位有志气的少年，——投身在印刷局里做校对，所以她有机会先读亚东标点本的各种小说的校样。她给我作了许多校勘表。我们通了好几次的信。六月以后，她忽然没有信来了。我这回到了上海，就写信给她，问她什么时候我可以去看她和她的未婚夫。过了几天，她的未婚夫来看我，我才知道她已于七月八日病死

了。这个消息使我好几天不愉快。我现在写这篇《老残游记》序，心里常常想到这篇序作成时那一位最热诚的读者早已不在人间了！所以我很诚敬地把这篇序贡献给这位不曾见过的死友，——贡献给龚羡章女士！(十四，十一，七，作于上海。)

一位怀着兴趣和热诚的女士，写信向标点版白话小说的首倡者提出自己的意见，得到了鼓励的回复，两人书信往来了数月。而就在胡适愉快地期待着和她会面的时候，年轻的读者却已溘然而逝。这段带着偶然、遗憾和伤感的情节，以及胡适对这位素未谋面的“死友”郑重的纪念，都令百年后的读者唏嘘不已。在后人眼中，这位“龚羡章女士”也像胡适的另一位“死友”许怡荪那样，由于胡适的表彰而“不朽”了。借用胡适爱说的话，这实在算得一个“很美的故事”。

不过，龚羡章留在人间的痕迹尚不止这些：1994年黄山书社出版的《胡适遗稿及秘藏书信》中，就保存着她寄给胡适的八通长信。还有三通未经影印，现藏中国社会科学院近代史研究所，蒙孙绪谦兄之助，笔者亦得获观。识读完这些手迹，再对信中自叙身世的文句略加考索，即可发现，这位薄命的女读者固然和胡适描述的一样“热诚而细心”，然而她（和她的“未婚夫”）却并非如一般想象的那样平凡——这一点，恐怕胡适也未必完全了解。

从1920年开始，胡适的学术版图中新增了考证古典白话小说一项，这很大程度上是配合着上海亚东图书馆的出版事业而起的。胡适和亚东的主持者汪孟邹、汪原放叔侄是绩溪同乡，双方久有密切的合作。1920年，汪原放开始试着为《水浒传》《儒林外史》等古典白话小说加上新式标点并分段，以开拓出版市场。提倡白话文学，曾在《新青年》上与钱玄同一唱一和，对白话小说之高下多有品评的胡适，自然成为他主要的学术倚仗。亚东版古典小说多以胡适所作的考证文章为序，成为一个出版惯例。该局的书目选择、版本依据，以及分段标点的具体方法，也都体现着胡适的文学趣味与学术判断。此项事业取得了极好的成绩，到1923年10月，胡适已在日记中将亚东评估为“出版界”的“第三位”，仅次于商务印书馆和中华书局。

龚羡章就是亚东版白话小说争取到的一个忠实读者。1925年3月22日，她给胡适写下第一封信，开头便道：

胡适之先生：

我虽然没见过你，但是我很崇拜你的。今天我写这封〈信〉给你，是一个小小的事，和你讨论讨论，费了你宝贵的光阴。我先和你道歉。

你平常很喜欢考据。国内的人们也因为你的考

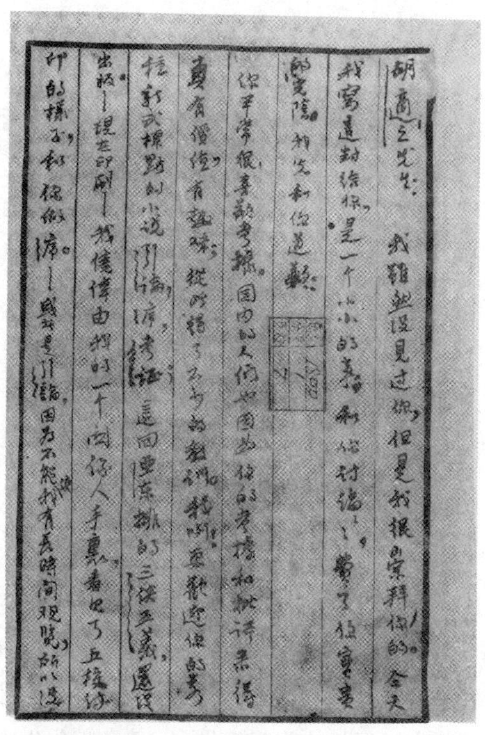

胡適之先生：我雖然沒見過你，但是我很崇拜你的。今天我寫這封信給你，是一個小小的事和你討論討論，費了你寶貴的光陰。我先和你道歉：你平常很喜歡考據。國內的人們也因為你的考據和批評來得真有價值，有趣味；從此得了不少的教訓。我咧！要歡迎你的數種新式標點的小說引論，序，考證；這回亞東排的三俠五義，還沒出版——現在印刷——我僥倖由我的一個關係人手裏，看見了五校付印的樣子，和你做序。——或是引論，因為不能使我有長時間觀覽，所以沒

龚羡章致胡适信第一通第一页

据和批评来得真有价值，有趣味；从此得了不少的教训。我咧！要欢迎你的数种新式标点的小说《引论》，《序》，《考证》；这回亚东排的《三侠五义》，还没出版。——现在印刷——我侥幸由我的一个关系人手里，看见了五校付印的样子，和你做〈的〉《序》。——或者是《引论》，因为不能使我有长时间观览，所以没记

的[得]。——我深引为无上的荣幸，因为我在许多盼望的人们中，做了个第一者啊！（3月22日）（按：引文中明显的讹误与脱文，以[ ]〈 〉标示订正处。）

二百多字爽脆的白话，足见她活泼率真的性格。尤可注意的是，龚羡章不是一个被动的通俗读物消费者，而是有着独立见解的新读者。在她看来，亚东版小说之可贵，并不全来自小说本身，更在于胡适的学术参与。她称赞胡适的考证能把小说的“精髓”和“读者的心思，意见，直抉出来；就是书的起原，和变迁，也说一个有据有证”。这种知性的趣味和逻辑的锻炼，才是她阅读快感的来源。胡适常说，他“讲学的文章”“范围好像很杂乱”，但目的只有一个，就是要使人“注重学问思想的方法”（《胡适文存〈序例〉》），龚羡章可谓得其本旨。她写这封信，于表达崇拜外也提出了批评的意见。此信发出时，她只读到胡适《〈三侠五义〉序》的前两部分，主要分析包公故事在历代传说中的嬗变。她认为这些内容和俞樾的讲法“句异旨同”，没有多少新意，而且未对小说作者作出考证，不免令人失望。

对小说本身的价值，她也有自己的见解：

《三侠五义》的著者如果不受《龙图公案》的束缚，做胆（按：原文如此）创造，不一定硬嵌入那些奇案；似乎著出来，还要高明点。所以我说后半部比前半部好得多，不〈知〉你以为然么？

这里透露出崇尚生动独创，反对陈旧因袭的五四文学观给她的影响。胡适也很认同这一见解，作后半篇序时，他写道：

> 《三侠五义》本是一部新的《龙图公案》，但是作者做到了小半部之后，便放开手做去，不肯仅仅做一部《新龙图公案》了。所以这书后面的大半部完全是创作的，丢开了包公的故事，专力去写那班侠义。

这自是胡适本有的意见，若说融有龚羡章的观点在内也无不可。

有意思的是，龚羡章还劝胡适："不要把精神用在那决无成绩，一定捣乱的什么善后会议上；糟蹋了你的名誉，精神"，不如继续致力学术，"赐点眼福给许多的人们啵"！由此便能得知当时社会上一班替胡适爱惜名誉的人们，对于他初次涉足现实政治，列席段祺瑞执政府召开的"善后会议"一事的看法。

可想而知，对于这样一个接受了自己的影响，具有科学头脑和纯正趣味，态度又率直可爱的青年读者，胡适当然反馈了不少赞许。他们的讨论大多围绕白话小说的阅读和出版展开。龚羡章通过自己在印刷局办校对的关系人——其实就是她的丈夫——读到了《三侠五义》和《儿女英雄传》的校样，并向胡适不断催促《老残游记》等新书的付排。她也常常谈及一些生活中或大或小的苦恼，请这位“精神上崇拜的导师”给予指示。

特别值得一提的是，龚羡章还为胡适的小说考证提供过史源上的帮助。在第二封信中，她提到一点有关《三侠五义》的两部重要续书的信息：

> 《小五义》和《续小五义》，是梅启照的儿子穷时捏的，我和他有些亲戚关系，我所以知道。（3月23日）

在胡适的追问下，她详细地补述了这则见闻的来历。此事系从她的叔祖母处听来。老人生前，常以此教育儿孙：

> 梅启照是南昌人，先做官也凡不错，后来因为杨乃武一案，圣旨特派他查审，他是河督，不想也因此丢了官；可见得有报。（她曾说梅启照参别人的官太多了，这是报应。）他的儿子梅小岩更不成材，只和些说书的，唱戏的混；书也没读好，到北京去赶考，（不知是北闱或会试，她没说明。）没中得；他老子气得不给钱他用，他就在京里同杨柳青（不知是地名，或游戏的场所，她没说清。）的书鹞子，（姓李名耀，这是混名，她还说她曾听书鹞子说的书，说的真好。）吊膊子赵，（她曾说赵后来做过慈禧后的黑车中人）捏书。甚

> 么二续三续的强盗书，《小五义》，《续小五义》，《彭公案》等都是小梅（按她叫梅小岩做小梅，大约是世交）捏的情命。书鹞子编派的，小梅造多了口孽，瞎嚼古人，所以短命咧。

讲完故事，她接着补充道：

> 以上便是我这个叔祖母的话，因为我那叔叔（她的儿子）欢喜做传奇，制昆曲；所以她常拿这话做教训。这是我亲耳听得的，我完全说给你听了。……梅小岩有两个儿子：一个叫光羲，做过高检所。一个叫光远，是个受贿的议猪。这是我后来知道的。(4月3日)

这两段话有些张冠李戴之处，一老一少口耳相传之间，或许就出了差错。梅启照是洋务名臣，江西南昌人，字小岩（或筱岩），这里误把父亲的字匀给了儿子。他曾任河东河道总督，后因王树汶案被革，并非杨乃武案（《清史稿·循吏传》）。光羲、光远兄弟是梅小岩的孙子，因父亲早逝，由祖父抚养长大，光绪二十三年（1897）丁酉科同榜中举（《第一历史档案馆藏清代官员履历档案全编》，华东师范大学出版社1997年版），后来又都入仕民国，做了高官。梅光羲在1916到1925年间任山东高等检察厅检察长，他师从杨仁山，是近代有名的大居士和佛学家（《六十四自述》，

《梅光羲著述集》，东方出版社2013年版）。梅光远当过众议院议员，龚羡章说他是“受贿的议猪”，当指他1923年为曹锟所贿，是所谓“猪仔议员”之一（《移沪国会秘书厅宣布之北京贿选投票名单》，刘楚湘《癸亥政变纪略》，泰东图书局1924年版）。

估计就在龚羡章这封信发出不久，李宗侗致函胡适，也讨论《三侠五义》及其续书的作者，内云：

> 先生前谓梅启照的后人来信说《小五义》系梅氏作的，或系《三侠五义》之误，如此则与士人所作说又暗合了。（《胡适论学往来书信选》，河北人民出版社1998年版）

“梅启照的后人”自是指龚羡章无疑。显然李、胡都受她误导，以为作者是梅启照，而非他的儿子。苗怀明曾在一篇论文中提到过这句话，附言“不知详情，待考”（《乡关何处觅英魂——清代民间艺人石玉昆生平著述考论》，《南京大学学报》2003年第6期），可见龚羡章这封信尚未被研究界所知。

受胡适影响，龚羡章读小说也颇留意版本和校勘，多次就新式标点的使用向胡适献疑。她经过比对发现，手中《七侠五义》的五种坊本都“没有亚东的好”，只是亚东五校还存在不少错漏，遂自告奋勇，愿充义务校对。在丈夫的帮助下，她为《三侠五义》编制过四张《校勘质疑表》。胡适看过后，称赞她“如果肯做标点校勘工夫，一定是一把好手”（6月3日函），还将它们即时转给了点校此书的俞平伯和亚东方面。从当年5月15日汪原放写给胡适的信中，便能看到此事的端倪（亦收《胡适遗稿及秘藏书信》）：

“但请你们不可追问谁人给她排样看”一句还加上许多圈，是什么原故，你能给我知道吗？

写信给你的那个女子，依我看来，并不是一个女子，乃是一个印刷业中人。因为不多时，我的大叔曾经对我说过，（为了我和他说起《三侠五义》中有错）有一个人要寄一张勘误表（《三侠》）给你。那个人因《三侠》便带说《儿女》了。

我细看你附来的几张信纸，更加相信他是一个印刷业中人，托名一个女子。

出于出版商的职业敏感，汪原放怀疑信件是同行化名所写。实际上，那“附来的几页信纸”恐怕就出自龚羡章4月28日致胡适函。从影印件来看，这封信的第三和第六页被裁去了一部分，第三页只剩最后一行，和下页开头连起来是：

……样子给我看的人有一个条件：就是不能使亚

东晓得有人看了排样。望你秘密。不要使这个人发生饭碗问题。千万！！

胡适的确做到了守口如瓶。他的回信汪原放留有抄件，作为晚年回忆录《亚东六十年》附录的一部分保存下来，现由北京藏家魏增山先生收存。在北京语言大学席云舒教授的引介下，笔者也读到了这封信，只见胡适答道：

原放猜那个写信的是印刷业中人，也有道理。依我现在的观察，此人是女子；那位业印刷的是她的丈夫。此事不必去深求，因为我答应了她不追问那位给她看排样的人。孟邹知道那个人。

照龚羡章的说法，这位关系人（也就是她的丈夫）是位以校书为业的“笔墨劳工”，知道不少出版业的内情。此人为满足妻子的小说癖，曾向汪孟邹打听亚东的出版计划，索借“近版的小说”，结果却是“老汪愈懒，没实话说。书也没借着”（4月3日函）。大约此事被亚东看作商业机密，他不但碰了一鼻子灰，还引起了汪氏叔侄的猜疑。

二

龚羡章在来信中多处谈及自己和丈夫的家世，都是考据的好材料。而所获之丰，也的确出人意料。第一封信结尾处，她自称是赣南人，暂居上海的姑母家中。第二封信更进一步说，她的夫家是“江西第一家藏书家”，只是所藏已在抄家中失落了。而且就家族交往而论，则其不但与梅氏有戚谊，和《儿女英雄传》的作者、八旗世家之后文康也“有点子世交”（5月23日函）。可以推测，这是个仕宦门第，且在政海中遭遇过风波。至于她自己的“历史和环境”，她说：

> 我的父亲是个维新党。我母亲是个十九世纪的道德人（不大识字）。我有一个哥哥不肯读书。我父不欢喜他。只将书教我。可怜我在孩童时，我父亲因为不得志郁死了；遗嘱教我读书。我族人顽固，不许我进学校。我母亲没法，只得送我到我一个姑母跟前读书。(这个姑母便是“他”的母亲，我的姑嫜。)

这里的“他”是信中对丈夫的代称。丈夫的父母是为“姑嫜”，那么龚羡章夫妇原是青梅竹马的表兄妹。更令人称奇的，是她接下来对舅姑二人的描述：

> 我这姑母是个文学家。——她著有《南华真解》《正声词谱》《经集辨》三书，在她大儿子手还没刊。——我那姑父，更是一个“京省驰名”的一时的文坛健将，

十九世纪中国文学界上有数的人物；我到她家读书时，姑夫已死了，虽然她家因戊戌抄过家，可是藏书还有十分之二三，姑母教我读子书和《王阳明集》《新民丛报》等书集[籍]。好在姑母是中国第一个实行女权独立的人，所以我没受那《女孝经》《女四书》的毒害。(4月3日)

当得起"'京省驰名'的一时的文坛健将"、"十九世纪中国文学界上有数的人物"之称的，恐怕只有寥寥几人而已。至于她的姑母，经子兼治，又善词章，尤其可贵的是头脑开通，观念超前，当为享誉天下的一代女杰，不应湮没史海，默默无闻。遗憾的是，她所著的几部书各处均无著录，多半已经佚失。

综观来函，身为龚氏亲族，又和具体人名相关联的，也只有上文提到过的那位"叔祖母"了。她本人虽鲜为人知，却有一个著名的弟弟：

我的叔祖母是王葵园——你大约知道这个人，我不赘述了——的同胞姐姐。(4月3日)

王先谦（1842–1918），字益吾，号葵园，官至国子监祭酒，是清季大儒、湖南名绅。龚羡章的叔祖母既是王先谦的胞姐，她的姑母也就是王先谦的外甥女。龚羡章5月14日函提到丈夫“自幼儿便代王葵园校书”，即佐证了这点，也说明姑母一家和王先谦的关系颇为亲密。学友余一泓代为查知，王葵园的确有一位著名的外甥女，其所以知名，在于她是一段近代著名三角关系中的主角，另两位则是晚清名士文廷式（1856–1904）和梁鼎芬（1859–1920）。

这三人的故事曾传闻一时，后又反复出现于徐一士、张伯驹、高伯雨等清季掌故爱好者笔下，谴责小说《二十年目睹之怪现状》和《孽海花》里也都有并不隐晦的影射。此事经过重重增饰附会，本来面目已不甚清晰。就笔者所见，最近于正本清源的考证，当为刘衍文发表于《万象》2001年第1期的《终古佳人去不还——梁鼎芬与龚夫人》一文。据刘文，这个故事可信凭的骨干大略是：梁鼎芬娶了房师龚镇湘的侄女，五年后因参劾李鸿章而罢官出都，期间将眷属托付给好友文廷式照料。不料龚、文二人渐生情愫，夫人遂弃梁归文。但梁对前妻终身不忘，也未因此事改变与文廷式的友情。

刘衍文提示，关于龚夫人的来历，较为直接可靠的材料是李慈铭光绪六年（1880）八月二十一日的《越缦堂日记》：

> 同年广东梁庶常鼎芬娶妇，送贺分四千。庶常年少有文而少孤。丙子举顺天乡试，出湖南龚中书镇湘之房。龚有兄女，亦少孤，育于其舅王益吾祭酒，遂

> 以字梁。今年会试，梁出祭酒房，而龚升宗人府主事，亦与分校，复以梁拨入龚房。今日成嘉礼，闻新人美而能诗，亦一时佳话也。

这位龚夫人是龚镇湘的侄女，也是王先谦的外甥女。李莼客称其“美而能诗”，可见素有才女之名。更重要的是，文廷式是江西萍乡人，字道希，号芸阁，传说当过珍、瑾二妃的家庭教师，是光绪朝“帝党”的代表人物，戊戌政变后遭清廷访拿，虽侥幸出逃，家中被抄是不免的了——这些都符合龚羡章的叙述。文廷式师从粤中大儒陈澧，学问渊雅，著述宏富，博学如沈曾植也对其多有揄扬。他的藏书虽迭经聚散，然据后人估测，“真正曾藏其手的至少在万册以上”（毛静《近代江西藏书三十家》，学苑出版社2017年版）。其弟子叶恭绰回忆：“文道希先生家藏书极多……大约有一百五十箱左右，大半关于历史、地理的，经、集两部分书亦不少。”（《我的读书生活》，《叶恭绰全集》，凤凰出版社2019年版）文氏诗文兼擅，陈散原作《文道希先生遗诗序》，说他“博极群书，诗乃清空华妙，不挦扯故实自曝，尝推为独追杜司勋，波澜莫二，即身世飘泊亦颇肖似之，此可悬诸天壤俟论定者也”，评价颇高。龚羡章作为后辈，推尊公公是“江西第一家藏书家”、“文学界上有数的人物”，自是合乎情理的。

据民国十一年（1922）刊印的《萍乡文氏四修族谱》，

文氏一族和前面提到的梅家确有姻亲关系：文廷式的五弟文彤娶了梅启照的三女，五姊文蕙芳又嫁给了梅启照之子梅任元——便是光羲、光远兄弟的父亲，也即前文所述，王先谦的二姊口中那位爱在京城瓦舍勾栏流连，协助民间艺人编出《小五义》《续小五义》等一系列“强盗书”的“小说家”。此人行迹不彰，甚至连名字也被后人遗忘，不意却在他岳家的资料中寻得。检民国《南昌县志》，“梅任元，字爽楼，二品荫生，官光禄寺署正，后迁江苏候补同知”（按：文氏族谱所记则为“浙江候补同知”，未知孰是），文廷式日记里有不少和他来往的记录。文廷式对这位姐夫很称许，在给好友于式枚的信中说他“才颇明干”，却仅“官同知耳，不如实甫之尊也”（《文廷式集》，中华书局2018年版），拿他跟易顺鼎相比，可见梅任元未必真像龚羡章的叔祖母说的那样没出息。

凭借王先谦自定年谱和诗文集里的材料，刘衍文对龚夫人父母的情况也作了考证。王先谦的二姊于咸丰三年（1853）“适善化候选知县龚运昉”。龚镇湘是湖南善化人，派名运镇，则龚运昉即龚夫人的父亲，王先谦的二姊即她的母亲，当无疑义。不过据其朱卷所列，龚镇湘没有名叫“运昉”的同胞兄弟，他的堂兄弟和从堂兄弟中也没有名“运昉”者。刘衍文由此怀疑，“也许运昉实在其中，而另有他名”。今承高树伟兄特为觅得民国十五年本《尖山龚氏四修族谱》，乃知长沙府善化县尖山龚氏实为一个庞大的家族，共分七房。运昉、运震确属十一世的同辈兄弟，惟运昉出自二房世系，运震则为三房，上数到两人的四世祖才是亲兄弟，早在“五服”之外，自无誊入朱卷的必要。

族谱载，龚运昉（1832–1879）原名昌，字寿菴（或寿安，王先谦集中作“绶庵”）。咸丰年间投军，“从戎晋粤间”，后随郭松林“剿捻”，得保花翎同知衔。晚年在湘军武毅营帮办营务，病卒于湖北襄阳军次，度过了劳碌困顿的一生（龚运畴《寿安公传》）。其妻王氏道光十三年（1833）生，卒于民国二年（1913），享龄八十，可称高寿（按：龚羡章说王氏卒于民国二年，族谱则谓民国元年。此处从龚说）。据王先谦《先太夫人年谱》所述，运昉家贫，王氏带着一子二女依娘家生活，同治十年（1871）由先谦一道携入北京，所谓“团栾万里路，骨肉两家情”是也（王先谦《示龚甥》）。然而两年后，龚夫人的幼妹兰仪（1861–1873）夭折；又二年，哥哥家饶（1854–1875）也猝然离世。关于他的死因，王先谦谓其“至京后忽病狂”，和他年龄相近的叔父运畴为作墓志铭，则说他“在途得心疾，抵京益厉”（《尖山龚氏四修族谱》卷十八）。“病狂”、“心疾”云云，味其辞意，殆今日所谓精神病一类，那么他的暴卒或许是自戕。

龚家饶未婚而殁，运昉一脉当另觅人承嗣。刘衍文注意到，梁鼎芬诗集中有《店中书寄妻弟一首》，他推测，这个“妻弟”乃是龚夫人之母后来过继的儿子，然则龚羡章信中那位有着“做传奇，制昆曲”的“纨绔”爱好的“叔叔”，恐怕就是他了。只是不知为何，此人在族谱中却没有相应的记录。

过去的族谱或墓志，女儿通常不书名，但附于父亲的条目之下，略记“殇”、“待字”或“适某某”等简要情形而已，龚氏族谱也大体如此。然而幸运的是，龚羡章的名字却见载其中，成为一个少见的例外，那么也就瓜连蔓引地牵出了她父母的消息。她的父亲龚家绰（1871–1916），字晋蕃，号裕生（或裕昆），与龚镇湘同属三房世系。其一子二女均为继室谢氏所生：子声鸿，即龚羡章口中那个“不

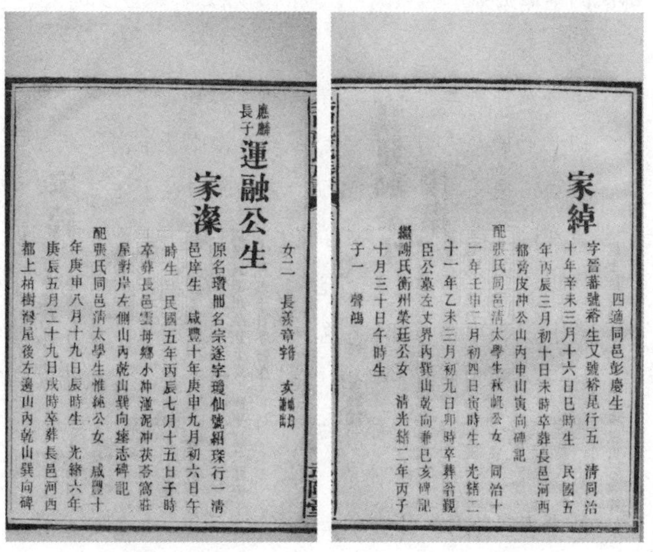
四適同邑彭慶生
家綽　字晉蕃號裕生又號裕昆行五　清同治
十年辛未三月十六日巳時生　民國五
年丙辰三月初十日未時卒葬長邑河西
都旁皮冲公山內申山寅向碑記
配張氏同邑清太學生秋岷公女　同治十
一年壬申二月初四日寅時生　光緒二
十一年乙未三月初九日卯時卒葬谷觀
臣公墓左丈界內巽山乾向兼巳亥碑記
繼謝氏衡州榮廷公女　清光緒二年丙子
十月三十日午時生
子一　聲鴻

應麟長子　運融公生
女二　長羨章[illegible]　次[illegible]
家濲　原名環柵名宗遂字環仙號紹琛行一　清
邑庠生　咸豐十年庚申九月初六日午
時生　民國五年丙辰七月十五日子時
卒葬長邑雲母鄉小神漥泥冲茯苓窩莊
屋對岸左側山內乾山巽向塟志碑記
配張氏同邑清太學生惟純公女　咸豐十
年庚申八月十九日辰時生　光緒六年
庚辰五月二十九日戌時卒葬長邑河西
都上栢樹灣尾後左邊山內乾山巽向碑

龚氏族谱中的龚羡章一家

肯读书”的哥哥；长女羡章；次女早夭。龚声鸿生于庚子年（1900），龚羡章比他年幼，则谢世时至多只有二十五岁。谢夫人能想到让女儿跟随龚夫人读书，似乎意味着后者虽身染绯闻，在族中仍有一定的影响力。

三

既知龚羡章是文廷式和龚夫人的儿媳，她丈夫的名字便也呼之欲出。1925年，此人正旅居沪上，以受雇校雠为业。而他此前半生的履历，由龚羡章写来，差不多就是半部民国革命史：

> 姑母有三个儿子：第一第二的都是旧学家，第三的——便是我的丈夫——学陆军，十多岁时和我见了一面，便受他母亲的奖励，去干革命生涯去了。我父亲在时，便说“他”文学好，志向高，一定是个英雄，所以我脑筋里很注意“他”。革命成功，“他”当了个营长。孙中山辞职，“他”又跑了。后来“他”的姊妹——不同母的——怕“他”撞祸，捉“他”到江西当军官。“他”连兵都带动了，反对袁氏称帝。失败了，家又抄了，书也绝种了；“他”同人家——党人——跑到湖南，炸汤芗铭去了。又失败，“他”的姊姊亲自到上海，捉“他”回来，交给“他”的母亲；他母亲反

纵“他”去闹。袁死，“他”回来，便带了不少新的书。那时“他”以为没事了，很研究学问的。在那第二年我们订婚后，中国又起乱子，“他”又跑了，到前年炸赵恒惕没成功，九月捕入了狱，那时“他”寄家湖南，所以家里骨头末子都抄掉了。因为“他”的先生是赵的蒙师，保全没杀。“他”又乘机越狱跑了。那时我吓的不得了，我的家族说“他”是“亡命之徒”，强迫我解除婚约。我也只得离家去做刺绣工人。（我在职业学校学的手艺。）今年才听得“他”弄了些兵（不知是不是土匪？）打赵恒惕，又失败了，到了上海。“他”的母亲姊姊在去年都死了，“他”没了笼头，竟顽起什么赤化来了。“他”的朋友写信给我说：“‘他’太激烈，会把命送掉，现在中山病重，‘他’没了首领，又要去炸一个人。”我急了，只身赶来，“他”正和许多人连名发通电反对溥仪出洋，还要给狠给某国人看。（4月3日）

这段拉杂的叙述显示，此人是龚夫人的第三子，从军甚早，是孙中山的忠实信徒。除“讨袁之役”外，还参加过国民党的多项军事行动。袁世凯逝世的次年（1917），他以为天下从此无事，遂与龚羡章订婚。他多年来活跃于湘赣一带，和许多早期国民党人一样，惯用暗杀手段以达政治目的，却很少成功。随着孙中山接受苏俄援助，开展国共合作，他的思想行动也趋于“赤化”。表现之一是，龚、胡通信期间，“五卅”事件突发于上海，他颇为活跃，带着“一个表弟去和帝国主义者奋斗”，曾“血搏于许多人中”（6月3日函）。

可以说，此人的经历就是中国近代革命日益激进的一个缩影，无怪乎胡适恭维他是“有志气的少年”了。他不许妻子将自己的名字透露给“一切的有名人物”，“一半是愤世”，一半因为他“家里还有个说不出为旧道德家反对的事”。不过龚羡章在4月3日的信中，特意提醒胡适注意信纸上的“剑胆琴心馆用笺”字样，因为这是丈夫的“一个代名”。

钱仲联《文廷式年谱》（《中华文史论丛》1982年第4辑）载，文廷式和“外室龚氏”确有三个儿子，“长二佚其名，三克俭，字公直”。在现代文学史上，文公直是个以一两部书留名的武侠小说家。兹查得他1934年撰有《曼殊大师传》一文，落款“萍水文公直（砥）叙述于剑胆琴心馆”（《曼殊大师诗文集》，华成书局1934年版），这无疑是他就是龚羡章丈夫的一个铁证。那件“为旧道德家反对”的家事，自是指他的母亲龚夫人与梁鼎芬、文廷式之事。

所谓“旧道德家”的“反对”并非虚言，有一事可以证明。1933年，汪兆镛为死友陈树镛（庆笙）刊刻文集。两人同出陈澧门下，和文廷式是“熟人”。陈庆笙与文廷式年少相识，尤为莫逆，后者的《怀旧绝句》有一首就是写他的。然而汪氏与陈垣商议，以为文氏“无行”，“不欲庆生集中见其名”，执意隐去。深知内情的陈垣向儿子乐素解说：“所谓无行者，指梁夫人作文夫人事也”（《陈垣来往书信集〔增订本〕》，三联书店2010年版）。可见在文廷式过世三十年后，此事仍为其同代人所轻鄙。

对文公直来说，父母的韵事或许让他幼时备尝冷眼，时移势易之后，却翻为扬名的资本。1930年6月，《申报》以半版篇幅刊登了他的新书《碧血丹心大侠传》的广告，其中径称：“文先生，为江西萍水人氏，乃清季文读学廷式公之哲嗣，其太夫人，亦为国内共知，博古通今之奇女子，家学渊源，蕴藏丰富”，俨然将他的身世作为卖点来宣传。又过数年，陈子展在“蘧庐絮语”专栏中引章太炎语，谓唐才常之死系龙泽厚“导廷式至武昌发其事”所致，文公直便亮明身份，投书陈氏，为乃父辩诬（子展《蘧庐絮语〔三十二〕》，《申报·自由谈》1933年4月15日、5月22日）。也幸亏如此，龚夫人罕为人知的生平事迹，恰可从她儿子这边加以补足。

文公直的友人沈其权为他的《中华民国革命史》（民国国史研究会1927年版）一书作序，特意介绍说：“他本来是大文学家——文廷式学士和龚家仪夫人——的儿子”，透露了龚夫人的名讳，这是刘衍文没有提到的。刘氏还猜测，龚夫人“至少一九二九年尚在”，龚羡章则于1925年明确指出，她实际上卒于“去年（1924）十月”。关于龚夫人的著作，除了前文提到的三部，刘衍文留意到，文公直在《碧血丹心大侠传》自序中说，湘鄂之役的次年（1922），龚夫人刚完成为《道德经》作注的工作，方“从事于《明史正误》”。近又见《铁血男儿传》（又名《孙中山演义》）一书，署庄病骸（禹梅）著，文公直校点，1927年上海寰球书局初版。庄氏二十年后回忆，他写了前四十回后因事下狱，后八十回由文公直续成（《关于〈中山革命演义〉》，《庄禹梅纪念文集》，宁波市新四军历史研究会2010年版）。书前有姜侠魂开列的“采用参考材料目录”，其中“专著类”载文公直《新编民国史》《蒋介石》《邓仲元事略》等著作多种，还有其父廷式的《闻尘偶记》《纯常子随笔》，其兄公毅（详后）的《革命轶闻》，想必都从文公直处得来。尤可注意的是，还有《帷车北游录》一种，“文龚家仪女士”著，从书名来看似是游记、随笔一类。如此则已知的龚夫人著述共有六种如下：

> 《经集辨》《道德经注》《南华真解》《明史正误》《帷车北游录》《正声词谱》

范围不可谓不广，只是很可能全部佚失了。

根据文公直《最近三十年中国军事史》自序里的说法，可推断他生于1898年11月（陈景拴《文公直名号与生平考》，《团结报》2019年1月24日）。钱仲联谓其“字公直”，同时又沿袭了文氏族谱里的说法，称廷式的嫡长子永誉“号公达”。然而“公达”、“公直”，头面如此一致，却一是别号，一是表字，两者枘凿难通。须知我国传统，号由各人自取，往往变化多端；字为长辈所赐，兄弟间常有相似。那么，“公达”应为文永誉的字而非号，此处当系族谱误记，钱氏失察。文公直以字行，著书撰文时，别署“文砥”、“文郎”、“文翮健”、“文若翁”等，前常缀“萍水”二字，指代地望萍乡。在惯用的“萍水文公直”外，也曾署“潇湘文公直”，示其母族籍在湖湘。

由于文公直三兄弟名分上是私生子，族谱未予著录，“钱谱”亦语焉不详。仅知文廷式与正室陈夫人育有二子一女：长子永誉，字公达，小字宝书，声名较著，早岁从政，晚年定居沪渎，曾任《小时报》主编，与陈鹤柴、叶恭绰等人相友善，还痴迷梅兰芳，是一名“梅党”要员（郑逸梅《文公达力捧梅兰芳》，《前尘旧梦》，北方文艺出版社2016年版）；次子敦书早夭；女儿“适江苏仪征江西试用知县李九龄”，也就是龚羡章信中提到的曾“亲自到上海”“捉”文公直，将他交给龚夫人管教的那位。此外，刘衍文通过文公直《碧血丹心大侠传》自序发现，他有一位“军书旁午，戎事鞅掌”的“三兄公毅”，“显然也是一个军官”——那么也就是文廷式和龚夫人的第一个儿子。而文公直最后一个兄弟的名字，其实就藏在他《中俄问题之全部研究》（益新书社1929年版）一书自序之中：

> 今春，见日人佐估[佐]木生利等有《亚洲之露支问题》……当即与家兄公诚移译……

如此，则族谱失载的文廷式的三个私生子，表字按齿序排列当为：公毅、公诚、公直。

文公达名永誉，在家族中属十二世。他和他的堂兄弟都名“永某”，那么公直等也应遵从这一规矩。萍乡市博物馆退休馆员刘敏华曾撰文称，当地山中的文廷式墓右侧立有一石，上书为“选地葬坟请风水先生写的分金择地吉向”，由廷式的子孙署名（《中国知识界的凤毛麟角——文廷式及其文物遗存》，《南方文物》2009年第2期）。承刘先生惠示该碑拓片，见落款人中，子辈自右至左为“永”“诚/誉/谐/谛”四人，殆即公达、公毅、公诚、公直兄弟。永誉居长，分当领衔，他在碑中居于右二，可见署名的顺序系从中间到两边，而非自右至左。《文廷式集》的编者汪叔子虽似不知龚夫人所生三子的表字，亦据此碑落款，将他们的谱名排列为“永谐、永诚、永谛”（汪叔子《文廷式年表稿》，《文廷式集》）。那么自公达以下，公毅名永谐，公诚名永诚，公直名永谛，当可信从。（按：此处对石碑落款的解读，得到北京大学王风教授的关键指点，谨此申谢。）

有趣的是，文廷式的子侄辈中竟有一位亦名“永诚”，乃文廷式的异母弟文龢之子，生于光绪三十三年（1907）。其时廷式下世已久，碑文落款中的人当然不可能是他。应该是龚夫人一家在外别居，公诚的大名渐不为族中知晓，故起名相重。此外，“钱谱”云文公直名“克俭”，然而此名从未见他用过，不知何所据而云然。钱仲联小文公直十岁，算是同时代人，也曾长住沪上，所言或有根据，姑志于此。

龚羡章信仅介绍了文公直1925年前的略历。两年后，南京国民政府成立，胡汉民就任立法院长，文公直曾入该院编译处供职。胡卸任后，他也“辞职走沪”（文公直《现行法规全书》“再版自序”，教育书店1936年版）。胡汉民与文廷式为中表之亲，其父系“江西庐陵县延福乡青山村人”（《胡汉民自传》，《辛亥革命史料选辑》，湖南人民出版社1981年版）。证诸文氏族谱，即该县“大学生胡燮三四子广东候补县丞文照”。胡文照娶了文廷式的祖父文晟和侧室吴氏所生的四女，也就是胡汉民的母亲。

胡氏《不匮室诗钞》有数处提及文廷式，七律《读文道希遗诗有感》尾联云：“我与阿咸同问字，前尘刚已卅年过”，“阿咸”是侄儿的代称，又用了《汉书·扬雄传》“问字载酒”之典。胡汉民是文廷式的表弟，岁数却和侄子永誉差不多，必是幼年时一同受教于廷式，才发此感慨。大概就倚仗着这层关系，文公直得其提携，遂一同进退。文廷式的侄女婿张同礼回忆，当时受胡氏之邀赴宁任职的文氏亲戚尚有数位（《文公直著述颇丰》，《萍乡人物录》，萍乡海外联谊会办公室1988年版），足见他对母族的眷顾。

在这段短暂的公务员生涯之外，文公直主编过《太平洋午报》《卷烟月刊》等报刊，著有《中国农民问题的研究》《俄罗斯侵略中国痛史》等社科书籍。它们大多出版于1929年前后，《中华民国革命史》和《最近三十年中国军事史》是较知名的两种，至今不乏学者征引。作为编辑，他纂有《三民主义考试必备》等政策类工具书，还曾转换身份，当过孙中山的亲信、后来仕伪罹罪的伍澄宇律师的代表（《伍澄宇大律师代表文公直君特别声明》，《申报》1929年12月31日）。文公直的《党义考试解题》在1947年6月发行了第六版，前有崔俊夫1946年所作序，说明当时应该还在世，小说《关山游侠传》也在1949年再版过。之后的资料则付之阙如，只好暂且认为不知所终。从前人们对他的了解多从他的几篇自序中来，谁知道他竟有位和胡适通过信的妻子呢？不过，照龚羡章所说，在亲族的反对下，两人其实并未成婚，她甚至是"私逃"到上海与文公直相会的。恐怕直到病亡，她的身份还是未婚妻。然而龚羡章并不理会世俗的一套，她说：

> 我与"他"还没结婚，不过我不甚赞成没结婚以前不算夫妻，要加个未婚字样的新恶习；所以我还承认"他"是我的丈夫。（4月3日）

和她曾经惊世骇俗的姑母一样，龚羡章也是位视礼法如无物的奇女子。只是这些复杂的内情，胡适自无必要向读者宣示，因此在文章开头的那段文字里，他仍略显保守地将文公直称作龚羡章的“未婚夫”。而或许是她的死讯尚未传至族中的缘故，次年10月编竣付刊的龚氏族谱对龚羡章的记录仍是“待字”。

四

1925年的文公直尚未成为一个小说家。他从寄身军旅，到从事校书、写作的文字生涯，转折似乎就发生在这一年。几年后，他在《泰西近代经济思想史》（三民书店1929年版）自序中回顾道：

> 余投身革命，十有七年矣。……顾自民四讨袁，领偏师入湘而后，频年戎马……民十四，从军已十年，而国事蜩螗如故，己身学业之荒芜，思想之落后，尤感临深履薄之惧！会中山夫子，溘逝燕都；痛哭之馀，溯洄往事，愤而尽毁军书，翻然投身为书佣，以求还读我书！

1924年10月，第二次直奉战争因冯玉祥临阵倒戈，发动“北京政变”而告终。政局陡变之下，孙中山受邀北上议政，途中因病不起，次年3月逝于北京。外有“国事蜩螗”，内感“学业荒芜”，屡遭困厄又痛失首脑的文公直决意脱离军界，“投身为书佣”。除了他的一面之词，龚羡章致胡适信还显示，这一转变和他经济上的困窘有关：

> “他”现在上海，因为家抄光了，发生面包问题，在做笔墨劳工。不是文字著作。（4月3日）

文公直幼承家学，后来也以创作闻名，此时何不卖文为生，反为他人作嫁？龚羡章的解释是，他受到了两位大有名的“文阀”的压迫：

> 除军事书外，他还著了几种书，都还有点价值。前年被康圣人——和他父亲是结义兄弟——打击，嘱咐某书局不许收他的稿子，他恨极了，便不作书了，专门和康圣人章疯子——也是他父亲的朋友，——作对；今日一篇论，明日一个问题；弄得这班“文阀”皮气来了，才使他不能得著作生活，去做劳工的。（5月14日）

康有为昔日与文廷式有旧，政治上却并非一派，又是国民党的宿敌，文公直对他口诛笔伐，自在意料之中。章太炎虽然是和孙文渊源甚深的老革命党，此时他的政见议论也被激进的国民党党徒视为荒谬落伍。然而以康、章的地位声望，和他一个后生小辈为难，已是匪夷所思；两人又是否有能力在出版界对论敌肆意封杀，更属可疑。看来这有可能是文公直带有“受迫害妄想”意味的自高身价之语，其性情之偏激也略见一斑。

在龚羡章的描述中，文公直的“书佣”生活只是暂时的，是秘密工作的一种掩护。就在她写信时，党人们正在策划一起新的暗杀行动，为此文公直花掉了“十个月劳工的收入”。这一次，他们的目标是新遭冯玉祥驱逐出宫的清废帝溥仪：

> 当他那激烈的时候，我得了他朋友的信，急急忙忙赶到上海劝他说：“你也是清朝的大世家，何苦做这个事。”他说：“这小哥儿不出洋去谋乱；我便不理会他。他要不安分，我可要替中国去祸根，非干掉他不行。”后来他哥哥写信来给他，要他不要做对祖宗不住的事，——他是个世袭——他连信也不回；我急了，所以向你求诉。（5月14日）

大抵当时盛传溥仪将要出洋，在文公直这样的激进民族主义者眼里，宣统落入外人之手，必将大不利于中国。这里的“世袭”，应指写信给文公直的是其嫡长兄公达。大概他在同城也听到了风声，对这个行事乖张的异母弟颇为头疼。

龚羡章受龚夫人的熏陶长大，后者能超越丈夫的政治实践，鼓励儿子从事武装革命，龚羡章也认为对于丈夫的“志向”，“原不能说他不是”，但她不赞成革命党人惯用的暗杀手段。事实上，她给胡适写信的一大目的，就是希望对方能够教她一个“较稳妥和平的社会运动方法”，来劝丈夫“保全这残废的性命，不要无谓牺牲”。

有意思的是，文公直这个愤世嫉俗、性情冷峻的“激烈分子”，却对以随和宽大著称的胡适很是佩服。据说他“平常论人物总说”：“实行政治革命的只有一个孙文，实行文化革命的只有一个胡适，其馀的都是半瓶醋，王八蛋。”他当时不解外语，不看外国书，“新出版物”很少寓目，看得入眼的只有胡适、吴稚晖、梁启超、蔡元培等数人而已。文公直喜读民党元老吴、蔡的文章，并不令人意外。梁启超是“研究系”首领，胡适没有明确的党派立场，却能受到他这种旧学底色国民党人的青睐，说明当时政治、文化的分野尚非斩截分明。龚羡章因此指望和胡适的交往能变易丈夫的性情。

胡、龚通信期间，文公直也以室名给胡适写过一封信，只是为了自秘行踪，写完又烧去。残稿为妻子抢得，一并录呈胡适，从中可以看出他是在怎样的“期待视野”下理解或误读了胡适的：

……国内故籍，浩如渊海；而异同聚讼，学未定者靡所从；益以东邻藏本，出入更夥。下走幼治《孝经》，先君子授以日文注本，都四十有一章，细核文理，似非倭奴作伪者。执此以论，则海外或有较良之本。鄙意以为宜综合国内学者，自动组立“国故整理会”，仿佛吕氏、淮南故事，治经者经，治子者子。广求海内外版本，镕合诸家，剔谬正误，梓以行世；庶初学者不致迷径。如此则十年之后，必有可观，似较先生瘁神一校，教育有限人士之为得也。先生亦有意于此空前不朽之业乎？至若经费：则庚款用途既止于教育，则发扬国家固有文化抵制侵略，当以整故为急。与其分庚款而教育仍不得平等，何于立此旷古大业，使天下学子闭户亦有可读书？△△△△△△△革命家，用贡此言，孑孑者流，未足与谋也。……（5月25日）（龚羡章自注，△表示“损坏了的字”。）

乍看起来，这与胡适“整理国故”的提倡几乎若合符节。“治经者经，治子者子”，翻译成胡适的语言，即“用历史的眼光来扩大国学研究的范围”；“广求海内外版本”，即“用比较的研究来帮助国学的材料的整理与解释”；“镕合诸家，剔谬正误”，即“用系统的整理来部勒国学研究的资料”（《〈国学季刊〉发刊宣言》，《胡适文存二集》）——看来这就是文公直对胡适发生共鸣的基础。然而细辨之下，两人的价值诉求却南辕北辙：在文公直的叙述中，作为“抵制”外来“侵略”的武器，“国家固有文化”具有不证自明的崇高价值，“天下学子”得此可以不假外求；但在胡适看来，“国故”只是“中国一切文化历史”的代称，是价值可疑、亟待清理的“几千年的烂账”，不但不能替代西洋学术思想的输入，反而必须借助后者的眼光和方法，才能完成自身价值的重估。文公直将胡适视为同道，很有些一厢情愿。

在这段话里，文公直呼日人为“倭奴”，颇绽露了他的种族立场，残信的另一半也与此有关。当时亚东图书馆正将《儿女英雄传》一书付排，书中要角侠女“十三妹”有个名叫纪献堂的杀父仇人。蒋瑞藻《小说考证》云：“纪者，年也；献者，《曲礼》云：犬名献羹；唐为帝尧年号；合之则年羹尧也。”指出此人原型是雍正朝屡平边疆却不得善终的权臣年羹尧。鲁迅、蔡元培等皆然其说，李宗侗童年以点读《儿女英雄传》为课业，指导他的齐禊亭（齐如山之父）也在书上作了几乎一样的批注（《李宗侗自传》，中华书局2010年版），可见是颇为明显的影射。而从军期间也曾“执戈蒙疆”的文公直正是年的崇拜者（文公直《中华民国革命史》“序二”），在他看来，“年将军志同铁木真，功过班定远”，这样伟大的人物，却“阻于阴毒之主，不克竟其收亚洲全境之伟画”，直令“千古英雄同声一哭”！因此，他希望胡适能在为此书作序时替年氏洗冤，“且以励今之青年”。看来，他还有通过对外军事征服以“布国威于四方”的泛亚主义梦想。

对照胡适半年后写成的《〈儿女英雄传〉序》(《胡适文存三集》)，可知文公直的期待全然落了空。胡适写道："年羹尧不过是一个不登台的配角，与作者著书的本意毫无关系。"那种认为作者文康有意替年氏伸冤的见解，不过是"排满空气最盛时代的时髦话"。此话虽是针对蒋瑞藻而发，把文公直看成胡适落笔时的"拟想读者"亦无不可。显而易见，胡适并不觉得这位"志士"的意见有什么新颖高明之处。类似的腔调用词，二十年前他在上海和形形色色的革命党人厮混时，大概早已听得烂熟。

《胡适遗稿及秘藏书信》里也存有文公直致胡适信二通，分别写于龚羡章去世后的11月、12月。从内容来看，此前应该还有不止一通。两信均以白话写成，没有只字提到龚羡章，主题明确，语意急促，都是要借钱，好应付房东的催讨，"不再受那资本家的气"。许是想显得直爽而做过了头，语言粗鲁俚俗，和前引那段文言的作者判若两人，如谓：

> 我预算明年正月（阴历）有笔钱进，那时准还你。你的钱是脑筋换来的，不是容易得的；也没有"土气息，泥滋味"，也没"血色血腥"，我不能白使你的；也不忍白花你的。决不敲竹杠：你瞧着吧，到那时候，你才知道我够朋友咧。(11月27日)

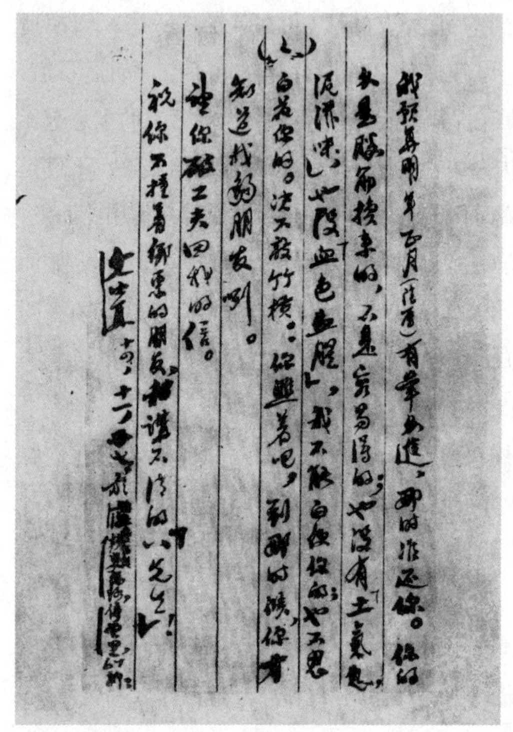

我预算明年五月（注意）有笔款进，那时准还你。你的钱是脑筋换来的，不是容易得的；也没有土气息泥滞味，也没“血色血腥”，我不能白使你的，也不愿白花你的。决不敲竹杠；你瞧着吧，到那时候你才知道我够朋友咧。

望你破工夫回我的信。

祝你不撞着绑票的朋友，和讲不清的“八先生”！

文公直 十七，十二月廿七夜

文公直致胡适信

读来竟有几分“道上兄弟”的味道。末了还补上一句：“祝你不撞着绑票的朋友，和讲不清的‘八先生’！”在不明内情的人看来，简直像是威胁恫吓。胡适是否应允不得而知，不过在他此后的文字里，龚、文“夫妇”的身影都再未出现。看样子，他和文公直终于没能热络起来。

北伐结束后，国民党掌握政权，党化宣传渐渐弥漫全国，资深党员文公直的文章著作频频面世，迎来了属于他的出版的春天。而胡适也开始受到无数党徒的围攻，得以细致观察他们相近的文化底色和运思方式，这些在他1929年前后的日记里留下了不少痕迹。他在《新文化运动与国民党》一文中总结性地汇报了研究结果，认为国民党对于“新文化运动”和中国旧文化的态度，有其“历史的背景和理论的根据”，明确点出了种族革命、民族主义思潮和文化保守主义之间的密切关联。在知名度上，文公直固不能与文中所举的柳亚子、陈去病、叶楚伧等相提并论，就典型性而言却不下于他们。对于双方这段发端于一封春初来信的短暂交往来说，这就是最后一点馀波了。

附记：

1925年9月，胡适离京南下，赴武汉等地讲学。他将此行见闻写在一册牛皮纸封面，内页无栏格的笔记簿上，取名“南行杂记”。远流出版公司曾于1989年将此册影印，汇入《胡适的日记（手稿本）》一书中。而原稿的高清彩照，最近由深圳收藏家王鹏先生提供给胡适研究专家席云舒教授，笔者有幸一同欣赏。

《南行杂记》册子甚薄，是纪事、议论、剪报与学术札记的混合，剩下不少未写字的空页。翻到空白处，只见其中夹着一张粉色短简，文字陌生，影印本中似未见。未及细读，左下角“文公直留”四字已径自撞入眼中；凝神一看，赫然便是对龚羡章死讯的通报，也是他主动写给胡适的第一封信。此时拙文成稿已有些日子，原以为早已失落的材料，竟一直被胡适珍而重之地保存在笔记本里，于今不召而自来，怎能不令人惊喜交集！

文公直的话写在“英租界西藏路”远东饭店的空请柬背面，正面右上角写有“留呈/胡先生”五字。纸片上端残损了一小块，尚不碍字迹辨认，其文云：

> 内子羡章已于七月初八身故。感　先生盛意，特晋谒，且陈遗言。不值，甚怅。明日午前十时仍当趋访也。此请
> 适之先生大安
>
> 文公直留
> 廿八

胡适于10月10日抵达上海，就住在远东饭店，是亚东图书馆的汪原放和章希吕替他订的房间（汪原放《亚东图书馆与陈独秀》，学林出版社2006年版），那么这张便条就应写于10月28日。

看到这里，本文开头所引胡适的话：“我这回到了上海，就写信给她，问她什么时候我可以去看她和她的未婚夫。过了几天，她的未婚夫来看我，我才知道她已于七月八日病死了。”便字字有了着落。

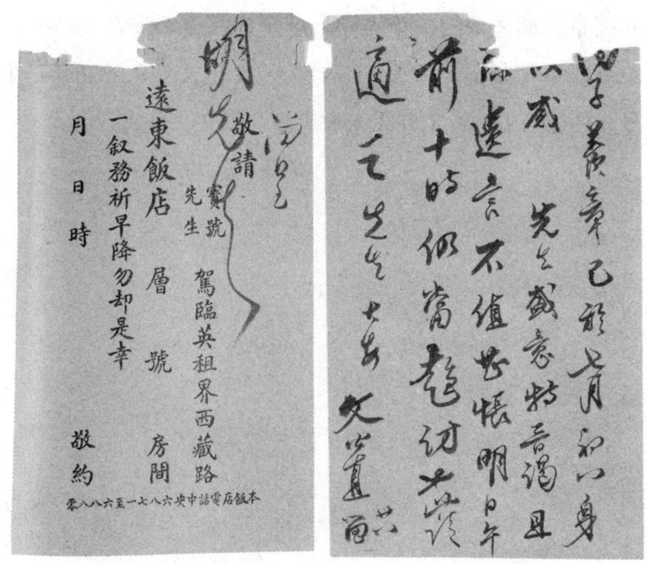
敬請
寶號
先生 駕臨英租界西藏路
遠東飯店 層 號 房間
一叙務祈早降勿却是幸
月 日 時 敬約
本飯店電話中央六八七一至六八八零

胡适《南行杂记》笔记簿中文公直的便条

龚羡章的遗言为何，固已无从知晓。而那一天胡适返回住处，读到留条时心中涌起的感受，我们虽遥隔百年，似乎也多少可以想见。

再记：

这篇小文章从起意动笔到修改完稿，前后用了近两年时间。自忖腹俭寡学，常倩师友答疑攻错，屡次有所添改。近又承重庆文理学院林建刚教授提醒，方知学界前辈郭存孝先生也是为这段雪泥鸿爪似的交往打动，并留意到龚羡章致胡适函的一个人，且已撰成《勇于求索——小亡友龚羡章与胡适》一文，载台湾《传记文学》2020年6月号。拜读之下，忻觉并无太大重复，拙文犹可成立也。

文求堂北京办事处与少店主田中乾郎

吴 真

文求堂，东京第一家汉籍专营书店，在店主田中庆太郎（1880—1951）的手中驰名天下。以往学界对于田中氏与中国文人及书业的交往、文求堂的古书买卖等均有论述，提及1954年文求堂的歇业，一般认为，“1951年，田中庆太郎去世，文求堂由他的儿子继续惨淡维持了三年，终于在1954年全面关闭”（钱婉约《〈日本学人中国访书记〉绪论》）。田中庆太郎（号“救堂”）育有三子三女，次子田中震二虽在二十五岁时早逝，却因曾师事郭沫若而较为人知，三子田中壮吉后为极东物产株式会社的社长，1987年曾主持出版《日中友好的先驱者：文求堂主人田中庆太郎》一书。反倒是继承家业的长子田中乾郎，在文求堂相关历史叙事中面目模糊，一般述及也只有类似“他在庆太郎死后维持旧店方两年，于1953年英年早逝”这样的片言只语，甚至有些文章误将乾郎记为“乾吉”或“干郎”。

2018年夏天，笔者调查东京大学“仁井田文库”时，偶然发现一张1940年12月发自“北京鲍家街十四号文求堂书店”的邮政包裹皮，收件人是东方文化学院教授仁井田陞，包裹里有两套书和一张由“文求堂书店出张所”开出的购书明细单。在以往关于文求堂的记述中，文求堂在北京设有买卖书籍的“出张所”（外地办事处）这个历史细节，从未被提及。抱着极大的好奇心，顺着仁井田文库提供的田中乾郎线索，笔者近年来留意搜检日语文献和出版史料，随着文求堂少店主生平的渐次清晰，文求堂书店鲜为人知的另一面，也逐渐浮出历史水面。

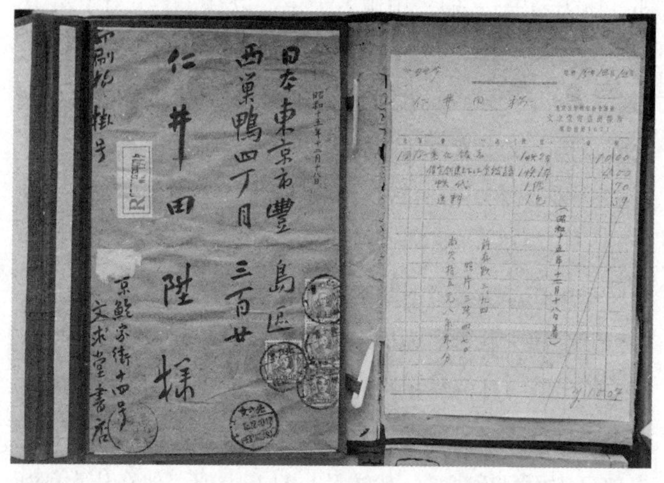

东京大学“仁井田文库”保存的北京文求堂书店出张所发出的邮政包裹皮与购书明细单

一、中国式贵公子风采

1908至1911年，田中庆太郎与妻子长驻北京整整三年，1910年3月，长子乾郎生于东单。回到日本后，次子震二出生。震二与乾郎年龄相差一岁多，毕业于第一高等学校，似乎更被父亲悉心培养，跟随着父亲出入学者之门，长泽规矩也评论道："震二君在风采、性格、智力上完全继承了父亲，稳重的言辞、适度的举止，夹杂着讽喻的人物评论。"（长泽规矩也《回忆与文求堂主人的交往》，收入《日本学人中国访书记》，中华书局2006年版）1931年至1937年，郭沫若流亡日本期间受到文求堂的多方照顾，他写给文求堂二百三十通亲笔信，其中五封写给乾郎，十九封写给震二。由于震二跟随郭沫若学习古文字，给震二的信内容多以讨论卜辞以及嘱咐他到图书馆搜寻资料为主。1933年文求堂出版郭沫若《卜辞通纂》一书，为读者检阅之便，在书后附有田中震二制作的人名地名索引表。

日本商人家庭素来秉持长子继承制，虽然田中庆太郎有意栽培次子的学问，却也未曾放松对长子乾郎的教育。庆太郎的夫人名"岭"，号"晴霭"，内外兼顾，研习绘画，董康曾赞曰："女史攻绘画已廿年，韶秀如钱叔美，与子祥伉俪尤笃。"（董康《书舶庸谭》卷五）田中岭悉心挖掘长男的艺术天赋，乾郎十几岁加入"太平洋画会"（与"白马会"并称明治时期最有势力的美术团体）学习绘画，又跟

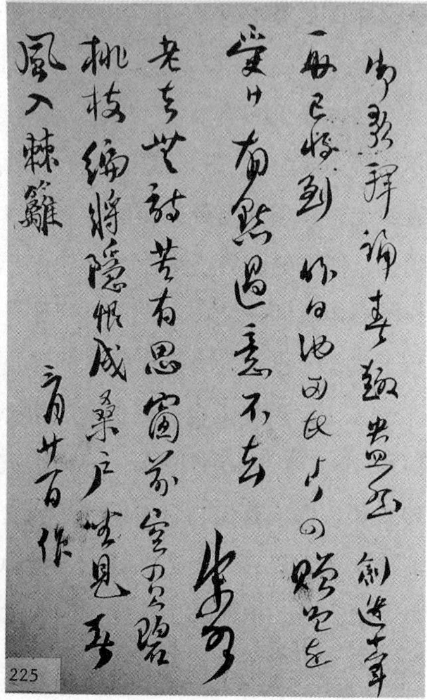

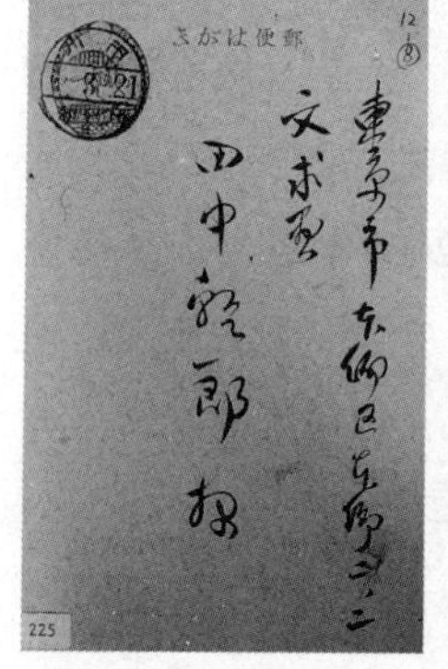

郭沫若1937年3月致田中乾郎信

随名家河井荃庐学习篆刻印版，曾为武藏大学图书馆等单位治印，东洋史学者中山久四郎称其篆刻达到“妙技入神”的境界（中山久四郎《文求堂を頌へる》，《日本古书通信》第296号，1954年3月）。乾郎精通中国书画、砚墨等等文人雅事，文章也写得好，被认为具有贵公子风采，整个人洋溢着中国式涵养。

乾郎的朋友在追忆之时都会称赞他的美术造诣，可惜乾郎的画作未见存世，我们可以通过东京改造社1938年出版的松枝茂夫翻译《周作人随笔集》装帧设计了解一二。此书目录页写明装帧者为田中乾郎，内封与封底各有花草图一幅，风格素雅。周作人在1938年7月11日写给译者松枝茂夫的信中，曾表达对乾郎的赏识："《随笔集》十册已承改造社寄下，因了大手笔的译文，田中君之装帧，甚增光彩，唯原本文意均乏，思之愧汗耳。"乾郎的字与画皆有文人情趣，止庵《藏周著日译本记》评论另一本日本出版的《苦茶随笔》说："按龟仓雄策虽被誉为'日本现代平面设计之父'，此书装帧实不及名不见经传的田中乾郎所设计的《周作人随笔集》。"（陈晓维编《买书记历：三十九位爱

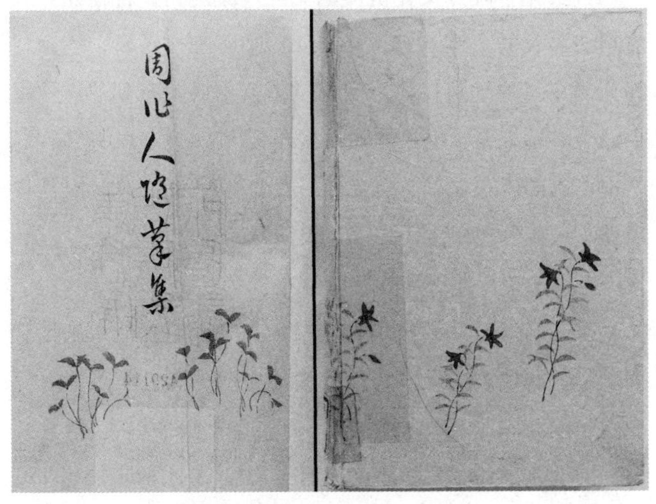

田中乾郎设计的《周作人随笔集》内封和封底（1938年东京改造社出版）

书人的集体回忆》，中华书局2014年版）

经营古书店是一份需要特殊的专业知识与鉴识古书能力的家业，乾郎年纪轻轻，却被书志学大家长泽规矩也赞誉："他对古本知识的掌握甚至超越大学的教授。乾郎的美术艺术造诣很高，经常向我传授这方面的知识。"（长泽规矩也《展观书概观》，《日本古书通信》第296号）书法史学者杉村勇造评价，"乾郎继承了家学，版本学的学识不亚于其父。他的人情味很浓，待人亲切，又用心极细"（杉村勇造《田中乾郎君を偲ぶ》，《日本古书通信》第296号）。

从文求堂存世的相关文献可以推想，庆太郎将长子乾郎当作未来一店之长去培养，着重锻炼他与中国官僚、日本东方文化学院等文化机关的交际应酬能力。曾任北洋政府司法总长的董康1933、1935、1936年三次访日，均由乾郎充当东京的地陪，甚至文求堂招待董康一家到热海、箱根温泉游玩三天，也是乾郎一人在接待。董康《书舶庸谭》之中，乾郎出现九处，震二仅三处。1936年11月，时任福建省参议兼公报室主任的郁达夫访日，在文求堂访书之馀，田中乾郎还招待他观赏歌舞伎。

次子震二虽然天赋极高，但父亲并未期待他未来接班文求堂，所以震二反而可以自由地跟随郭沫若学习卜辞等冷门学问。郭沫若1934年7月3日寄乾郎信中说，"信片拜读，稿纸亦收到，大店独裁，当极繁忙"（西泠印社《郭沫若致文求堂书简》第141号信，2011年秋季拍卖会图册），

1936年11月，郁达夫（前左）与田中家人的合影。后排男子为田中乾郎，前右男子为长女田中柳子（后左二）的丈夫增井经夫

可见二十四岁的乾郎当时已经可以独当一面，主持店务。

1936年8月，年方二十五岁的田中震二遽然辞世，庆太郎夫妇在镰仓叶山的老宅里感伤悲痛不已，乾郎更加努力投入到文求堂的经营。1937年5月，乾郎作为东京古书业者代表，参加在伪满洲国举行的全国图书馆大会，随后独自游历北京周边。同年，乾郎与真澄子结婚。

二、文求堂北京办事处的运营

田中庆太郎居燕三年间，在书业与傅增湘、董康等名流旧家之间买卖古籍字画，打出名气，以至有说法称“文求堂一去，北京珍本为之一空”。1938年6月，他安排新婚不久的乾郎偕妻子前往北京进修商业买卖事务，旨在让儿子如他当年那样拓展在学界、政界以及书业的人脉。1938年7月11日，周作人致信松枝茂夫说：“田中乾郎君来北平已得一见，快谈逾晷，甚有其尊父之风，大有风趣。知其将居留二年，谈天之机会甚多，亦一快也。”

周作人1934年8月访日时，经郭沫若介绍，曾到文求堂访书，结识田中庆太郎；而且翻译周作人作品最多的松枝茂夫又是文求堂重点“买取”（投资）的青年学者，1932年刚从东大毕业时衣食无着，田中氏就请他翻译《学生字典》，连续五年预开稿费，所以松枝氏翻译的《周作人随笔集》才会请乾郎负责装帧设计。因了这几层关系，田中乾郎抵达北京之后，逐渐走入以周作人为核心的文人学者圈子。1938年11月26日，周作人致信松枝茂夫：“今日晤田中君，知尊译《中国新文学之源流》将由文求堂出版，此是甚大光荣，却亦甚惭愧，深恐此随笔更出丑矣。”翌年2月，松枝翻译的《中国新文学之源流》《周作人随笔抄》两本周著在文求堂出版。周作人1939年6月5日致信松枝：“尊译拙文及随笔抄知已出版，因久未与田中君相遇故未得

北京时期（1938—1941）的田中乾郎

见，昨日已得读到。”

凭借着父亲在中日两国的深厚人脉，再加上本身的语言天分与交际能力，田中乾郎成为日本学人到访北京时的专业向导。如著名的法律史学者仁井田陞，从学生时代就深受田中庆太郎的指点与熏陶（吴真《仁井田陞遭遇的学科鄙视链》，收入《勘破狐狸窗：中日文化交流史上的人事与书事》，三联书店2019年版）。他从1940年开始执行一个北京工商行会的调查研究计划，每年前来北京调查一个月。1940年9月15日，仁井田陞到鲍家街文求堂办事处小坐，恰好之前乾郎和董康说起仁井田最近访京，董康请乾郎代为安排见面，当天下午，乾郎带着仁井田来到南城法源寺拜访董康。不久前董康辞去华北伪政权“司法委员会委员长”，乾郎跟仁井田介绍说，董康辞职之后立即门庭冷落，寂寞得很。董康请仁井田参观他经营了近三十年的法源寺刻书处，仁井田见到刻工们正在雕版印刷，饱览了诵芬室所藏珍本以及《元典章》版木。仁井田不会说中文，多亏了乾郎对中日学术术语的娴熟互译，才能详细记录下董康讲述的清代菜市口行刑法场变迁史（仁井田陞《清代の北京の刑場：刑法学者董康氏を訪ふ》，收入《中国の伝統と革命2》，东洋文库1974年版）。

田中乾郎在北京结交了不少年纪相若的日本学者，原三七（东京大学盐谷温的学生）1939年任伪北京大学文学院教授，他常与乾郎结伴逛琉璃厂，喝黄酒，吃中国菜，听京剧。日本战败后滞留中国三年的原三七，被遣返时双手空空，东京家早在空袭中烧得一无所有，幸得文求堂借出书籍，赞助他开起书籍文物流通会。当时从中国返日的日本人受到同胞避之不及的歧视，彼此之间也顾忌重重而互不联系，只有田中乾郎还常常和在北京认识的故交走动。（原三七《文求堂主の逝世を悼んで》，《日本古书通信》第296号）

田中乾郎到北京更重要的任务是熟悉中国书业商情，为此文求堂特地在鲍家街14号开设外地办事处。民国时期的鲍家街东起闹市口南街，从东向西延至闹市口西街后，往南至醇亲王府（1923年被私立民国大学租为校园）。鲍家街一带在七七事变后变化颇大，民国大学全校南迁，鲍家街21号的民国学院附属中学亦废校，1937年底，日伪中央农事试验场侵占此处，改为办事处。田中乾郎的《北京通信》透露，鲍家街14号是一个小四合院。1925年9月1日北洋政府发行的《政府公报》第214页，在批准私宅施工的公告一栏，记有“杨应仪，鲍家街十四号”，也就是说，此处原来还是中国人的私宅，1937年10月之后才被文求堂买下。1937年3月至4月，刘少奇率中共北方局机关曾经租住鲍家街17号一个老官僚的四合院，现为新文化街207号（1969年，鲍家街东西走向部分划入“新文化街”）居民住房，基本保持原状。

鲍家街是一条安静的私人住宅街，并不大适合书店营业，然而乾郎颇为享受住在这一带的“悠长生活”：傍晚时分，邻居小孩们唱着童谣，弥漫着晚香玉花香的庭院中，萤火虫飞舞；夜阑人静，听见远远的二胡琴声；清早时常会被庭前槐树上小鸟的叫声吵醒（田中乾郎《北京通信》，《日本古书通信》第108期，1938年6月）。1939年版北京兴信所编《北支蒙疆商工人事兴信录》有条记载：

> 东京文求堂北京出张所，开设于1937年10月。
>
> 业主：田中乾郎（明治四十三年三月三日生）

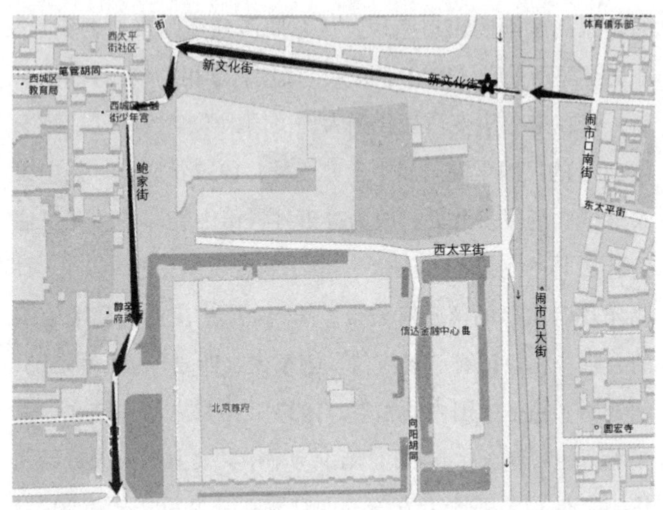

图中箭头指向为民国时期鲍家街的起止。1937年3月，刘少奇曾暂住于鲍家街17号（现为新文化街207号），以此为坐标，我们可以大致标示出文求堂北京办事处所在的14号位置，即图中星标处。宋希於先生指点信息并绘图

店址：西城鲍家街十四号，二名从业员（日本人、华人各一）

《商工人事兴信录》类似于商业黄页，一般登录具有营业执照的商铺信息。由这条记载可以推测鲍家街14号很有可能是文求堂在北京的第二处房产，1900年田中庆太郎曾在东单购置房产，这次在西城鲍家街购入的四合院，更适合居家生活。文求堂办事处营业规模虽小，只有乾郎和华人雇工二人，但有了营业资格之后，乾郎就可以凭借书商

的身份，参与北京旧书业的实际商业运作。

民国时期，北京旧书业有一种迅速回流资金的商业行为——“封货”，各旧书店将欲拍卖的古籍运到书业同行会馆（琉璃厂的文昌会馆），由书业同业公会的执事主持封货，拍卖仅限于加入公会的商号。1939年春，田中乾郎以文求堂办事处店主的身份参观了几次文昌会馆举办的封货，并撰写一篇现场报道发回东京，首次向日本书业界介绍中国的封货。这篇《北京通信》（《日本古书通信》第119期，1939年6月）显示出田中乾郎受过社会调查方法的训练，他制作了一张现场示意图，详细讲解整个封货的流程，并且还将竞标拍卖操作实况与文昌会馆的规定进行比较，发现实际运作已经突破了行业内部规定。此文可视为田中乾郎的北京旧书业“田野作业报告”，补充了同时期的谢兴尧《书林逸话》、雷梦水《记古书业封货》未能涉及的许多细节。

田中乾郎撰写的两篇《北京通信》并未透露文求堂北京办事处的经营状况，我们只能从1940年12月12日乾郎从北京寄给仁井田的邮政包裹以及其中的购书明细，来推测其实际运营。北京旧书肆的民国发票明细比较罕见，仁井田出于研究中国商业习惯的目的，所有购书都保留明细发票和包裹皮。仁井田文库现存只有一份北京文求堂办事处的发票明细，记录包裹内含两种书：一为北京善化会馆发行的光绪戊子年（1888）版《善化馆志》，一函二册，售价十元；二为1898年版《保定创建上下江会馆录》一册，

れ號數、書名、冊數、缺卷缺頁汚損等を明記した札を附けてあります。次に入札ですがこれがだいぶ風變りで、一枚の卷紙の樣な紙に自分の入れようと思ふ物だけを

一號　書名　價格
六號　〃　〃
廿號　〃　〃
卅一號　〃　署名　〃

右の樣にずらりと並べて書き、それをくる／＼と卷いて封じ、お堂の中に置かれた一つの小さな箱に入れます。いよ／＼拆封（開札）の五時になると、箱を置いた四角いテーブルがそのまゝ庭に持ち出され、その四方に一人づつ圖の樣に坐ります。この四人を假りにA、B、C、Dとします。

先づ箱を開けてそれ／＼の封を切り、横長の卷紙式の紙を擴げて重ね、これをAの前に置き一號の開札が始まります。Aは上の一枚から順次に取上げて、一號の最高價の記された紙をCに渡し、一號の記載がないもの或は價格が前者に及ばないものはBに渡します。この場合Bは唯無効の紙を受取つて自分の前に積重ねる役目です。Cは常に最高價を持つて居るわけです。かうして全部の紙がAからBに渡り、Cの手に殘つた紙によつて落札價が決定されると、これを讀み上げDが入札目錄に記錄します。そしてこの最後の一枚はCからBに渡され、續いて第二號の開札です。今度はAとBとの役目が入代ります。前と同じ方法でBからAへ紙が渡されて行きます。

開札　中央台に向つて立てるがA。左方台に向つて立てる中央の男がB。ソフト帽の男がC。座した後向きの男がD。

この方法は見た目にはいかにもこちらお得意の慢々的に映りますが、四十號を終るのに約二時間ですから一號平均三分間のわけで、實際はひどく遲いと云ふ程でもないと思ひます。前にも申しました通り、一日の入札量は隨分少なく感じますが、一部乃至數部を一號に纏める方法、つまり一口の組合せ方が極めて上手で且つ良心的である、例へば全く種類の異つた物などを纏めたりはせず、然も必ず一號の價格が最低十元前後にはなり一口一元二元などゝ云ふ物のないようにしてあります。この點は大いに敬服して居ります。從つて一

田中乾郎《北京通信》讲解北京旧书业“封货”的整个流程。刊载于《日本古书通信》第119期，1939年6月

售价四元，新配的书套另收七角。发票上还写着“前存款三.九四，照片三张四.七〇，尚欠拾五元八角叁分”。也就是说，仁井田陞在文求堂北京办事处原有存款，此次在北京购书是赊账，邮寄包裹总价共15.07元，冲抵原存款，最后欠款15.83元。

《善化馆志》全球图书馆目录只显示中国国家图书馆藏本与东大仁井田文库藏本，《保定创建上下江会馆录》光是仁井田文库就有三种版本，这种特殊的商业会馆资料，若非特意寻觅，绝难得手，这说明文求堂在北京的一个重要业务就是为远在日本的专业研究者提供“寻书代购”业务。仁井田陞评价乾郎：

> 昭和十五年（一九四〇年）同他在北京会面时，觉得他对于书籍整理的能力不用说，办起事来给人以周到而又稳重的感觉。虽不知他是不是同文求堂先前的主人一样，对于人和社会也有批判的能力，但是对于他的才能，书业界也慢慢地重视了起来。（仁井田陞《文求堂和我》，田中壮吉编《日中友好的先驱者：文求堂主人田中庆太郎》，极东物产株式会社1987年版）

当年田中庆太郎在清末的北京修习古书鉴赏，为文求堂进军汉籍买卖打下坚实基础。时代已经变化了，隔了四十年，田中乾郎到日本侵略之下的北京进修三年（1938年6月至1941年7月），却对东京文求堂的未来发展助力甚微。1974年，长泽规矩也批评庆太郎让乾郎到北京进修的做法：“这种方法并不奏效，彼邦与我国环境不同，东京古书业界的变动又十分剧烈。北京的商业法则等到乾郎回国后，并不能通用于东京业界。”（长泽规矩也《回忆与文求

堂主人的交往》）

三、日本战败前被紧急收购的田中父子藏书

田中乾郎回国之后，挑起文求堂的大任。1944年秋，文求堂与大阪屋号书店合并，成立了“株式会社龙文书局”，“设立代表者”（等于社长）由田中乾郎担任。1946年6月，株式会社龙文书局社名变更为“株式会社文求堂”，仍由田中乾郎任法人代表。

1945年3月，随着美军空袭东京日益频繁，东京市立日比谷图书馆启动“战时特别图书买上计划”，向民间藏书家、学者紧急收购贵重的家藏图书。此举旨在动用国家资金保存民间私藏古籍，东京弘文庄书店的店主反町茂雄（1901−1991）受邀执行洽谈与估价。他一方面积极买入井上哲次郎、市村瓒次郎、诸桥辙次（静嘉堂文库长）、中山久四郎等学者藏书，另一方面从文雅堂、文求堂、一诚堂等东京旧书店的店主处购入汉籍古本。

日比谷图书馆此番收购三十多个民间人士藏书约四万馀册图书，一边紧急收购，一边火速向三百多公里之外的奥多摩山区疏散图书。1945年5月25日，该馆未及撤离的二十万九千册图书在美军飞机的大规模燃烧弹轰炸中，与图书馆建筑付诸一炬，从一诚堂、文求堂、弘文庄等收购的一部分图书还来不及撤离，毁于战火之中。

日比谷图书馆疏散到山区从而幸免于难的四十万册图书，战后被归入东京都立中央图书馆，“战时特别图书买上计划”所收书亦被纳入“特别买上文库”，以原藏家之名设立分库，现共计三万九千册，田中庆太郎文库（又称救堂文库）存三千零八十一册，田中乾郎文库（又称田中文库）存六百零六册。田中父子图书并未以文求堂之名设立，而是分别命名为“救堂文库”和“田中乾郎文库”，可以推测收购的是父子的私人收藏，并非文求堂在售之书。

2013年，导演金高谦二将日比谷图书馆紧急撤离四十万图书的事迹，拍成电影《疎開した40万冊の図書》，图为电影海报

细勘文库书目，可以发现田中乾郎不同于其父的藏家特色。救堂文库所收偏重于经史古籍，而田中乾郎的收藏有着明显的艺术史偏好，大多为《水浒全图》《棉花图册》《便民图纂》等配图古籍，以及《扬州名胜图》《研墨谱》《绣花图》等图谱和地图。乾郎藏书竟有二十馀种为零本、残本，比如清殿本《广陵名胜图》残本、明《乐律全书》零本。老田中素来不屑购入此类“不全本”，而乾郎“有图即收”的原则，在其逝后意外获得隔世知音。乾郎所藏晚明《警世通言》三桂堂本四十卷的残本，书前绣像完整无缺，但正文残缺较多，只存前十页，据大塚秀高《关于〈警世通言〉的版本：以佐伯文库本和都立中央图书馆本为中心》（《明清小说研究》1989年第1期），此本恰恰补充了存世《警世通言》版本链上的一个关键节点。清刻本《东瀛纪典》罕见地记录了清初台湾社会状况，世间仅存中国国家图书馆和田中乾郎两个藏本，近年方有学者发现此本的重要价值（陈冠妃《城市建设与图像表达：以1766年台湾知府蒋允焄〈东瀛纪典〉为例》，《台湾史研究》2019年第4期）。

1945年5月25日最大规模的一次东京大轰炸之中，本乡一带居民区燃起焰天大火，弘文庄、琳琅阁等旧书店被烧得一无所有。弘文庄店主反町茂雄幸亏与田中父子一起，抢在这次大轰炸之前卖了一部分珍本给日比谷图书馆，才减少了损失。当时本乡周围的民房多为木造，文求堂建筑因为是钢筋水泥结构而幸免于难，但置放于印刷所的印刷用纸与待装订的印张早在3月10日的大轰炸中被焚毁，损失惨重。

之前由于文求堂与东方文化事业委员会的长久合作关系，北京送来《续修四库全书提要》初稿，准备在龙文书局印刷出版，结果在3月的火灾中化为灰烬（阿部洋《“对支文化事业”の研究：戦前期日中教育文化交流の展開と挫折》，汲古书院2004年版，第808页）。大阪屋号书店曾在1932年、1943年出版吉田虎雄的《两汉租税研究》《魏

1945年5月25日东京大轰炸之后，文求堂建筑屹立在周围的一片废墟之中

晋南北朝租税之研究》二书，借着老关系，吉田的新著《唐代租税研究》打算也在龙文书局出版，孰料已经完成制版印刷的印张全部毁于火灾（吉田虎雄《唐代租税の研究》后记，汲古書院1973年版）。

四、文求堂的落幕

长泽规矩也说：“乾郎君也不具备父辈的聪颖头脑，没有他父亲那样的商魂。所以，救堂主人去世后的文求堂，买卖陷入困境。”（《回忆与文求堂主人的交往》）此言略微失实，文求堂的困境在救堂生前即已出现。日本战败后全国经济凋敝，为解经济之厄难，旧家纷纷抛售家藏古籍文物，而有财力购入古籍的买家却寥寥无几，自然旧书店的生意也难以为继。更一重的打击是，1950年5月，中央人民政府政务院颁发《禁止珍贵文物图书出口暂行办法》，禁止古籍出口，日本古旧书业失去了重要货源。然而对于1931年之后早已转战出版业的文求堂来说，致命打击却是拳头产品中国语言书籍失去读者市场。在盟军统治日本的时代，文求堂无法迅速推出英语对话类辞书，自然而然地落后于时代。

1951年9月，田中庆太郎患肺癌去世，之前五年，他身体已经十分虚弱，全部店务托付与田中乾郎。1953年，才过两年，乾郎罹同样的癌症，在四十三岁的壮年辞世，留下还在上中学一年级的儿子，无力继续经营，文求堂只能歇业。近年有几篇流传较广的中文文章讲述文求堂停业原因称："三子田中壮吉成长于战时，不具备汉籍版本目录学知识，不适合运营书店。最后的希望落在田中女婿增井经夫身上，但立志于中国史研究的他却决定赴金泽大学任教。"其实这是不了解日本商业习惯才会出现的误解。

日本商人家庭自古以来延续着"长子继承制"，在长子成为"当主"（户主）之际，也是分家之时，其他的儿子或者离店（家）另谋生计，或者留在店中长期打工，等同于家奴。1944年文求堂改组为株式会社龙文书局之时，社长已是田中乾郎，很有可能在这一年，田中家已经进行分家，以方便成立株式会社的股权计算。所以1945年日比谷图书馆收购文求堂古籍时，田中父子才是分别收购，分开结算，而不是以文求堂的名义。

田中庆太郎育有三男三女，二儿早逝，大儿当家，三个女儿早已出嫁，小儿子壮吉则在大学毕业后从事理科商事。1944年的株式会社龙文书局和1946年的株式会社文求堂的法人代表均为田中乾郎，意味着乾郎是法律意义上的文求堂店主。乾郎殁后，文求堂的合法继承人只有他未成年的儿子田中淳一，这是日本商业继承习惯的自然结局。与田中家关系密切的八木敏夫（日本古书通信社社长）将文求堂歇业的原因说得比较清楚："当时各位亲戚讨论了前后策，一致认为这是一份需要特殊的专门知识的家业。然而，最小的公子淳一君还很年幼，无法接班，只得就此闭店了。”（《写在文求堂闭店之际》，《日中友好的先驱者：文求堂主人田中庆太郎》）至于田中庆太郎的大女婿增井经夫（1907–1995），首先他根本无权接手田中乾郎的产业，再有他早在40年代就是东洋史方面的著名学者，1949年任武藏大学教授，1952年（乾郎去世前一年）转任金泽大学法文学部教授。

经过山本书店、汇文堂和长泽规矩也等朋友帮忙清点整理，1954年3月15、16日，文求堂举行古籍展观即卖会，文求堂库存和田中乾郎的藏书悉数清仓。同月《日本古书通信》策划了一期《文求堂书店拍卖会记念号》，九位名家撰文追悼田中父子，并附有《田中乾郎略年谱》。

“那温和而又有很高眼力的老一代主人田中庆太郎先生，以及英俊机敏的贵公子、文求堂的第二代主人乾郎氏，都在业界很有人望。坚实的经营，真是世上无双的两代主人。”（八木敏夫《写在文求堂闭店之际》）

田中父子的生命史以及文求堂涉及中国的商业活动，可以说是日本明治时代以来所谓“大和商魂”的最佳个案——紧跟国家“大陆政策”，因势利导，同时又吸收中国儒家的儒商人文智慧，讲究文人格调，广结善缘，拓展人脉。

德龄公主的父亲裕庚及其家人考

艾俊川

在清末出使各国大臣中，光绪年间曾先后出使日本和法国的裕庚略显神秘。他既无著述诗文传世，也少见官私文献记载，今天为人所知更多是因为儿女：其子勋龄为晚年的慈禧太后拍摄了数十张照片，成为中国摄影史上的重要人物；小女儿容龄曾师从舞蹈家邓肯，被视为中国现代舞第一人；长女德龄，更是以自身经历为背景，撰写了多部清宫主题的回忆录和小说，即鼎鼎大名的“德龄公主”。

在出使日本和法国之前，裕庚一直在各省担任督抚幕僚，未出任过朝廷任命的实职，因而连当时官场对他也不很熟悉。但他拥有的特殊家庭——一位带有美国血统的太太，两个进宫陪侍太后的女儿，娶了法国儿媳的儿子，略显西化的生活，让清末社会充满好奇。正史记载缺少，正好让野史有了用武之地，因此各种笔记小说多喜欢讲述他

1902年，裕庚一家与贝子载振在法国。坐者右一裕庚，右二载振，右三裕太太，立者左一馨龄，左二德龄，左四容龄，馀为载振随员

家的秘闻，再加上德龄写作中有意虚构身世，给裕庚家庭在神秘之外又增添了疑惑。

对德龄塑造的裕家家世的不实之处，前人已有所辩驳，今天在互联网上也有不少讨论，但尚未能全面考实其家族成员的生平事迹。因此，本文尝试勾稽可靠资料，验证野史记载，说说裕庚一家人。

一、裕庚出身征实

按照德龄《童年回忆录》（*Kowtow*）中的说法，裕庚家世为满洲贵族，袭封王爵，比李鸿章的侯爵还高两级，早在武汉任职时就是一品大员。

但无论野史还是正史，都可证明此说纯属虚造。

记载裕庚事迹最为全面的资料，当属民国初年出版的《清代野记》中的《裕庚出身始末》，作者梁溪坐观老人，经考证是桐城张祖翼。咸同之际，张祖翼的父亲与裕庚同在胜保幕府，故所记裕庚前期事迹与其他史料多能吻合，大致可信，但光绪年以后的事，作者也得自传闻，可信度就不高了。

从《裕庚出身始末》和各种记载看，裕庚的一生可分三阶段，即少年得志、中年蹉跎、晚年发达，人生经历堪称丰富。

《裕庚出身始末》起首说：

> 裕庚，字朗西，本姓徐，为汉军正白旗人。父联某，字翰庭，道咸间任江苏县令，君子人也。庚貌岐嶷，幼而聪颖，读书十行并下，过目成诵。

《清代官员履历全编》收录光绪二十一年（1895）裕庚补官广东惠潮嘉道时的履历单，说“裕庚现年五十七岁，系汉军正白旗长寿佐领下人，由廪生考取咸丰戊午科优贡”。推算回去，他出生在道光十九年（1839年。上海图书馆藏裕庚讣闻，写明生于道光己亥十九年九月初八日。

感谢张伟先生指示）。光绪《玉田县志》卷十八选举表有裕庚之名，称“徐裕庚，戊午科优贡，汉军旗籍，土著，东关”，表明他在咸丰八年（1858）应贡举时，还使用汉姓“徐”，隶属正白旗，家住玉田县东关。他连满族人都不是，更不必说是满洲贵族或世袭王爵了。

裕庚的父亲也省去徐姓，名联英，又写作联瑛，字翰庭，同治元年（1862）署理江苏盐城知县。同治五年正月，裕庚丁忧百日服满，召赴军营，可知联英卒于同治四年。（《同治起居注》）

裕庚的母亲以工于刺绣闻名。齐学裘《见闻随笔》有《神绣》一篇，说“联翰庭大令瑛，夫人某氏工刺绣。有求之者，先以名画张壁上，浏览朝夕，摹仿毕肖，山水人物花卉翎毛，无不还其家数，盖神技也”。她擅长用刺绣来复制名画，堪称针神。

裕庚幼年聪颖，读书过目不忘，当是实情。箧中有一张许乃普（谥文恪）写赠裕庚的扇面，护页有裕庚题跋，说“此箑为丁未年作，时余年九岁，受知文恪，以神童见许，常以名帖相赐。余之学书，实文恪始”。跋是写给自己看的，没有必要吹嘘，他被夸奖应有其事。夸他的人还不止许乃普一人，《翁心存日记》道光二十九年（1849）九月一日记：

季考八旗官学生……集官学生背书。前数日诸君

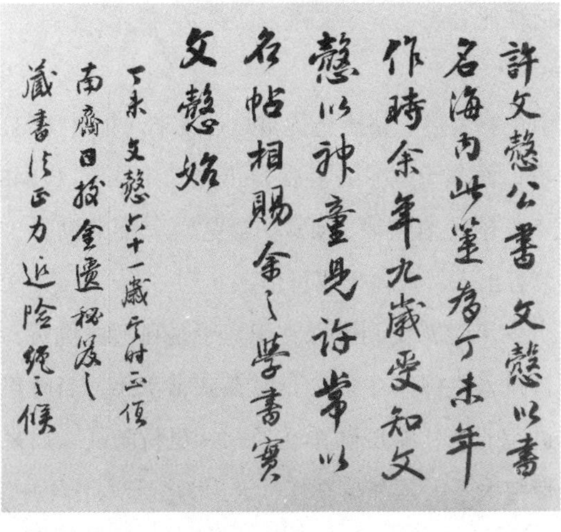

许乃普书赠裕庚的团扇和裕庚题跋

查学未到诸生，于是日补到，有裕庚者，年甫十二，背诵如澜翻，能属对作文，可喜也。

此时裕庚刚过十周岁，翁心存这里还多记了一岁。可见少年裕庚的聪明，得到长辈公认。

《裕庚出身始末》接着说：

庚年十二即入国子监肄业。时胜保为满助教，亟爱之，遂由官学生入泮。十四食饩，十六选优贡。累应乡举不第，遂就职州同，从胜保军，甫逾弱冠耳。下笔千言，倚马可待，纵横跌宕有奇气。凡奏报军事，极铺张扬厉之致，令阅者动目，故所至倒屣。胜败后，裕回江北省亲，旋丁父艰。

前引史料说过，裕庚选优贡是在咸丰八年（1858），年已二十岁，而非十六岁；胜保自道光二十八年（1848）至咸丰元年任国子监祭酒（《爵秩全览》），而非助教。这段记载细节有出入，大体仍属可信。

裕庚少年时就受到胜保赏识，于是在考取优贡、报捐州同后，投入胜保军中效力，时在咸丰十年。当时正值英法联军进犯北京，裕庚随军在通州八里桥防战，后来又在江淮一带与太平天国和捻军作战，因为擅长写作军中文书，"下笔千言，倚马可待"，很快成为胜保的亲信："胜豪于饮，每食必传文案一人侍宴。初，先君子（张祖翼之父张承涛）与冯（志沂，号鲁川）、裕皆常侍宴者，继以先君子不能饮，遂命冯、裕以为常”（《清代野记·胜保事类记》）。裕庚因军功屡获保荐，至同治元年（1862）以知州加运同衔，赏戴花翎，年纪不过二十四岁，从军也只有三年。

裕庚在胜保军中，有两件事值得说说。一是曾与被俘的太平天国英王陈玉成见面交谈，并“代笔”了陈玉成的供词；二是同治元年在陕西，胜保以罪锁拿进京，裕庚并未投奔新主，而是和冯志沂等人一直将他送到山西蒲州，洒泪而别（《胜保事类记》）。冯志沂后来同裕庚忆起此事，还作过一首《与朗西夜话》诗：

> 征西幕府几人存，忍向空巢觅旧痕。绿野尊罍成昔梦，蓝关风雪尚惊魂。贫思鲍叔曾知我，老愧侯生解报恩。今日淮阴谁庙食，边疆功罪古难论。

在整个同治年间，裕庚基本都在安徽办理文案，受到前后两任巡抚乔松年和英翰的赏识。裕庚《履历单》罗列从军生涯说：“复随军转战陕西、河南、安徽、直隶、山东各省，击剿回捻发教各匪，洊保候选知州、安徽候补直隶州知州、安徽候补知府、安徽候补道，赏戴花翎，并加布政使衔，均奉谕旨允准。”他获保道员是在同治七年，加布政使衔是在十一年，堪称少年得意。

光绪元年（1875），英翰（谥果敏）赴任两广总督，裕庚随行，《裕庚出身始末》说“甲戌岁杪，果敏擢广督，裕以道员留广东，事无大小，一决于裕，英惟画诺而已。粤有‘二督’之称，其信任如此”，成为总督的首席幕僚。不料英翰担任总督不到半年，就因重开闱姓捐被广东将军长善、巡抚张兆栋等参奏。这些人并未过多指责英翰的过错，而是拿裕庚做文章，如张兆栋所奏就写得颇为生动：

> 督臣英翰到任以来，旧日在皖当差各员纷纷来粤，均令入署办理文案。内有安徽候补道裕庚，尤为督臣素所信任，署中事无巨细，皆其一人主持。僚属因公晋谒，每由该员传达，甚至司道禀商公事，督臣时或不愿接见，亦令与该员商议。钻营之辈见其权势异常，莫不奔走趋附，每日该员由署回寓，门常如市，其气焰可以概见……应请饬下督臣，一概勒令回籍。（《光绪朝东华录·光绪元年八月》）

随后裕庚与英翰一起被革职，半生功名毁于一旦。

回到京师后，裕庚一度在李鸿章幕下做事，光绪四年因办理平粜“异常奋勉”，由李鸿章奏请开复布政使衔。这件功劳方便他出门做事，于是他在五年冬再来安徽，受到巡抚裕禄重用，于七年委派总管报销局事务，不过好景不长，一年后就被参奏“安徽巡抚裕禄信任劣幕……已革道

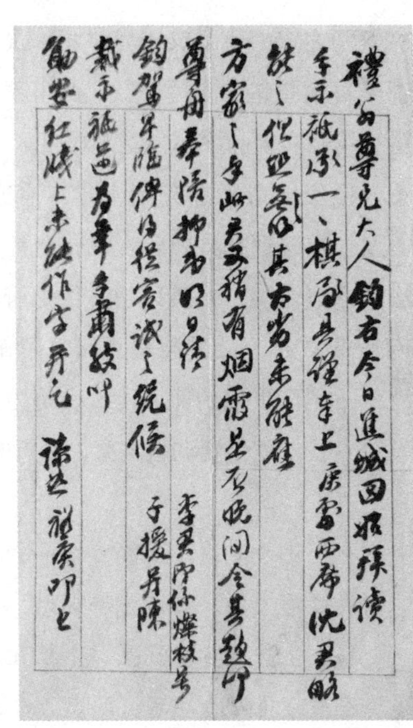

裕庚写给蒯光典（字礼卿）的信

员裕庚总管报销局，弥缝军需销款，交结州县”，朝廷令安徽学政孙毓汶调查，结果所参各项均无其事（孙毓汶《奏遵旨查明抚臣裕禄被参各款据实复陈折稿》〔光绪八年四月〕，见《孙毓汶日记信稿奏折》，凤凰出版社2018年版），但仍奉上谕：“已革道员裕庚办理局务致招物议，着裕禄即行饬令回旗，不准逗遛。”（《光绪朝东华录·光绪八年四月》）

裕庚被驱离安徽，临走时各地官员致送的赆仪，据说有万两之多，于是又引发举报，最后调查下来，说官员们都是自掏腰包，未用公款，此事不了了之，但可见他在安徽官场确实人脉深厚，受人欢迎。

裕庚的命运在光绪十年终有改变。这一年中法战争爆发，福建巡抚刘铭传奏调裕庚前往台湾军营效力，次年法军撤离基隆，裕庚以功奖保知府，留在福建候补。刘铭传是安徽人，又是淮军重将，了解裕庚为人，调他到台湾，一是借重他的能力，二也是为他谋出身。光绪十二年(1886)，刘铭传奏调新文案，奏折中说：

> 臣于光绪十年渡台之际，奏留已革安徽候补道裕庚办理文案，该道公事娴熟，臂助实多。不料到台后湿热上冲，目疾沉重，上年五月请假内渡就医，文牍军书皆臣一人办理，竭蹶万分，时欲访求品学兼优之才，得资赞助，未得其人。(《刘壮肃公奏议》卷九)

此时裕庚离营一年，刘铭传仍难寻替人，从侧面反映出他确实人才难得。

有了刘铭传铺好的路，裕庚在安徽积累的人脉再次发力。光绪十二年，裕禄已升任湖广总督，裕庚于十一月转投湖北候补，抵省即被委派办理汉、宜二关洋务，转年五月又委办沙市厘金，在这里一干就是三年。沙市也是德龄《童年回忆录》的起点城市。

《裕庚出身始末》说他来到湖北，“时鄂督为张文襄，一见惊为奇才，历畀沙市、汉口厘税事，皆鄂省美任也”。这话说得是也不是。说不是，裕庚投奔的是裕禄，张之洞三年后才接任总督；说是，张之洞确爱裕庚之才，不仅继续留用，而且更加重用：光绪十六年闰二月，调委裕庚办理汉镇厘金总局；三月，委办汉镇海防新捐；十一月，会办汉镇药土局，次年六月，试办汉镇药土税局（均见《申报》报道）。汉口是湖北的经济中心，这里的各项捐税均由裕庚管理征收，真说得上是“美任”了。

裕庚《履历单》说到湖北以后的经历：

> 到省后派办湖北洋务各教案，复因劝办顺直赈捐出力，奉旨俟补缺后以道员用。经湖广总督张之洞、湖北巡抚谭继洵以历年办结各处教案出力、人才可用明保。十九年五月吏部带领引见，奉旨以道员用，具折谢恩。蒙召见一次。是年十一月，经湖北巡抚谭继洵奏，带赴四川查办事件。光绪二十年七月奉派来京，随同恭办万寿庆典点缀景物事宜，十月经督办军务王大臣奏充督办军务处翼长。本年五月初十日奉旨补授广东惠潮嘉道。

这里有三件事对裕庚的仕途很是重要，一是办理教案，二是明保道员，三是奉派来京。

裕庚在鄂期间，湖北发生三起教案：光绪十七年（1891）四月，武穴民众杀死英国福音堂教士二人；同年七月，宜昌民众焚毁法、英、美三国教堂；光绪十九年五月，麻城民众杀死瑞典教士二人。案件发生后，张之洞均委派裕庚前往处理，一边调查审理案件，一边与各国领事沟通谈判，最后达成协议，平息事件。这些案件虽然都以惩凶赔款了事，但遵行中国法律，也未引发大的外交风波，在当时算得上罕见，裕庚因此由张之洞明保为道员，重回革职之前的官阶。这一轮回，用了整整二十年。

光绪二十年，慈禧太后六旬万寿，裕庚护送湖北官员进献的寿礼进京，并留京办理庆典点景事宜。这也是德龄《童年回忆录》中写她看到大量贺寿珍宝的背景。当时正值甲午战争，朝廷成立督办军务处，恭亲王委任裕庚为翼长，协助办理军务，长期在地方做事的裕庚进入中央核心机构。

这次进京，还意外地让裕庚成为外交使节。战争期间，光绪帝下诏求贤，翰林院侍读学士文廷式于九月十二日上《军务紧急敬举人材以资器使折》保举裕庚。文廷式说：

> 查有湖北候补道裕庚，器局宏达，才具敏练。自咸丰十年外洋兵事初起，即预军谋。同治年间，屡赞戎幕，平定皖、东、豫各捻，历著劳绩。光绪十年，刘铭传在台湾驭敌，一切筹画，多出其手。其后在安徽、湖北迭办洋务要案，措置得当，众所共推。实于

洋情、军务堪称深通机变之才。该员现以祝嘏在京，若蒙恩命于总署、海军署加以任使，必能联络邦交，藉资得力。(《文廷式集》卷一)

奏折递上去，裕庚很快获得召见，并于光绪二十一年五月补授广东惠潮嘉道，获任实职。一个月后，他以候补四品京堂充任出使日本大臣。文廷式举荐裕庚拥有洋务、军务两项长才，适合在外交和海军部门任职。当时海军已经覆灭，而外交仍须办理，中日外交的困难又由海军引起，出使日本简直成了为裕庚量身定制的差事，对此，比他小二十岁的文廷式功不可没。

裕庚驻日三年有馀，于光绪二十四年九月离任，转年以太仆寺少卿充任出使法国大臣，二十八年十一月离任。回国后他升任太仆寺卿，于光绪三十年十月因病开缺，次年十一月二十三日去世（据讣闻），时当公历1905年12月19日，享年六十七岁。

二、裕太太的传说

《裕庚出身始末》的后半段，用大篇幅描写裕庚家事，特别是与含有美国血统的继室路易莎的婚姻，为二人塑造了极为不堪的形象。文中说：

裕妻前死，遗一子曰奎龄。妻婢凤儿者，赤脚婢也，裕悦之，宠专房。继又纳京师妓，不容于凤儿，服毒死。及罢官入都，邂逅一洋妓，实洋父华母所生也。洋妓者，家上海，有所欢入京，追踪觅之不得，乃遇裕，纳之。凤儿不忿，而洋妓阴狠，能以术使裕绝凤儿且凌虐之。凤儿不堪其虐，亦自经。于是洋妓以为莫予毒也已，与裕约，不得再纳妾，不得再有外遇，气日张，权日重，玩裕于股掌之上，而服从终身焉。

我还存有一张李恩庆为裕庚所书扇面，上款题“朗西贤侄倩”，则裕庚原配为恩庆侄女。李恩庆也隶属汉军正白旗，道光十三年（1833）进士，官至两淮盐运使。裕庚妻李氏不知卒于何年，他是否真有二妾被迫害致死，也无从

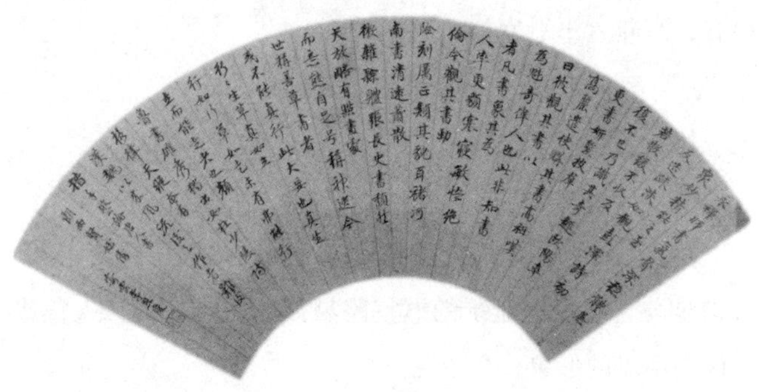

李恩庆书赠裕庚的扇面

考究。

裕庚的继室裕太太确有西洋血统，西名Louisa。裕庚去世时，上海《字林西报》发布消息，称其夫人是美国父亲、中国母亲所生的“Eurasian”，应是一个严肃的说法，从裕太太留下的照片看，她也长着一副混血面孔。

按《裕庚出身始末》之说，裕庚与路易莎相遇结婚是在光绪二年（1876）回京之后，那时中国人娶西洋人为妻，尚属惊世骇俗，再加上路易莎身份不明，当时人说起她来，都极尽丑诋之能事。除了说她妓女出身、辖制丈夫外，还说她生性严酷，逼死了包括裕庚长子夫妇在内的多人。《始末》说：

> 久之立为继室，逼奎龄夫妇母之。奎龄不从，逃之芜湖，匿县令邹隽之署中。隽之即清末外务部尚书邹嘉来之父也。无何病死，邹为之殓。奎龄妻为觉罗续庆女，缔姻时，续方为颍州守。续无子，仅一女，甚钟爱，嫁后续夫妇相继亡。及奎龄逃，洋妓遂褫其妇之衣饰，斥为爨婢，妇不从，鞭之。裕偶缓颊，则诬以新台之耻。久之，裕亦与之俱化，而朝夕鞭挞矣。裕之邻为英教士居，常闻呼号之惨，得其情甚怒，将与理论，经始稍稍敛其锋，然续女亦伤重死矣。

裕庚长子奎龄事迹不详。《始末》说他死在芜湖县令邹隽之署中，按民国《芜湖县志》，“邹钟俊，字隽之，河南人。光绪九年署任”（卷四十三），则奎龄之死当在此时。又说奎龄岳父觉罗续庆任颍州知府时二家联姻，检《重修安徽通志》和《清实录》，续庆自同治四年（1865）莅任颍州，光绪四年底仍然在任。此年裕庚四十岁，奎龄当在二十岁左右，正是娶亲的年纪。在这些细节上，《始末》所记可以征实，但说裕庚夫妇将儿媳折磨致死，骇人听闻，未敢遽信。

路易莎后来居上、迫害原房子媳的说法，由来已久。1895年，曾任清朝驻日本神户领事的郑孝胥得知裕庚出使消息后，在7月14日的日记中记下传闻：

> 其妻死，纳都下妓鬼子六为妾，已乃逐其子妇与孙于外，以鬼子六为妻。鬼子六者，其父西人，流落死于上海；母乃粤妓，携六至都，名噪甚，裕取之。

同样说路易莎原是妓女，不过说儿媳只是“逐于外”，未如《裕庚出身始末》那样过甚其辞。（“鬼子六”之称，或与其人的西洋血统及Louisa发音有关。王丁教授之说。）对路易莎生性严苛之事，清人还有一则模糊记载。

浙商王惕斋在日本经商四十年，与历届驻日使节多所过从，晚年在日出版《独臂翁闻见随录》，记载各位公使逸事，说到“某公使”夫人迫害下人：

> 夫人性乾刚，有男子风，颇欲干扰阃外事，侍婢数人，视如犬马，挞楚之事，无日无之。有二侍婢被笞死，由吕领事取会馆寄卖之棺敛之，发埋于中华坟山，人皆惜之。又有一北地来之大足女佣，因背夫人之言，逐出门外，时风雪甚，该佣惨莫能言，惟有哀嚎而已。巡士见而怜恤之，后由随员代求，方许入署。

这位公使不知姓名，有研究者指为裕庚（王宝平《王惕斋〈独臂翁闻见随录〉刍议》）。考“吕领事”应是清朝驻横滨总领事吕贤笙，光绪二十一年（1895）至二十四年在任，与裕庚任期重叠，而且文中又记公使不参加诗酒交游，其“女公子”喜欢跳舞等，确有可能是裕庚。

《裕庚出身始末》又说：

> 当洋妓之奔裕也，携一子，小字羊哥，即上海所欢之种也。继又为裕生一子二女，裕更视为天上人矣。洋妓固有才，凡英、法语言文字及外国音乐技艺皆能之。

路易莎与裕庚的儿女，按长幼排序，为长子勋龄、长女德龄、次子馨龄和次女容龄，详见下文。她能说英语，对裕庚为官、出使也有帮助。《郑孝胥日记》说裕庚“既至

裕太太母女陪侍慈禧太后赏雪。左德龄，右容龄

湖北，遇有教案，必遣裕理之。鬼子六能英语，亲诣教士关说，事多得息，以故名藉甚，张南皮亦以为才”。裕庚处理教案得当，背后得到太太的助力。

在法国，路易莎作为中国大使夫人，是社交圈名人。回国后，她带领两个女儿入宫陪伴太后，晚年定居上海，卒于1915年12月25日。她去世时，英文《大陆报》（*The China Press*，1915年12月28日，第9版）刊发消息，未言寿数。此时勋龄已四十多岁，她享年也应在六十以上了。

三、勋龄兄弟的差事

勋龄是裕庚的次子。光绪三十一年（1905），他以道员分发江苏候补，履历单云“勋龄，现年三十一岁，系正白旗汉军瀛辅佐领下人”，说明他生于光绪元年。如果裕庚真是在广东罢官回京后才与路易莎结婚，勋龄确实可能不是裕庚的亲生儿子。

在勋龄二十岁前后，裕庚已为他报捐笔帖式，并在董福祥统领的甘军中记名效力，至光绪二十五年（1899），因在甘肃关内外肃清等案内出力，累保至直隶州知州。

勋龄投入甘军应在裕庚入京之后。本来裕庚长期在南方做事，董福祥在西北统军，二人交集不多，但光绪二十年十月裕庚在督办军务处任职，正逢甘军入卫京师，二人就有了来往。郭则沄《洞灵小志》讲过一个《北河沿凶宅》的故事，涉及裕庚和董福祥二人：

> 裕朗西太仆庚为武卫军营务处时，赁居东华门内北河沿宅，为窦文靖从孙业，居者多不利。朗西不信鬼，其二女皆见之，恒与鬼搏。一日，董提督福祥往访，主人未出，坐厅事待之，忽见白衣冠者十数人自垂花门出，络绎出街去，若北俗“送三”者。骇甚，亟询阍者：“宅中有事否？”同云无之。迨朗西出，语以所见，且劝移居。朗西不信，董为择定一宅，力促

之，始徙。徙宅前一夕，裕夫人忽大哭，类发痫，云有十数女鬼，旗汉装不一，出黑丸强使吞之，云以饯别。朗西叱之，忽若中拳，至是乃信有鬼，甫旦即迁去。嗣询邻右，则前后居是宅横死者果十七人，如裕夫人所见云。

鬼故事也能见人情，勋龄兄弟在甘军挂名应在此时。

光绪二十五年（1899），裕庚出使法国，奏调勋龄为参赞衔二等翻译官，随同出洋，二十八年保举道员，并加二品顶戴。回国后，勋龄于二十九年七月派充颐和园电灯处委员，三十一年六月以道员发往江苏试用。

勋龄在颐和园管理电灯，能在园中走动，又因母亲和妹妹的关系，得以为慈禧太后拍摄了多张照片。分发江苏后，他于光绪三十二年充任金陵洋务局总办，算得上重用。此时两江总督为周馥，也是合肥一系，想来有所照应。但同年周馥去职，端方接任，此后便不多见勋龄的消息，《裕庚出身始末》说他被“为端忠敏所摈”，或有所据。

勋龄1934年时六十岁，在北平做寓公，曾撰《宫廷生活之回忆》一文，用为德龄《御香缥缈录》的代跋。

馨龄是裕庚与路易莎的第二子，与哥哥一样，在十几岁时即捐出身，由董福祥以军功累保至知州，光绪二十五年以参赞衔二等翻译官随父出使，二十八年末回国时已捐至道员、二品顶戴。光绪三十年，馨龄以道员分发湖北，其履历单说：

> 馨龄，现年二十五岁……二十九年正月由法国回京，旋经庆亲王奕劻派充颐和园轮船处委员，七月经直隶总督袁世凯派充随办营务，十月经肃亲王善耆派充工巡总局翻译委员，现遵例报捐道员三班指分湖北试用。

德龄《清宫二年记》中说馨龄在园中当差，“管御用小汽轮”，其事属实，只是为时甚短。来到湖北后，正值裕庚的老上司张之洞再任湖广总督，馨龄被任命为洋务局委员，后来出任湖北方言学堂监督，也是善用他精通多国语言的特长。方言学堂被认作武汉大学的前身，馨龄也成为武大校史中的“老校长”。

在裕庚一家即将从法国回国时，馨龄与法国女子在巴黎结婚，一时报章颇有报道：

> 京津时报及法国报同云：驻巴黎中国使臣裕庚氏之次公子M Charles Hsin-ling，生于光绪五年十二月十九日，今年将满二十四岁，聘娶法国人洋琴女教习（Professeur de piano）热纳未嗳物·夺暖为室（Mlle Genevieve Deneu），已于十月十六号在使署举行婚礼。（《大公报》1902年12月2日）

馨龄在巴黎举行婚礼

这则消息透露了馨龄的生日：光绪五年十二月十九日。

《裕庚出身始末》说馨龄分发湖北后“为端忠敏所摈”，与事实稍有不符，因为当时端方并不在湖北任职。参革馨龄的，实为总督陈夔龙。

宣统元年（1909）八月二十八日《政治官报》（第702期）有陈夔龙《又奏试用道馨龄声名恶劣请革职永不叙用片》：

现值整饬吏治之时，候补大小官员如有荡检逾闲不堪造就者，自应随时参劾以儆其馀。查有湖北试用道馨龄，声名恶劣，行止有亏，实属衣冠败类，未便稍事姑容，相应请旨，将湖北试用道馨龄即行革职，永不叙用，以示惩儆。

此奏奉朱批允准，馨龄革职。

馨龄做了什么，能被朝廷视作“衣冠败类”？这还得从他的婚姻说起。馨龄与热纳未暧物·夺暖婚后回到中国，但这位法国妻子无法忍受中国的家庭和社会氛围，执意离婚，携子返法。此后馨龄流连青楼，被戏称为“汉口嫖界十大王”之首（《申报》1911年3月27日）。这也还算风流罪过，导致他罢官的，是更为恶劣的一件事，1910年12月21日《申报》的《馨革道转押地皮之纠葛》一文补叙了详情：

已革湖北候补道馨龄，因强占妻妹存氏（即湖北候补道存焘之次女）为妾，持枪行刺岳丈，经前督陈小帅奏参革职。

馨龄的新岳丈存焘，说来还是他的同事，是总督衙门的洋文翻译。1905年底馨龄丁父忧回沪，空出的洋务局参议一职即由存焘接任，不料数年后闹出如此风波。

罢官后的馨龄不知所终。袁世凯称帝时，有一位在军学编辑局任职的徐馨龄被授为中大夫，不知是否为复用汉姓的馨龄。

四、德龄与容龄的年龄

裕庚与路易莎的两个女儿，德龄和容龄，比她们的父兄更为知名。

德龄在法国时的名字是Lizzie，与美国人结婚后的名字是Elizabeth Antionette White。1911年，她在纽约出版*Two years in the Forbidden City*，随后译作中文（常见版本有《清宫两年记》），作者自署“The Princess Der Ling”，意为“德龄公主”，此后她便以此名衔在社会上活动。对德龄并非公主，秦瘦鸥、朱家溍等老先生已加辨正，从前面对裕庚家世的考察看也确实如此，不再赘述。

德龄生平中最需要考证的是她的生年。1944年，她在美国因车祸去世，安葬在纽约一处墓园，墓碑上书写的生卒年为“1885年6月8日-1944年11月21日”。按理说这属于盖棺论定的信息，却并不准确。在中国，关于她的生年更是众说纷纭，如百度百科说生于1886年，一些人物词典说生在1884年，还有人说生于1881年。这些歧异，是由德龄著作中的虚构性述说导致的。

如德龄在《童年回忆录》（*Kowtow*）中说她随任巴黎时，年仅十四岁。裕庚1899年出使法国，倒推十四年，按中国算法是1886年，按美国算法是1885年。这应是中美两个传播最广的生年的来历。

实际上，1899年时德龄不可能十四岁。她在裕庚的五个儿女中排行第三，宫中据此称为“三姑娘”。1934年4月2日，秦瘦鸥在《申报》刊发的《御香缥缈录·介绍原著者》中说：

> 德龄是满清宗室裕庚公爵的女儿……他们姊妹兄弟一共有五个，其中除一、四两人（都是男的）故世较早，默默无闻外，馀下三位，都享过很大的声名。德龄行三，在清宫执事很久，为西太后所最得用的女官……伊今年五十六岁，已是一位年高德劭的老太太了。

这段介绍是最接近真相的说法。馨龄生日明确，为光绪五年十二月，姐姐德龄当然出生更早，按1934年五十六周岁推算，应生在1878年，即光绪四年。（秦瘦鸥晚年作《早期的美籍中国女作家德龄》，说她1944年去世时终年六十三岁，实属误记，这应是1881年出生说的来历。）

德龄于1907年嫁给美国人怀特（Mr. T. C. White）。对怀特，中文书一直说他先任美国驻上海领事馆副领事，后做新闻记者。如《御香缥缈录·介绍原著者》就说，“后来伊嫁给了一位在上海当美国副领事的Mr. T. White，不久就一同回到了美国去”。

这并非完全准确。德龄结婚时，《北华捷报》于1907

年5月24日发了消息，说："A very picturesque wedding was celebrated at Union Church on Tuesday，afternoon. The contracting parties were Mr. T. C. White，of the Shanghai Life Insurance Co.，and Miss Elizabeth Antoinette Yu，daughter of the late Lord Yu Keng." 文中星期二乃5月21日。可见，怀特当时是上海人寿保险公司的职员，既非领事，也非记者。入民国后，德龄与怀特到美国生活，于1930年前后离婚。

因德龄生年误为1886年，容龄作为妹妹，其出生年也

德龄（立者）与容龄姐妹在日本时的合影，可见二人均已成年

只能往后更改，如百度百科就说她生于1889年。实际上，容龄出生于1882年，西名Nellie，民国初年嫁给留法学习军事的广东人唐宝潮。唐宝潮在北洋政府时期曾任驻欧洲国家的武官，北伐后赋闲。1957年，容龄和唐宝潮都进入中央文史馆为馆员，容龄还发表了回忆录《清宫琐记》，内容比德龄所记平实得多，但也有失误之处，如把裕庚卒年记成1907年。据唐培堃撰《裕容龄——从闺阁走向世界的中国女性》，容龄于1882年阴历五月十六日生于天津，1973年1月16日卒于北京，享年九十一岁。唐培堃是唐宝潮的侄孙，文中引用的家族资料应属可信。

德龄和容龄能被召入清宫，主要是慈禧太后有一些宫廷外交活动，需要通晓多种语言的人贴身翻译，而她们姐妹都能说英语、法语和日语。她们在宫中的活动，宫外的说法类多揣测不实之词，如《裕庚出身始末》云：

> 二女既长，亦工语言文字之学，尝夤缘入宫为通译，西国命妇之觐慈禧者，皆二女为传言，以故势倾中外。会有外国女画师者，慈禧命其绘油像甚肖，将酬以资。画师以其为太后也，不索值。而二女竟中饱八万金。未几为慈禧所闻，逐之出宫。乃之津之沪，广交游，开跳舞会，泰西之巨商皆与往来。

“西国命妇”即各国驻华使节夫人，进宫觐见太后只是外交礼节，并不需要向德龄姐妹输送利益，所谓“势倾中外”，未免言过其实，而“中饱八万金”云云，则迹近诬蔑。

1903年，清廷准备参加在次年举行的美国圣路易斯城万国赛会，经美驻华公使康格的夫人建议，决定送一幅慈禧太后画像前往展出。康格夫人推荐美国女画师凯瑟琳·卡尔（宫中称为“柯姑娘”）来为慈禧画像。柯姑娘当年8月进宫，第二年4月出宫，九个月里为慈禧绘制了两幅大型画像，一幅留在清宫，一幅送往美国。在此期间，德龄姐妹的主要工作便是陪伴柯姑娘，并为她做翻译。当时庚子乱后不久，民间仍多仇洋情绪，将此视为劳民伤财之举，多有抵触，如上海《大陆》杂志第二卷第四期“索取画资”一文就说：

> 为太后写真之克姑娘，现开单索取画润，须美洋三十万元。闻克姑娘此单生意，系由裕朗西京卿之女引进，其来往伙食一切均由外务部供应，裕京卿全家皆就食于彼，每餐须供裕京卿及其妻女并其二子勋龄、馨龄以及男仆女仆各一席……

此时为1904年4月，画作将要完成，社会上已流传这种消息。三十万元美金当时折合白银四五十万两，堪称天价。德龄姐妹与柯姑娘关系密切，这笔账又被算在裕庚一家头上。

美国画家为慈禧画像，其沟通交流一直通过外交渠道进行，画润无论是画家要求的，还是清廷赠送的，都不可能由德龄姐妹私下办理，乃至“中饱八万两”之多。据清外务部档案，慈禧为感谢柯姑娘，除了赏赐各种食物、服饰，还在画像完成时赏银一万二千两，银票由外务部送经总税务司赫德转交，柯姑娘当面收讫（中国第一历史档案馆《光绪年间美国女画家卡尔为慈禧画像史料》，王玲编选）。这笔钱当然也不少，但与德龄、容龄无关，也不是造成她们出宫的原因。实情是，光绪三十一年（1905）十月，裕庚因病开缺，全家前往上海定居，德龄和容龄也就此离开清宫。

从裕庚一家的事迹看，野史所言虽与事实有相符之处，但失实的地方更多，不能轻易相信引用。不仅外人所撰野史不足信，即便当事人的回忆也不可靠。德龄所撰清宫文字，现在多被看作小说，只有《清宫二年记》和《童年回忆录》被视为回忆录，然而这两部书也有大量虚构成分。朱家溍先生曾作长文《德龄、容龄所著书中的史实错误》，主要指出《清宫二年记》中的问题，未及《童年回忆录》，而后者除了裕庚官职迁转的时间线大致可信外，其馀记载凡能与官方资料对照的，基本都不属实，包括德龄自己的年岁与经历。这种真真假假、散文夹杂小说的写法，也许有其题材或时代原因，但足以引起对德龄及其他人同类写作的真实性的警惕。

错铸千钧等一毛：洪宪金印纪事

叶康宁

刘成禺《洪宪纪事诗》有“议定玉玺”一首，诗曰：“红沫临池玉作田，旧家长璧亦恩缘。会镌秦汉昌宜篆，洪武规摩大小年。”注云：

闻直隶玉田县某旧家，藏有长方良玉多品，特派人往取。不愿价购，予以官禄。某旧家献璧获赏，群臣致贺，谓玉田得玉，邦家之瑞。礼制馆议定文曰：“……现今各国并立，对内宜铸皇帝之宝，对外宜铸中华帝国之玺。规摩洪武所铸九折篆式……”云云。皇帝曰：“可。”遂用长玉先制“皇帝之宝”、“中华帝国之宝”。二玺备洪宪元年元旦启用。

后来洪宪皇帝的玺印，与刘成禺所记并不相符。其一，印文用的是小篆，并非“九折篆式”（九叠篆）；其二，两枚玺印皆为金印，并非玉制。

民国四年（1915）十二月二十日的《时报》上，有一条“北京十九日亥刻专电”，文曰：“印铸局呈进金印二颗，一为皇帝之宝，一为中华帝国之玺。”

据经手铸印的印铸局参事郭承绪说：洪宪印“用足金四百五十两零一分”，“价洋三千一百一十九元六角”；印池印盒“洋二千三百一十八元五角”；印色印箱“洋五百七十五元”；资金来源是“梁士诒交来支票洋八万元”。

袁世凯“误入华胥里，推枕黄粱犹未熟”，八十一天就皇帝梦破。两枚洪宪金印也一样短命，后来“销毁金印（除火耗）收入足金四百三十一两五钱”。一来二去，居然火耗掉差不多二十两足金！

洪宪金印没了，洪宪印拓很快就成了藏家的新宠，茶馀的谈资。

民国五年十月廿二号的《天津益世报》，刊有《国庆之纪念书新集古目录》，署名无盦。前系引言，点明文旨：“欧阳修有集古目录，今仿其式，为新集古目录，亦曰万年有臭记。”正文前两则所记，即为洪宪印拓：

> 一、中华帝国之玺拓本一枚，金质，阳文，九龙钮，帝国印铸局造。帝国既未成立，印亦随毁。仅日前《益世报》《帝制遗毒论》存其拓本。二、皇帝之宝

> 拓本一枚。玉质，阳文，九龙钮，皇帝崩逝，玺亦粉碎。唯日前《帝制遗毒论》存其拓本。

无盦以为“皇帝之宝”玉质，不确，此印亦金印。

洪宪金印的印花，的确希若星凤。无盦也仅在报上见过一次。

廉南湖不知从哪里得到了洪宪金印的印蜕，珍若拱璧，并征得章太炎、汪精卫、张溥泉、吴稚晖、于右任、李煜瀛、何其巩、贺培新等人题跋，蔚为一时文苑盛事。

廉藏洪宪印拓，早已不知所踪。所幸有几个人的题识，或为文集收录，或为报纸刊出，留存至今，颇可倚为谈助。

于右任的题诗最为世人熟知，诗曰：“洁樽候教忆神奸，金印谁销石室间。民众元戎比天子，世人毕竟爱中山。”

贺培新的题诗：“万流仰戴国门高，叱咤云雷盖世豪。巴峡飘风吹败箨，潇湘飞雨洒宫袍。鸟胎三日生双翼，错铸千钧等一毛。眼底朱殷遗恨在，颓波莫挽逝滔滔。”

李煜瀛的题跋，刊于民国十八年（1929）一月廿七日的《晶报》，移录于兹：

> 中华民国十七年十二月杪，得南湖先生书，嘱题洪宪叛逆之铁证于印花原纸，兹略志吾之感想于卷末。即皇帝迷梦，不仅为民国污点，抑亦人类不易洗

中华帝国之玺

皇帝之宝

居仁堂鉴赏

除之污点。此大可忧惧者也。如俄罗斯以民国称矣，且以社会主义之民国称矣，实行其专政也，集权也，均为皇帝之变象。吾中华亦以民国称者十馀年矣，不惟军阀如袁氏辈，有皇帝迷梦，即其号称左派，倾心俄化者，亦莫不然。南湖先生欲以此垂戒万世，望其影响不仅及于形式，并及于实际与精神，使人类中并变象之皇帝而无之，以此为人类之祝可乎？

相对于洪宪金印，袁氏的“居仁堂鉴赏”印就少有人知了。

居仁堂原名海晏堂，民国初期，袁氏在此办公会客，始更名为居仁堂。民国十八年的《北洋画报》第370期，刊有一方“居仁堂鉴赏”印，阳文，文字居中，左右饰以双龙。这一“洪宪时代之一遗迹”的制造者，居然是名画家金拱北。

金拱北，一字巩伯，名金城、金绍城，号藕湖、北楼。他工书画，善治印。张謇有《归安金巩伯城印谱辞》，盛赞他的铁笔：

> 辨体向平直，运锋量迟迅。窥觑古人处，不许俗情趁。为我治五石，兼示尝所应。汉白与元朱，佼佼各自胜。骋足得夷途，安心究归命。博弈未云贤，鼎钟且当奋。稽留与龙泓，漫然足茅劲。

袁家荣说他“宣统初，尝被旨治宝玺，并进所为画，大荷褒饰，非常遇也”。有了宣统年间“被旨治宝玺”的经历，为袁氏刊“居仁堂鉴赏”印，就不难理解了。

玺印之外，命运相似的还有洪宪龙袍。

李定夷《民国趣史》有“袁帝之龙袍”一则：

> 某上将在上海制就龙袍一袭，值洋五百元，预备阅兵时仿陈桥之故事。不料袁世凯以此等办法太觉草率，非采用顾老二之转弯抹角办法不可。于是所制之龙袍，暂行收存。及大典筹备处成立，更于瑞蚨祥定制值洋四十万之龙袍一件。五百元之龙袍，遂相形见绌，弃置无用矣。至帝制取消，袁氏既死，瑞蚨祥之龙袍，将珍珠宝石等拆卸变卖，至龙袍则不知归于何

处。上将所制者，则由名伶王蕙芳，趁赴津演剧之机会，向上将说项，以此龙袍，现弃置无用，殊为可惜，不如将该袍赐与刘鸿升，演戏时穿用，甚足为大帅留念云云。上将大喜，即将该龙袍赐给刘伶矣。

洪宪龙袍成为戏台上的道具，废物利用，继续发挥馀热，际遇似乎还好过转瞬就粉身碎骨的玺印。

人生天地间，也就是一场演出。舞台有大小，有幸走上大舞台的人，自然会受到更多观众的瞩目。在大舞台上的袁世凯，本来可以垂范后来，不过他权令智昏，演出了遗臭万年的闹剧。

还是贺培新说得好：错铸千钧等一毛！

章太炎戏咏王赓“献图”事件

——旧诗解读的古畑任三郎式方法

胡文辉

近检马强才君校注的《章太炎诗集》，才留意到《闻人献图不遇》一诗是有“故事”的。

诗是一首七绝：“上河图自属王家，采石莆田继物华。却恨钤山蝉蜕久，明珠空令射寒鸦。”据马君的解题，此诗收入《太炎文录续编》卷七下，注明“癸酉四月”，也即作于1933年四月间。马君指出，此诗可能影射了此前“淞沪抗战”（一·二八事变）时的一个小插曲：

> 献图，或指第五军第87师独立旅长王赓所带地图为日军截获之事。1932年2月27日下午，王赓以税警团旅长身份参加十九路军会议。会后携带十九路军部署地图、作战计划，骑摩托赴陆小曼约。行至黄浦路，

为日本海军陆战队士兵发现。经过一番追逐躲避，日军最终获得重要文件，随即调整作战部署。（《章太炎诗集〔注释本〕》，上海人民出版社2020年版，第234页）

王赓像

王赓在上海公共租界被日本人缴获军事地图一事，当日轰动一时，市井更将十九路军的败退归罪于彼，上海甚至编排过一出《王赓献地图》的剧本公演（据蔡登山《为"退兵只为舆图失"的冤大头王赓辩》，《重数民国往事：从傅斯年到梅兰芳》，中华书局2017年版）。章诗题目既点明"献图不遇"，时、事大体吻合，故我认为注者对此诗今典的推测是合理的；只是他对古典的阐释不足以相副，未能将古典与今典真正打通，需要推倒重来。

一般解读旧诗，免不了要"大胆假设"，但在具体论证上，自然是先释读了古典，再推衍出今典。但以下的解读我打算倒过来：我是先接受了章诗是咏王赓事件这一假设性的结论，也就是在已确定其今典的前提下，再"小心求证"其古典的。——最近看经典日剧《古畑任三郎》，发现其情节设置跟一般推理剧截然不同，特色是完全不设悬疑，每个案件总是一开头就挑明谁是凶手，问题是每次都未留下直接证据，难就难在如何证明凶手就是凶手。我解读章诗的程序，也有类于此，所以冒昧地自称为“古畑任三郎式方法”。

以下是我的“推理”：

首先，第四句“明珠空令射寒鸦”，是最易入手的。此诗既因王赓事件而作，这里的“明珠”，则当是比拟王赓的前妻，即大名鼎鼎的交际花陆小曼；所谓“明珠空令射寒鸦”，如注者马君所言，是“明珠暗投之意”，指陆小曼后来随了翁瑞午（按：这么说未必公平）。这样一来，第三句的“铃山蝉蜕”，自然就是指徐志摩1931年因飞机失事而死了！

这个“铃山”的原典，注者释为《山海经·西山经》的“铃山”，实不相干，当指明代著名的奸相严嵩。严是江西分宜人，因老家有铃山阁，乃自号“铃山堂”，其别集即名《铃山堂集》；其家产被抄没后，原藏的书画也被著录为《铃山堂书画记》。这都是有名的掌故了。

问题是，严嵩虽也是有明一代的诗杰，但其政治身份毕竟跟徐志摩相去悬远，怎么会用“铃山”来指称一介落拓诗人呢？

我以为，解读此诗的关键，实在第一句“上河图自属王家”。注者将这句诗中的“河图”二字割裂出来，释为上古的“河图”，则“上”字没了着落，显然难以成立。从句法上看，“上河图”必须连读，易言之，只能是指无人不知的《清明上河图》。

我稍作搜索，即发现，“上河图自属王家”的古典，实指明代书画收藏史上的一桩有名公案，而此公案正与严嵩父子有关！据我进一步搜索，学界对此问题已有不少专门研究，如戴立强《〈清明上河图〉是否引发过“尤物贾祸”的悲剧》（《中国文物报》2007年3月14日）、许建平《王忬“伪画致祸”真伪考辨——以〈清明上河图〉为中心》（《明清文学论稿》，河南人民出版社2017年版）、汤宇星《“伪画致祸”：晚明时期苏州地区的书画摹古与收藏》（《艺术百家》2013年第3期）；叶康宁的专著《风雅之好：明代嘉万年间的书画消费》（商务印书馆2017年版）即以此案为引子，讨论尤为细致。而此问题较完整的核心史料，主要是明代李日华《味水轩日记》、沈德潜《万历野获编》及清代顾公燮《销夏闲记摘钞》几种。

此事的缘起，简单说，是严嵩父子苦求《清明上河图》，得手后才发现是赝本，遂怒而置人于死地，十足是一张假画引发的血案。《味水轩日记》载：

> 又余昔闻分宜相柄国，需此卷甚急，而此卷在全卿家。全卿已捐，夫人雅珍秘之，诸子不得擅窥。至缝置绣枕中，坐卧必偕，无能启者。……都御史王忬

迎分宜旨，悬厚价购此图。王生以临本售八百金，御史不知，遽以献。分宜喜甚，发装潢匠汤姓者易其标识。汤验其赝，索贿四十金于王，为隐其故。王不信，吝予，因洗刷，露其新伪。严大慊王，因中之法，致有东市之掺[惨]。

《万历野获编》补遗卷二“伪画致祸”条载：

时传闻有《清明上河图》手卷，宋张择端画，在故相王文恪胄君家，其家巨万，难以阿堵动，乃托苏人汤臣者往图之。汤以善装潢知名，客严门下，亦与娄江王思质中丞往还，乃说王购之。王时镇蓟门，即命汤善价求市，既不可得，遂属苏人黄彪摹真本应命，黄亦画家高手也。严氏既得此卷，珍为异宝，用以为诸画压卷，置酒会诸贵人赏玩之。有妒王中丞者知其事，直发为赝本，严世蕃大惭怒，顿恨中丞，谓有意绐之，祸本自此成。或云即汤姓怨弇州伯仲，自露始末，不知然否？

《销夏闲记摘钞》卷上“《金瓶梅》缘起王凤洲报父仇”条载：

大仓王忬家藏《清明上河图》，化工之笔也。严世蕃强索之，忬不忍舍，乃觅名手摹赝者以献。……

> 当献画时，汤在侧，谓世蕃曰："此图某所目睹，是卷非真者，试观麻雀，小脚而踏两瓦角，即此便知其伪矣。"世蕃恚甚，而亦鄙汤之人，不复重用。会俺答入寇大同，忬方总督蓟辽，鄢懋卿嗾御史方辂，劾忬御边无术，遂见杀。

此事最重要的当事人叫王忬，号思质，即王世贞之父。以上三种文本，王忬扮演的角色各有不同，《味水轩日记》说他是不知情买了假画献给严氏，《万历野获编》说他无奈之下请人造了假画献给严氏，《销夏闲记摘钞》则说他请人照家藏的真画造假献给严氏。章太炎大约是凭印象，用了末一种说法，此即"上河图自属王家"的古典。

"上河图自属王家"的"王"，恰好契合王赓的姓，这反过来又支持了章诗咏王赓事件这一假设。至于"上河图自属王家"的今典，恐怕是一语双关的，包含了有关王赓的两重意思，也就是两重今典：一重是明的，指他被日军夺去了军事地图；一重是暗的，指他被诗人夺去了妻子。

通解了第一句，不可解的第三句遂变得可解："却恨钤山蝉蜕久"是承接第一句而来的，第一句借了严氏父子夺画的古典来影射徐氏夺妻的今典，所以第三句才会接着以"钤山"来指代徐氏。

最后，是第二句"采石莆田继物华"，就字面看起来并不冷僻，但所指不明，其实倒是最难解的。开始时，我猜测或者仍是有关严氏父子的掌故，但遍索不得，然后换一个思路，才恍然而悟："采石莆田"，应该都是地名，准确地说，都是借地名来指称人物。"采石"，五代王定保《唐摭言》："李白着宫锦袍，游采石江中……因醉入水中捉月而死。"（按：此条不见于通行本《唐摭言》）此处疑借指李白；"莆田"，《全唐诗》卷七二七："胡令能，莆田隐者，少为负局锼钉之业……远近号为胡钉铰。"（按：其所归隐之地素有争议，或谓福建莆田，或谓河南圃田，兹搁置不论）此处疑借指胡令能。采石、莆田，分别是李白、胡令能的归宿，故不妨假借其地以暗指其人。以李白、胡令能并举，自非无的放矢，而是扣紧了徐志摩的诗人身份：举出李白，是泛泛形容他的诗才；举出胡令能，是特别暗示他作的是白话诗——要知道，胡令能以作通俗诗而名世，"胡钉铰"之名往往是与"张打油"并列的。就"采石莆田继物华"这整句诗来说，大约就是指徐志摩兼有李白、胡令能的遗风吧。当然，以"胡钉铰"比拟徐志摩，多少是有些揶揄之意的。

若照以上的解释，此诗以"采石莆田"隐指李白、胡令能，以"钤山"影射徐志摩，应该说不太符合一般用典的习惯。但这也不难解释。章太炎固然学问博洽，但术有专攻，作诗并不当行，而事实上他也无心做诗人，故造作韵语往往不甚"严肃"。这首《闻人献图不遇》就属于戏作，题目本由时事而起，但实际上写的却是八卦，同时故布疑阵，颇有点“游仙”体的作风。则其遣词用事不甚雅驯，不甚“规范”，也就不足为异了。

以上就是一个古畑任三郎式的结论，是否有当，还请读者继续推敲。

还要说明，以王赓“献图”事件入诗，非独章太炎一家。蔡登山先生指出，1932年邓之诚已托名“五石君”作了一首七古《后鸳湖曲》（仿吴伟业《鸳湖曲》），里面有“退兵只为舆图失，虚实安能教敌悉”之语，诗长不录（见吴宓《空轩诗话》第四十二则“邓之诚后鸳湖曲”，《吴宓诗话》，商务印书馆2005年版）。

关于王赓事件的始末及其后果，《章太炎诗集》所作说明也不确当。无论是邓之诚指王赓造成“舆图失”，还是章太炎指王赓“献图不遇”，皆属一时心之所忧，就依据当时的道听途说而付之吟咏，并不足信。蔡登山对此事已有专门讨论，兹不细述，总之据事后知情者的可靠回忆，谓王赓主动“献图”，纯属子虚乌有，即便是他的“失图”，也并未真正影响到抗敌的局势。只是战败之际，人情汹汹，遂集矢于名士佳人而已（详见《为“退兵只为舆图失”的冤大头王赓辩》）。以后陈定山有言：

> 九一八事变，东北五省一夕失守，报纸喧腾，谓张学良与胡蝶共舞。……此与一二八事变，谣言陆小曼与王赓者，事出一辙。美人祸水，常被后人歪曲描

画，点缀历史。其实："吴亡何预西施事，一舸鸱夷浪费猜。"千古沉冤，正恨无人洗刷耳。（《春申旧闻·胡蝶不老》，〔台〕世界文物出版社1978年再版）

这应该可作定评了。

补记：

先后与陆小曼"在一起"的王赓、徐志摩、翁瑞午，显然以翁氏最缺乏"存在感"。自文化人立场，大约多轻视他，故章太炎诗以"寒鸦"拟之。顷检读唐长孺的回忆录，有"记翁海村《平望竹枝词》"一篇，略谓："翁海村（名广平）先生为嘉道间学人，精于金石之学。桂未谷著《札朴》，海村为之序。《平望志》为海村创修。日本有《我[吾]妻镜》一书，为彼国之史，海村续之，为《我[吾]妻镜补》……其后有印石[若]（名寿[绶]祺），清末举人，精于鉴别，亦能画，曾参吴大澂幕府。一任广西知府。印石居苏州，子名瑞午，为医于上海。"（《唐长孺回忆录》，王素整理，中华书局2021年版，第73—74页）是翁瑞午也是世家子弟，也未尝配不上陆小曼呢。

从馀杭知县严者孙到“龙游琴僧”释开霁

——先曾祖英仲公轶史纪闻（下）

严佐之

六

前揭《普陀洛迦新志》“礼大士，感宿因，谒法雨寺住持化闻悟”一句，或可藉作英仲公何以“猛思出世，锐志学佛”的注脚。依我陋见，“礼大士，感宿因”与“谒法雨寺住持化闻悟”，固为二事，亦是一事。先说“感宿因”。“宿因”是佛教语，意谓前世的因缘。大概是说一个人现前所得祸福，所受苦乐，皆过去或前世所造善恶业因，感得今日果报。“宿因”是个抽象概念，但它在历史文献中的出现大都有具体的指向，因应的范围甚广。如后汉高僧巨岷七岁“见佛像，注仰欣然，父母知有宿因”，是说他前世有佛缘。如明人蒋德璟八岁“习《易》，苦不能了了”，“使之诵《诗》，瞥开卷即跃然喜，若与三百篇有宿因者”，是说它独与《诗经》有夙缘。如康熙帝诗云“于斯有宿因，心镜两无尘”，是说他对栖霞行宫情有独钟。那么，英仲公“礼大士，感宿因”是否也有所指？对此，可以做些有意思的推测，但缺乏文献依据的臆想，终难令人信服。幸运的是，老人并有遗著《孤峰剩稿》传世，其中不乏可供参资的资讯。

《孤峰剩稿》四卷，是曾祖出家后所撰诗文合集，署“南海普陀山孤峰老衲开霁德辉撰”、“嗣法门人传修等仝编次”，光绪三十三年（1907）夏刻于龙游灵耀寺，印本今已鲜见。《孤峰剩稿》卷二“杂文”有一篇《答老友潘筱圃太守书》，约写于光绪十二年。潘筱圃名纪恩，徽州婺源人，尝与英仲公同游左宗棠幕。书信中说道：

> 某初不知佛，故不信佛，于生死轮回之说，将信将疑。迨有志离尘，始搜求内典及祖师语录读之，方知佛为三界导师，四生慈父，圣中之圣，天中之天，不禁五体投地，叹未曾有。于是浮海皈诚，弃儒冠如敝屣。

说自己原本并不信佛，及“有志离尘”，研读释典，叹服佛理，遂“浮海皈诚”，弃儒事佛。那么他何时“有志离尘”

呢？信中语焉未详，依我推想，或即在桐庐罢官之际。卷二《重刻春草堂琴谱序》回溯学琴缘始，亦言及“弃家学佛”事。序曰：

> 余童年嗜琴，道光庚戌，学于和州严仿石先生。……甲戌春，忽于西子湖头，遇绵上范君师竹，倾盖如故，成莫逆交，出所藏《春草堂琴谱》示余。……自是悉心讲求，时以所得就正于师竹。明年又晤其从侄退庵，引为同调，或山巅水湄，花晨月夕，唱和终日，乐以忘忧。道味浓则世味淡，概然动出世想。光绪甲申，浮海登补陀岩，礼大士，叹世事无常，恍如春梦。遂寻师祝发，弃家学佛。

按“甲戌春”即同治十三年（1874），“明年”为光绪元年。那就是说，在他候补馀杭知县前的那段休闲时期，即因耽乐丝桐唱和，而“概然动出世想”。只是觉“道味浓则世味淡”，未必等于动了出家当和尚的念头。从“动出世想”到“有志离尘”，应该还有一段不容忽视的心理距离。所以，推测英仲公“有志离尘”是在他桐庐罢官听候处置，备受煎熬的那段时日，应该比较合乎人情心理。且看序文一声“叹世事无常，恍如春梦”，岂不话中有话，堪作印证。如是，则其“礼大士，感宿因”所指，亦宜是他面对那场刻骨铭心的“无妄之灾”，所作出的佛教意义上的精神解脱。

《孤峰剩稿》卷三“偈语”有诗云：

> 顿悟从前历劫差，锦袍脱却换袈裟。万缘放下浑如梦，闲坐蒲团读《法华》。

这首释开霁在普陀法雨寺落发后写下的七言诗，正可佐证我对先曾祖英仲公“礼大士，感宿因”的考释与推理，宜非虚妄臆测。

再说“谒法雨寺住持化闻悟”，亦即英仲公拜谒化闻和尚为师之事。化闻和尚是普陀第二大佛寺法雨寺第十八代传灯人，净土宗一代名僧，在法雨寺受其披剃的徒弟多达四十馀人，尤著者二人，一人是后来继任住持的释开如，另一人便是释开霁——英仲公。研读文献，推敲文字，总觉英仲公之所以在法雨寺跨出决绝一步，除其早“有志离尘”与“顿悟从前历劫差”的“宿因”外，并应与法雨寺住持化闻和尚的影响不无关系。不是说自己“礼大士，叹世事无常，恍如春梦，遂寻师祝发，弃家学佛”吗？那么是否真是化闻和尚“法雨说法”最终激起他“万缘放下”的心理共鸣呢？

要说法雨寺住持化闻和尚，也着实是个有来历、有头脸、有故事的人物。化闻和尚的生平行迹，主要见载《孤峰剩稿》卷二《闻祖公堂记》《普陀法雨寺化闻悟和尚塔铭并序》二篇文献，皆出其徒释开霁手笔。《普陀洛迦新志》

之《释化闻传》实源于此。细读《记》《铭》文字，感觉化闻身上有两处，对英仲公决心弃家学佛似会产生特别之影响：一是化闻和尚出家前的经历与英仲公惊人相似，故其开示容易感同身受；二是化闻和尚于佛学佛理修造精深，故其说法能让人心悦诚服。

传称化闻本“名福悟，奉天铁岭张氏贵胄子也”，光绪廿三年（1897）“西向趺坐而逝”，“世寿五十有八”，则其生年当在道光二十年（1840），比英仲公还小三岁。出身汉旗勋爵家族的张福悟，自幼读经习儒，事科举业。咸丰十年（1860）捻军起事，置身乱世，深感“时局艰难，正丈夫报国日，吾奚事研章句，攻帖括，作牖下书生哉”，遂奋然投笔，“入僧忠亲王幕”，成为蒙古“铁帽子王”僧格林沁的幕僚。因其助僧王“运筹帷幄，屡建奇功”，故战后“洊擢监司”。须知这“监司”职位可是有监察州县之权的地方高官，品阶比严耆孙的候补知县高出许多。然而他却“视功名如草芥”，于光绪元年“航海礼大士，感宿因”，叩拜法雨寺方丈立山和尚座下，皈依佛门。再比对英仲公家世经历，按《丁酉歌》自述，乃祖讳保泰，字芝云，原籍淮安清河，嘉庆十三年（1808）举人，历任睢宁、宝应、当涂县学训导，徽州府学教授，虽非贵胄裔孙，亦算书香门第。同样也自幼习儒：“忆昔甫垂髫，入塾诵简编；总角学制艺，章句孜孜研；晨昏事占毕，几席罗丹铅。”咸丰五年（1855）太平军入徽，“州城住不稳，避地黄山巅”，同样毅然"投笔从戎旃"。"初游诸军幕，湘宝及川滇"，"继随左文襄，终岁据鞍鞯"，随湘军一直打到广东嘉应，直至战事结束。正因两人年龄、出身如此相近，军功、仕履如此相同，所以我才会联想：化闻和尚当年"感宿因"的现身说法，或许会给英仲公"感宿因"带来与众不同的心理影响。此其一也。

其二，化闻和尚受拜英仲公时，年不过三十八，却已是净土宗高僧。此前光绪七年（1881），他曾"北游京师"，被"钦简翠微山香界寺住持"。香界寺乃京师西山"八大处"首寺，清帝行宫，寺院住持需由钦点，可见地位非同一般。光绪十年，化闻南返普陀，继席法雨住持，英仲公拜谒正在此时。英仲公尝谓：佛门有"禅、教、律三学"，化闻师"于禅则斩除枝叶，直指心源，以妙悟为指归，以见性为究竟；于教则北宗贤首，南主天台，讲席宏开，化及顽石，十馀夏未尝或辍；于律则演说大乘，指示《金刚》正体，间岁一举，成就万千。而又创立净业室，率寺众朝夕念佛，阐禅、净同源之旨，可谓得修持之要领矣"。盛赞乃师佛学造诣高深。又称其"有大宗师，直抉心源"，"有大法师，秉炬昏衢"，"有大律师，整饬纲纪"，"有大知识，导引无穷"。崇仰、钦服之意，尽在其中矣。英仲公幼承庭训，家学有自，习熟经史，通晓儒理，心气固高，自不会轻易投师学佛。故而我才会推想，化闻和尚的精深学识、妙语指归，或许会对英仲公的"感宿因"产生非同一般的心理震撼。

当然，上述推想并无文献依据，说得好听是推理，说是臆测也不为过。吾且姑妄言之，诸君姑妄听之。实际上，化闻和尚是何等人物并非紧要，真正悬我心头纠结不散的疑团，还是英仲公出家与“杨案”究竟有无关系？因为这涉及家族传闻“核心”的真伪信疑。你想，倘若此事果然查无实证，为何传闻总将二者牵扯？说到家族传闻，除苇槎公沪上一支外，大伯祖椒槎公迁徙温州，二伯祖藕槎公留居歙县，二地子孙后嗣皆得其闻，只是各家“版本”细节稍异而已。除家族世传外，姻亲王宗沂府上嫁到棠樾乡里的后人，也说在娘家便听闻此事。且口耳相传外，并亦载诸文献。如《龙游县志》云“初署馀杭，以杨乃武案被劾”，语出龙游祝康祺撰《孤峰小传》，虽传言馀杭被劾非实，却也说明此事早在龙游民间传闻，并为县志史传取信。再如近人郑逸梅著《南社丛谈》也有相同记闻：“严工上，江苏淮阴人。其父耆孙，被杨乃武案牵涉，移寓安徽歙县之槐堂，因此寄籍皖歙。”逸梅老人是掌故“达人”，与先祖父严工上同为南社社员，笔记宜出亲闻，这也说明此事已在圈内传开，并非秘无人知。究竟是何？是何究竟？

七

关于曾祖英仲公受“杨案”牵累，罢黜官职，破家荡产，离尘出世的家族传闻，我曾在开篇坦陈向存“信疑参半”之虑。既相信祖宗先人不至凭空杜撰，无故编造，又诧异故事情节近乎传奇，类似小说。然经年来多方搜讨求索，考献征文，渐次祛疑增信，确乎由来有自。何以言之？且容分说。

首先，家族轶史旧闻，其性质属于源自亲历亲闻者的“掌故”文献，按理循例，本可采信。发生于19世纪70年代的那场家族重大变故，先曾祖自是当事人、亲历者；先祖父年仅髫龄，目睹飞来横祸，于他而言，既属亲闻，亦算亲历；先父虽生晚，但老爷子时犹健在，前事馀恨，隔代相闻。故此严氏家族世传“掌故”，从亲历者到亲闻者，再到吾辈子孙，不过前后四世，时隔百年而已，即便传闻“拷贝”容易走样，也不至差失过于离谱。

其次，家族传闻“掌故”诸多关节，已经考证落实。如英仲公弃家事佛一事，情节离奇曲折，像煞小说故事，不免将信将疑，今有《珞珈普陀新志》《龙游县志》等文献，获证确有其事。又如原疑英仲公知桐庐县，怎会牵涉邻县馀杭刑案，今有《光绪馀杭县志稿》等文献，知其并曾官署馀杭，且恰在“杨案”审理后期，时空人事交集，产生想象空间，也在情理之中。再如原疑桐庐罢官则已，何至赔卖田产，今有《京报》载浙江巡抚奏疏之发现，乃知传言果真非伪。诸多疑惑的逐步释解，无疑提升了家族“掌故”的真实性、可靠度。当然，通过《孤峰剩稿》《丁酉歌》

等第一手文献，也发现口耳传闻不无舛讹。如说英仲公愤而离家出走，假称中途暴卒，直至示寂之际，始遣使驰告家人。事实上他渡航南海、削发法雨之后不久，便与家中有所联络，尝“谕令俗中妻子，皈依三宝，教以念佛法门，求生净土”，还曾“因臂疾到杭，养疴湖上”，得与亲人见面。顷蒙歙友鲍君义来赐示二伯祖藕槎公《诗词稿》，其中有诗《忆少年》云：“浙江东下上吴山，载得砖琴奉父弹。父命学诗且皈佛，数日依依小承欢。”就是对那次父子相见的深情回忆。不过间或存在的讹误，大都存在于他告别娑婆世界之后，与我所关注的主旨拷问，几无关联与影响。

既属“掌故”文献，又多经考真证实，故而家族世代相传的英仲公遗事轶闻，应该基本可靠，总体可信。我之所以说“基本”、“总体”，讲得留有馀地，是鉴于经过考证的各项事实之间，还欠缺必需的因果关联以圆融其说，而这样的链接又无法考诸文献，只能求助于逻辑推理，故其过程与结论皆难免掺杂私臆。惟吾义不容辞，但且姑妄言之，至于疑乎信哉，任由仁智自见。

窃以为，若欲达成英仲公出家是“受‘杨案’牵累”之推论，至少有几处关节须得打通，方能上下一贯，理据圆融。而首要之关键问题便是：英仲公桐庐遭受苛严责罚是否合乎官场考绩常规？若合法合规，合理合情，便属咎由自取，一切免谈，不然，涉疑案中有案，便存在合理想象的空间。

英仲公桐庐被罢官职为何还须罚没家产呢？如果单靠既有文献说话，前举《京报》载浙江巡抚刘秉璋奏折，即已“揭示”分明。然而人治社会，官场上的那些个事儿，又岂是仅凭冠冕堂皇官样文书就能说尽讲清的呢？明面上是上司对他征科“亏累数千金”的追责惩罚，又怎知“正大光明”堂匾背后就没有挟带私弊，暗藏猫腻呢？我对清代官绩考核制度并无研究，亦不及专此检核清律文献，惟以推原事理常情，终疑责罚过于苛严。此话怎讲？按常理说，知县收缴国赋官税不力，其罪性质，当在失职、渎职之间，有司考绩，获谴追责，理所当然，当事者罢官黜职，难辞其咎。然而失职、渎职之罪，毕竟非同贪墨，征科“短欠银米”既未中饱私囊，处置何至非查没家产抵偿不可？再说，倘若果真贪腐公帑，触犯法条，免不了要银铛入狱，吃上几年官司，又岂是抵债赔偿便可了结？好比现今国企亏损严重，是因老总经营不善还是因其贪腐所致，受组织处理还是受刑责追究，自是有所区别。可以设想，当初静候处罚的桐庐知县严耆孙，原以为此次受罚，无非同前度馀杭“亏欠”税赋一般，至多摘掉顶戴花翎而已。这对“我性傲且懒，升沉听自然”的他来说，或许并不会太在意，甚至还会有“无官一身轻，逍遥好弹琴”的解脱与自在。然而，他最终等到的判罚却大大出乎意料之外：非但罢免官职，更须赔偿“欠金”。为追缴“欠金”，有司派专员去其“历过任所寓所”，察勘“有无资财寄顿，分别查封究追”；甚至官书知会江苏抚臣，“转饬该员原籍地方官，严密查抄家产，估变覆浙备抵”；让他在原籍老家“丢脸”不算，还叫姻亲汪宗沂出钱还债，就是要让他在徽歙士林也出出丑。追责惩罚，步步紧逼，如此峻刻苛严，岂止经济处罚，更是人格羞辱。非但要弄得你倾家荡产，还要搞得你声名狼藉，颜面扫地。

面对如此有违事理常情的苛严处罚，罪官英仲公又能如何？惟有“拍落门牙吞下肚”！然而，怀疑与警觉、反思与自问，却是必然的：“为何要将我打翻在地再踏上一只脚？”“是何人要对我落井下石？”真相难为外人言，答案自已心底存：一切皆缘“杨案”前因，种得今日果报！所以我想，严氏家族“掌故”传闻百年的源头，其实不出于别处，就来自那场变故的亲历者、当事人的内心独白。

八

然而，推断“受‘杨案’牵累”是家族“掌故”亲历者的“真实之想”，与认定是“真实之事”之间，尚有缺失环节须要证明。所以，接下来第二个关键问题就是：执掌责罚英仲公权柄的上司是否有与“杨案”相涉者？若无，则英仲公的“真实之想”缺乏理据，难以成立。若有，则“真实之事”更有可能推论成立。那么，究竟有没有这样的人物呢？对于这样一个设问，我们只能从仅有的相关文献

《京报》载浙省巡抚刘秉璋奏折中去寻觅蛛丝马迹。

浙省巡抚既为掌权一省军政、吏治、刑狱的至尊，追疑的目光自然先得落在他身上。说来那刘秉璋也是位青史有名的晚清重臣，在近代“中法战争”、“重庆教案”等重要历史事件中，都少不了他的名头。刘秉璋字仲良，安徽庐江人，咸丰十年（1860）进士，授翰林院编修，同治兵兴，入曾、李军幕，镇压太平军、捻军功绩卓著，先后官拜江苏按察使，山西、江西布政使，江西、浙江巡抚，四川总督，懿赏头品顶戴，加封太子少保。据《刘秉璋年谱》记载，从同治十二年（1873）案发到光绪三年（1877）定谳的整个“杨案”期间，他都在江西任职，先是布政使，继而巡抚，直至光绪八年才调任浙江巡抚，故与“杨案”冤狱并无瓜葛牵连，更非利益攸关者，疑其“挟私报复”，毫无理据。然而细读奏疏，见有“会同闽浙总督臣杨昌濬具折恭奏”云云，乃豁然有悟：作祟之人，莫非此君？！

杨昌濬字石泉，号镜涵，湖南湘乡人。早岁从学湘中名儒罗泽南，咸丰末太平军入湘，随罗组建乡勇团练，转战湖北，从征赣、皖。复入左宗棠湘军幕，率部征战二浙，骁勇善战，屡建军功，深受左氏赏识，累官衢州知府、浙江盐运使、按察使、布政使。同治九年，杨接替左宗棠继任浙江巡抚。在浙期间，凿湖导河，兴修水利，发展农桑，巡视海口，筹办防务，抵御外侮，官声颇佳。却不曾想撞上“杨案”，跌了跟斗。“杨案”冤狱虽由馀杭知县刘锡彤始作其俑，经杭州府、按察使再审，草率结案，维持原判，但终审定谳，铸成死罪铁案之人，还是浙江巡抚杨昌濬。且此后朝廷谕旨，都察司、刑部几度饬令浙省重审，杨却阳奉阴违，百般阻挠，庇护同袍，草菅人命。故光绪三年(1877)“杨案”钦定平反，杨昌濬连坐褫职，实属咎由自取。不过他才歇搁一年，便因老领导左宗棠奏荐起复，佐理新疆军事，筹措军饷，累迁甘肃布政使、漕运总督。光绪十年中法战事起，杨出任闽浙总督，领兵督防台湾，抗法保台，贡献颇大。后调补陕甘总督，加赏太子太保，卒赠太子太傅。是为后事，按下不表。

杨昌濬迁升闽浙总督在光绪十年七月，黜官严耆孙于“十年甲申冬，浮海登普陀”，光绪十一年正月浙江巡抚刘秉璋“会同闽浙总督臣杨昌濬具折恭奏”。顺依时序，知杨总督莅任之时，正值严耆孙被查罚追缴“欠金”的后阶段。按清代督抚官制，总督为地方最高军政长官，管辖一省或数省，统辖文武，考核官员，与巡抚虽无直接隶属关系，但职级在巡抚之上。闽浙总督统辖福建、浙江二省，有权干预官员考核，故浙省巡抚处置僚属，奏疏朝廷，并须会同总督签署。再说杨、刘渊源，两人同属湘、淮军事利益集团，旧时同袍，今日同僚，同声相求，同气相应。谓之暗通款曲也好，说他心有灵犀也罢，都在正常推想之范围。既与“杨案”利益过往，又执责罚权柄，且与巡抚交谊，是以原任浙江巡抚、新晋闽浙总督杨昌濬，着实具备“秋后算账”的意图可能和“挟私泄恨”的实施条件。英仲公心有所指的“挟私报复”者，杨总督外，尚有何人？推理至此，似可成立，但仍觉有一大关节缺乏交代，那就是馀杭知县严耆孙是如何因“杨案”开罪浙抚杨昌濬，以致其非挟私恨秋后算账不可？

我曾于前文考证，英仲公只是在“杨案”部审后期，以案发地知县之职，承担与处理“提案员弁纷至沓来”一类事务，至于审案前期之冤情炮制、滥用刑罚、伪造证据、行贿受贿等官场丑行，皆与这位新任知县毫不相干。既然如此，他又怎会得罪时任浙江巡抚的杨昌濬呢？若此关节圆说不通，怀疑八年后杨总督“秋后算账”也就成了“空穴来风”的妄猜。然欲探究此事，绝无文献依凭，遂不由想起家族传闻中的所谓献计“密室相会”，探得冤狱真相云云。此事岂不就是结怨结仇的来由？

九

传说中的所谓“密室相会”，在“杨案”文献档案中绝无丝毫记载，只存在于戏曲、小说等各类文学艺术作品中，故事情节大同小异。鉴于家族传闻评弹名家严雪亭为编写长篇弹词《杨乃武与小白菜》，曾专访我家老人，雪泥鸿爪，或可一见。是特选其《密室相会》开篇中一段说表，藉以描摹即时情景之大概：

杨乃武、小白菜，两家头刑部堂判决死刑，连夜密室相会。两家头密室里向碰头，面对面坐定，当中一桌酒水。隔开格板壁，上首一间呢，有众位大人勒浪听，听啥呢，听犯人讲张。格个辰光杨乃武替小白菜两家头哪哼呢？杨乃武倒蛮吃力哉，刚刚回廊里向横浪横浪喊格小白菜进来，喊得唇焦舌干，现在么休息一歇。小白菜拿眼泪揩一揩干，也要平一平气。格个两家头，倷对我看，我对倷望，一歇歇毕静。阿是啥辰光？夜里两更天。密室里向哪哼格样呢？有几句布置（赞赋）叫：见方一间密室，点起两支金统；虽然地方狭小，收拾得与众不同。朝南一只小床，被头面子大红；褥子被单清爽，枕头摆勒当中。也有茶几靠背，一对痰盂白铜；虽然可以免得，也叫备而不用。当中一桌酒水，两只位子对供。筷是象牙筷，酒是状元红；一盆白鸡刁嫩，火腿拼盆肉松；热炒虾仁炒蛋，一盆爆虾血红；一只蹄子白笃，一碗烧鸭加葱；可惜辰光长远，已经冷得发冻。呒拨二爷上菜，勿有人来侍奉；然而特别优待，弄得希勿弄懂。勿像犯人犯妇，实头像举人相公；刑部大人好意，利用当面口供。杨乃武四年冤枉，小白菜如在梦中；方才已判死罪，今朝连夜相逢。

简而言之，所谓“密室相会”，就是将杨乃武与毕秀姑两人，转押于狭小无窗的密室中，隔墙则有刑部大员侧耳窃听，听两人私密之下是何吐露真情。照现在法子，就是装个窃听器。当然，表白中大段“布置”，全是说书先生噱头，弹词艺术加工，一并引录，只是想增强一点“现场感”而已，并非当真。不过，死犯执刑前赏一顿酒菜吃，也算是旧时惯例。试想杨、毕二人，过往公堂刑讯，众目睽睽，如今“两家头密室里向碰头，面对面坐定，当中一桌酒水”，故知死期在即，自会无所顾忌，一吐真情，怎料隔墙有耳，记录分明，冤屈与否，便可不辨自清。英仲公献计“密室相会”以套取真实供辞的逻辑依据，即在于此。在戏曲艺术作品中，“密室相会”之计果然奏效，为此后冤狱平反提供重要证据。但弹词开篇把“密室相会”安排在“刑部堂判决死刑”当夜，时间上却有问题。根据“杨案”文献，京师刑部会审并无“判决死刑”之事，况且桐庐知县严耆孙亦未随行押送，怎可能直接向刑部堂众大人献计。那么“密室相会”应该在什么时候呢？

我曾于前文推算，英仲公接任馀杭知县，应在浙江士绅联名上书事件爆发之后。据杨乃武女儿杨濬《我父杨乃武与小白菜冤案始末》回忆：其时杨乃武、葛毕氏被判死刑，“刑部奉谕旨饬令杨昌濬会同有关衙门重审，同时派御史王昕到浙江私访”；“杨昌濬奉旨后委派湖州知府许瑶光等审问”，“许瑶光审了两个多月不敢定案上复，一直拖延审问时间，未能讯结”，而“御史王昕从浙江馀杭私访回去，知此案有冤屈”。这表明许瑶光和王昕都对案情产生怀疑。而其时管押案犯的正是馀杭知县严耆孙，许、王提审案犯必须经他安排。所以，如若献计“密室相会”果有其事，那么最有可能的就是这个时间段，隔板壁偷听的“众大人”，最有可能的便是许知府或王御史。

“杨案”冤狱最终得以平反，“压垮骆驼的最后一根稻草”，是京师刑部海会寺“开棺验尸”。但王御史借“密室相会”勘破真相，回京复命帝后，是否促成其事的一个砝码呢？我认为至少有这种可能性存在。正由于此，以杨昌濬为首被连坐受罚的大小一众浙江官员，才会对向王钦差献计“密室相会”的英仲公恨得咬牙切齿。因为在他们眼里，这个小小的馀杭知县严耆孙，就是个十足的“叛徒”。此话何讲？

已有研究表明，被铸成铁案的“杨案”之所以能艰难翻转，归根结底不是“皇上英明”，而是清廷帝后对“湘淮军事利益集团”权势扩张的一次借机打击。众所周知，腐败的清政府能最终平定太平军，全仗曾国藩、左宗棠湘军和李鸿章淮军的军事力量。尤其是太平天国末期，位居闽浙总督的左宗棠，率兵追击李世贤、汪海洋部，一举收复浙江、江西、福建。故而战事平息后，江浙闽省及治下各府州县各级官位，皆由湘军左部将领占据要津。昔日同袍，现今同僚，互相包庇提拔，结成一个特殊的军事利益集团。权势的肆无忌惮，激起地方士绅阶层的反弹，也让朝廷陡生“尾大不掉”之忧。像“杨案”中的馀杭知县刘锡彤、杭州知府陈鲁、宁波知府边葆成、嘉兴知县罗子森，以及杨昌濬这位浙江巡抚，就都是追随左宗棠征战多年的老部下、老战友。他们上下勾结，沆瀣一气，严刑逼供，屈打成招，草菅人命，欺瞒朝廷。说他们同为冤狱炮制者并不为过，最终大小一串连坐受罚亦罪有应得。但要说吾家英仲公，应该也是他们那个利益集团中的人呀。据《丁酉歌》《光绪馀杭县志稿》等文献记载，他咸丰七年（1857）“初游诸军幕”，“继随左文襄”，“在江右广信入楚军虎营马队”，从“左帅取道婺源，由大墉岭入浙”，同治三年（1864）“随黄芍岩宫保追剿入闽，克复漳、龙各城”，并参与同汪海洋部在粤东的最后决战，战后“以军功保知县，分发来浙江”。经考据推算，英仲公以军功入仕约在同治五年，在浙江候补开缺闲等了七年，直至光绪二年四月才因刘锡彤去职，补署馀杭知县。或许，这也是巡抚杨昌濬大人的着意安排。你想，此时“杨案”冤情正在发酵，朝野上下舆论汹汹，馀杭知县须得“自己人”继任才能放心。让他始料未及的是那个严耆孙居然不顾旧谊，不识大体，想出“馊主意”，拆穿“西洋镜”，遂致浙省上下一百多名官员连坐黜职。就这样，英仲公便与“湘淮利益集团”结下怨仇，让杨昌濬记恨在心，耿耿于怀，只待秋后算账。我想，这就是先曾祖心中认定桐庐罢官抄家是“受‘杨案’牵累”的来龙去脉。

行文至此，几个关键节点已逐一疏通，从事理逻辑上讲，“受‘杨案’牵累”实有其事，大体可以确认。但因是倒着推理叙事，怕给阅读造成不便，现特将曾祖英仲公受“杨案”牵累，桐庐罢官，罚没家产，愤而出家的家族传闻掌故，再从头至尾简要顺捋一过。

光绪二年（1876）四月，浙省候补知县严耆孙，终于等来署馀杭知县的任命。此前，他已在西湖边赋闲了七年。前任馀杭知县刘锡彤，因炮制“杨乃武与小白菜”冤案，激愤浙江士绅联名上书，弄得“一地鸡毛”，故被免去官职。浙江巡抚杨昌濬奉旨会同有关衙门重审“杨案”，为维护其“湘淮军事集团”在浙省的既得利益，需有信得过之人填补馀杭空缺，守住“底盘”，遂从出身湘军左营的旧日同袍中，选中“小老弟”严耆孙。却不想严某不谙官场规则，不顾同僚利益，径向秉奉慈禧秘旨私访馀杭的御史王昕，献“密室相会”之计，将“杨案”诬陷栽赃、屈打成招、铸成冤狱的真相揭开。同年十二月，谕旨“杨案”移京师刑部会审定谳。翌年二月，结案疏奏，谕旨平反。始作俑者刘锡彤充军黑龙江，浙省巡抚以下知府、知县等一干办案官员悉数革职。严耆孙缘此与“湘淮利益集团”结下梁子。是年馀杭天灾频仍，“漕粮不及十分之一，逋负累累”，民不聊生。严耆孙“不以苛赋病百姓，卒因亏累，被议去任”。越年，杨昌濬重新起复，襄助左宗棠督办新疆军务，累迁漕运总督。光绪八年三月，严耆孙复出，以同知衔署桐庐知县。翌年十二月卸任，以灾歉逋负，交卸后亏累税赋数千金，被巡抚刘秉璋追责查处。光绪十年七月，杨昌濬升任闽浙总督，循例会办二省吏治考绩，恰遇昔日仇家被革职查办，遂授意严加责罚，罢黜官职外，更须彻查家产，抄没抵偿，必至其倾家荡产、声名扫地不可。严誉孙明知遭人挟私泄愤，只能束手忍辱，徒叹奈何。但经此一场噩梦，觑破官场厚黑、世情冷暖，遂猛发离尘出世之志，乃于是年冬月，抛妻别子，南渡普陀，剃度事佛，法号开霁。一如其诗所云："顿悟从前历劫差，锦袍脱却换袈裟。"自此开始他从馀杭、桐庐知县变身孤峰老衲、"龙游琴僧"的下半世人生。

真所谓：一刀截断阎浮娑婆，万缘放下念佛弹琴。

早年浦熙修

高　林

浦熙修，是中国现代新闻史乃至现代史上一位无法被人忘记的人物。她是那个时代为数不多的女性新闻记者。二十年的记者生涯，她为她所经历的时代留下了近百万字的文字记录，她自身的经历也是那个时代的记录。

浦熙修生于1910年，殁于1970年。如果说六十岁以后是人的晚年的话，那她只经历了早年和中年。1949年，国运转折，她的人生以及她的文风也经历了明显的转折。这一年，她三十九岁，此前可以说是她的早年。

追求独立

1910年10月29日，浦熙修出生在当时属江苏省的嘉定县城南。浦家老宅附近的嘉定南门和建于元代的北保安桥（永康桥）今已不存，孔庙仍在。浦氏明末从龙华迁来嘉

浦熙修1951年2月摄于北京。这是浦熙修最喜欢的一张照片，她在右下角签名题字

定，浦家清末由石塔弄迁至此处，即今之南大街东、沙霞路北。浦熙修是嘉定浦氏的第十五代。

浦熙修在1955年和1968年曾两次写作自传，这两次自传都是为接受审查而写的。幼年给她留下较深印象的是家庭中的妇女地位："在我幼年的印象中，家中掌权的是曾祖母（失明），有好几个祖姑母常来家中。因为曾祖母没有儿子，父亲（浦友梧）是过继给曾祖母当孙子的。母亲（黄菴岫）是文盲，作为孙媳妇，在家中完全处于无权地位。整日侍候曾祖母且操持家务，同时为了积攒几个零用钱，每晚都要在油灯下做针线活到深夜。"

浦友梧虽然有些重男轻女，但他给三个女儿起名字，也颇费了一些功夫，据说还查阅了《康熙字典》。大女儿

“洁修”，意为“洁身自好，不同流合污”；二女儿“熙修”，意为“光明与和乐”；三女儿“安修”，意为“温和安分”。浦友梧，本名增禧，他早年外出读书，很少过问家里的事。1911年，他在南京商业专科学堂毕业。次年在北洋政府交通部谋得一个会计职位，几年后又做了交通史协修。1917年，曾祖母去世后，黄菴岫带着七岁的浦熙修和十岁的姐姐浦洁修到北京投奔丈夫。

一家人在北京定居后，妹妹浦安修、弟弟浦通修相继出生。一家六口人的生活，全靠浦友梧一人的薪资，经济倍感拮据。浦友梧曾和朋友合资去唐山开矿，但经营失败，只好把老家嘉定的房产抵押给亲戚还了债。

浦熙修全家福，摄于1925年。右起：浦友梧、黄菴岫、浦通修、浦洁修、浦安修、浦熙修

到北京后，浦熙修先后在北京女子师范大学女附小、女附中读书。大概是学习成绩好，从初一跳班到了初三，但高中却只读了一年。这是因为，“母亲是一位勤劳刻苦的家庭妇女，但多病且不识字。父亲不大关怀母亲和儿女们，总说女孩子读书没有用，并且为此常和母亲吵架，每次要学杂费都感觉困难”（《浦熙修自传》。下同）。

辍学后，她就去京华美术专科学校学国画，“我一心想经济独立，一方面可以自由自在，一方面也可解除母亲的愁闷。因为那时父亲总觉得母亲多养了女儿，女儿如果能够独立，就可为母亲争口气”。

学画的第二年，浦熙修在师大女附小取得了教职，经济独立了。“我于是以教书为主，学画为副”，“我每月用的很少，有足够的钱积蓄起来为将来投考大学之用”。1929年，十九岁的浦熙修考取了北平女师大中国文学系。

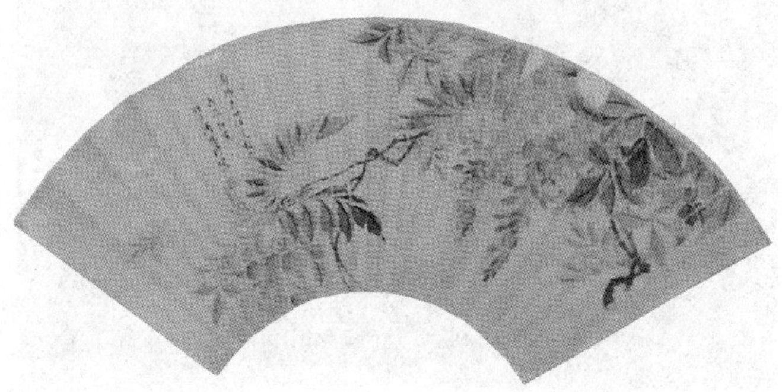

浦熙修曾师从贺良朴（南荃居士）学画。这是她于1928年画的扇面，上世纪50年代初浦友梧在北京王府井地摊上意外见到后购回

初入北平女师大的浦熙修，1929年摄于家中

1930年，浦熙修在北平

上大学后，母亲去世，父亲去南京工作，在国民政府铁道部当科员。不久，浦友梧和宋氏在南京再婚。未成年的妹妹、弟弟生活全靠浦熙修和姐姐负担。“我一边上大学一边教小学，边教边读的生活终于使我的身体支持不下来，害了严重的胃病。”这个胃病，后来伴随了浦熙修的终生。

1932年，浦熙修和中法大学毕业的中学教师袁子英结婚。姐姐留学德国，她带着妹妹、弟弟和袁子英住在一起。“大学毕业后，我最关心的是职业问题。我十七岁已经经济独立，现在更不愿意依靠丈夫为生。”

在志成中学任国文教员时的溥熙修，上世纪30年代中期摄于家中

1932年秋，浦熙修大学毕业后到私立志成中学任教。1933年11月，袁子英受到“福建事变”牵连，逃亡到济南，后去其父母所在的南京谋职。“但我不愿意随他到南京去，第一，我到南京找不到工作，第二，我不愿意和他的父母同住。”浦熙修在北平独自负担着家庭生活，带着妹妹、弟弟和自己的女儿、儿子生活。

“后因为教书兼管孩子，体力渐渐不支，1936年春，袁子英前来把我和孩子们接到了南京，和他父母住在一起。”弟弟浦通修和他们同行。到南京后，浦通修住进已在南京工作的父亲家中。妹妹浦安修考取了北师大，独自留在北平。“到南京后，我感到了封建大家庭的窒息。我不甘心当家庭妇女，我要找工作，没有工作就觉得不能过活。”

“我于是在报纸的广告栏中找出路。1936年秋冬之交，我终于在《新民报》广告栏中发现了某地产公司招考女职员的广告……考试的题目正好是我日夜梦想的‘妇女职业问题’。”但是，地产公司不愿录用已婚女职员，老板看她文章写得好，就又把她介绍到《新民报》工作。就是这样一个偶然的机会，浦熙修进入了新闻界。

《新民报》的第一位女记者

浦熙修进入《新民报》后，先在发行科工作，也许是她的社会活动能力得到了认可，不久，她从发行科转到了广告科。“我对于这些工作没有什么兴趣，但好容易找到了工作，还是好好干。有空的时候，就给副刊投投稿。”

直到有一天，1937年4月29日，由李德全、张默君等人发起的主张抗日救亡的团体“首都女子学术研究会”，打算在南京中山陵旁边的流徽榭举办成立一周年纪念会，照例《新民报》应派记者前去采访并报导，可当时恰好所有记者都有任务在身，临时派不出人，陈铭德只好放手让浦熙修去一试。5月2日的《新民报》刊出了署名“熙修”的通讯《流徽榭畔一盛会——女子学术研究会周年别记》，这成了浦熙修的第一篇新闻报道。从此，浦熙修成了《新民报》的第一位女记者。四十多年后，陈铭德和邓季惺回忆说："……文笔流畅洗练，吸引了读者，博得了同行的赞许……我们为报纸采访队伍增添了这样一员而庆幸，熙修也为找到了用武之地而振奋。"多年以后，浦熙修的这段经历，在南京和重庆《新民报》同事当中和新闻圈内传为美谈，《新民报》的新职工入职时，总会有人说起这件事，并说，"是金子总会发光的"。

追求经济独立的浦熙修，自己也没有想到，新闻记者，这样一个人格也需要真正独立的职业，深刻地影响了自己的终生。

此后，浦熙修采访了女画家潘玉良和女经济学家张肖梅。在她们身上，浦熙修看到，妇女从事事业者，所以未能成行，就是为家务所累，潘玉良"能打破种种障碍，得今日之成功，不得不归功于其外子潘赞化先生之助了"。张肖梅是"一位埋头苦干的人，就好像心中有了主宰似的……肯这样实际下功夫的人，就是在男子中也很少见，她的精神实可做我们的模范"。

浦熙修做记者两个多月后，七七事变爆发。11月27日，《新民报》在南京沦陷之前出版了最后一张报纸，随后西迁重庆。当时的浦熙修"热血沸腾，恨不得马上就到抗日前线去"，"我瞒着家人报考了红十字会救护队，并且接受了两个星期的救护训练。因为救护班只招收二十五岁以下的妇女，我实足年龄已二十六，索性少报了两岁”。此后，浦熙修和袁子英在战乱中一边逃难，一边找工作，两人分分合合，多方辗转经过杭州、南京、武昌、汉口、长沙等地。浦熙修带着两个孩子先到重庆，住在姐姐浦洁修家里。1939年春，袁子英父母一家来到重庆，浦熙修安置好公婆和孩子后，就到已经西迁四川的重庆《新民报》工作。不久，浦熙修担任了重庆《新民报》采访部主任。

重庆七年

浦熙修的记者生涯一共有二十年，其中前十三年正是中华民族救亡图存、中国社会风起云涌、中国人民苦难深重的时代，她的笔触记录了这一时代，刻画了这一时代中社会各个阶层人物的群像，也大胆地揭露了当时社会发展变化中的诸多问题，她是那个时代的见证者。

浦熙修的前十三年记者生涯中，有七年是在重庆，其馀在南京。在山城重庆，工作条件是十分艰苦的，报社没有汽车或自行车，采访完全靠两条腿，还有时时需要躲避的日本飞机轰炸。

浦熙修投身记者的时候，正是民族危亡的时刻，她最初的报道当然也和抗日战争密不可分。首先是对抗战形势的报道。在《寇政治大地震》（1939）中，她报道了日本第一次近卫内阁下台后，郭沫若对日本政坛财阀和军阀之间深层次矛盾的分析，指出“敌人在政治上的大地震，是不可避免的”。在《第二次世界大战和各国援华》(1939) 中，她报道了刚从英国回来的王礼锡对世界形势的分析，王礼锡参加过半官方外交团体国际反侵略大会成立大会（布鲁塞尔，1936年9月）和中国代表首次参加的国际反侵略大会伦敦会议（1938年1月)，他还去过苏联，和高尔基等作家交往，这篇报道中指出“只要中国抗战到底，只要中国团结一致，国际的援华运动一定会更加浓厚的”。

浦熙修没有去过抗战前线，但她从慰劳活动中体会到了参战将士的英勇精神和坚强毅力，以及他们的艰苦付出。在《保卫领空的无名英雄》(1941) 中，她描绘了重庆最前线防空哨所的哨兵在难以想象的艰苦条件下的坚守，“他们全体都凭着肉眼看，耳朵听，训练得机灵非凡……外国人来看过，惊叹中国的伟大，他们在这样简陋的条件下是无从指挥的。……几天连日的辛苦，天气又热，他们最要紧的是保持电话线，每当敌机过后两分钟跑上去修理，等到下来，就会倒在地上起不来，有的甚至口鼻流血”。在《伤兵回到家乡——寂寞的等候着抚慰　勇敢着还要去复仇》(1939) 中，她近距离刻画了一位出川作战的川军负伤战士，“‘稍稍休息，等我的伤全好了，我又可以参加第二次战役了’，他笑着，他那矮矮的个儿，圆圆的脸庞，真可爱”。还有一些从报道的题目就可以看出其内容，《入虎穴访飞虎》(1942)、《远征军挥动铁腕　披荆斩棘野人山》

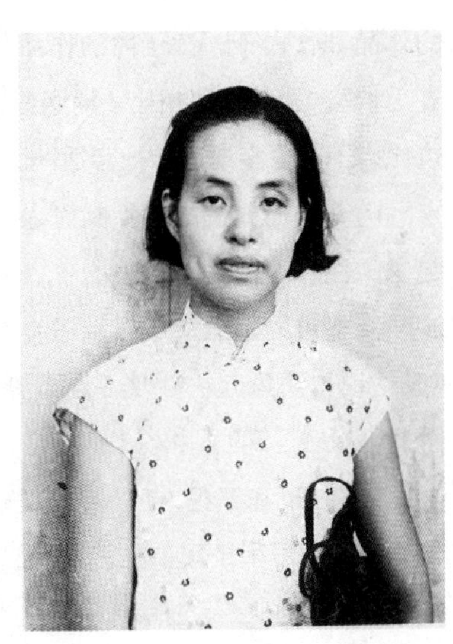

上世纪40年代初，浦熙修在重庆《新民报》

(1944)、《木兰何必妆男子　粉面朱唇着战袍》(1945)。

彭子冈是浦熙修最好的朋友之一，她们二人当时被重庆新闻界称为“双妹嚜”（当时流行的香港化妆品品牌，英文为Two Girls），彭子冈晚年回忆道：“抗日战争的四十年代，在重庆山城，浦熙修和我，无形中成了新闻界的一双姐妹——并肩采访，分别写稿，人家看见我问她，看见她问我，好像我们之间不存在什么新闻竞争，合作得倒很融洽似的。”抗战后期到重庆的《大公报》记者曾敏之有一句怀念浦熙修的诗，“夜雨巴山情意长，共夸巾帼两骅骝”。赵超构曾对浦熙修和彭子冈的新闻作品有过评价，浦熙修写的文章本色是明快锋利，彭子冈则是亮丽柔和，“读熙修的作品如饮白干，读子冈的作品如啜黄酒。梅雪争艳，各有千秋”。和彭子冈相比，浦熙修更加侧重于社会新闻，她也比彭子冈更多地参加社会活动。

随着全民族抗战的不断深入，越来越多的社会问题引起了关注。腐败，这个中国自古以来的顽症痼疾，也成为浦熙修报道的重点。最使她痛心疾首的是军队的腐败，在《役情说得阴风起　参政各诵石壕村》（1945）中揭露了国军“抓壮丁”的真相。“征兵是‘抓兵’，送兵是‘解壮丁’，解壮丁和解犯人何异？”“好米好盐，常常仅发到官长为止，到不了士兵手里。”对于某些患病的士兵，竟没有医治而被活埋，“有过路者听见土堆里的呻吟声，掘出、治疗，仍是好好的活人”。更有甚者，敌机轰炸时，士兵被锁在屋里不得躲避，被炸死三四千人。1944年9月，浦熙修报道了“两湖义民无衣缺食”，“义民”，实为湘黔桂撤退时逃来重庆的难民，他们没有得到应有的救助，“厥状至惨”，“有抵达后即行死亡或分娩者……”，可她却用了杜诗“冠盖满京华，斯人独憔悴”来做标题，其所指灾难根源使人一目了然。在《诸参政舌剑唇枪　一部长公开受审》（1944）中，曾督办修建滇缅国际公路的交通部长曾养甫在参政员面前形同“公开受审”，质问中透露出交通运输行业的腐败，公路汽车票有黑市，昆明到重庆的机票达到三万多元之高。在《肃清贪污必须澈底　高秉坊还不算罪魁》（1945）中，更是揭发了财政金融界贪腐成风，中央银行职员高某私自动用一千多万元公款被判死刑，并分析后面还有更大的问题。

浦熙修的矛头还是更多地指向了以时任行政院副院长兼财政部长孔祥熙为代表的腐败势力，写了多篇揭露他的报道。1943年3月3日，她在《新民报》上刊出了对比极为强烈的两条消息，一是《孔大小姐　飞美结婚》，另一是《女公务员　为米请愿　孔副院长予以拒绝》。前者揭露孔祥熙长女孔令仪到美国办婚礼，其嫁妆由财政部妇女工作队代制。一次事故使其嫁衣六箱沾上水渍，又要数十人赶工重制，再次运往美国。后者则披露，一位不得温饱的女公务员向孔祥熙请愿，要求每月供给二斗（约三十斤）平价米，孔祥熙认为这个要求"过奢"，还说"国难时期，应刻苦自励"。报道刊出以后，《新民报》随即受到来自官方的压力，陈铭德召集记者开会"恳谈"，浦熙修说："这个稿子由我负责……如果是事实，就不要说得那么吓人，要停刊、封门什么的。"陈铭德不得不多方平衡并托人运作，《新民报》在以后两日连续刊出了来自官方的"更正"，说嫁衣等实为"土仪馈美人士，答谢平等待我友情"。又说女公务员在孔祥熙会客时插话，孔祥熙做了一番解释等，但也承认了孔祥熙没有同意女公务员的要求，且说过"国难时期，应刻苦自励"的官话。这其实更加证明了浦熙修所写报道的真实。

浦熙修同时也把自己的感情倾注到处于水深火热的劳

苦大众之中。在《卖瓜者言》(1944) 中，她写了沿街叫卖的瓜贩，盛夏时节，天气再热也舍不得吃瓜，有如白居易笔下的卖炭翁。他们要接受主顾近乎苛刻的讨价还价，还有提防警察以“妨害卫生”为由的驱赶，一天下来连稀饭也喝不成。在《驾驶者语》(1943) 中，她写了轮船驾驶员“含蓄着人间的凄凉”，“最近票价增加十分之七，而我们的工资仅仅增加百分之七……”，“风吹雨打，终日把持这舵，就落了顿稀饭”，“只能暖肚，不能饱肚……”。

浦熙修对于处于弱势的妇女儿童有着更多的爱和同情。在《妇女辅导院门外　时有飘零人哭泣》(1944) 中，因战乱贫穷等原因“漂”在重庆的妇女，为寻找就业机会，求助于官办的“辅导院”，由于“设备不足难悉予收容”等原因，被拒之门外，连休息之地都得不到，有的只能哭啼而去，其原因牵涉到方方面面，“为一复杂社会之缩影云”。在《重庆的“女佣之家”》(1944) 中，许多女佣的境况是“瓦棚粉壁略透风，四个同眠一被中。待雇尚无平价米，其中多少可怜虫”，还有的女佣“老远的回不了家，又被主人解雇，这里就成了唯一的家，一旦长眠不起，还有人为之收尸”。在《一个可怜的擦皮鞋童子》(1944) 中，她看到一个成人硬拖着一个孩子走，孩子抗拒不肯走。她拿出记者名片，才把孩子救下，得知孩子擦鞋原本五元却硬要八元，于是被抓伤，还要被送去教养院。再问，得知“摆摊必须孝敬，……要义务给他们擦几双”。进一步询问，又得知擦鞋也有“师傅”，还需“学徒一年”，挣钱全归“师傅”，孩子自己仅得“一副吃饭的家具（擦鞋工具）”。回家后，浦熙修把这件事讲给儿子听，说擦鞋的孩子本该和你一样上学，就因为家穷上不了学。她告诉儿子，她最大的希望是国家强盛，政治清明，百姓安居乐业，大家都生活好。

但浦熙修最为擅长，同时也是她最喜爱，后来取得了巨大成功的是政治新闻。浦熙修在《采访十年》中说到，由于抗战时期实行严格的新闻检查制度，军事政治消息很难通过，她于是专注于社会新闻。从1941年开始，浦熙修开始报道当时被称为“战时国会”的国民参政会，她从中找到了感觉。《报人浦熙修》的作者朱正对此评论说：“完全没有冗长的提案和发言，倒有许多现场的生动描述，是在像‘流水而过’的议题中，捉到‘微漪’。她记录各界代表对行政院长宋子文‘阵势雄厚’的质询，记录‘昏昏欲睡’之中突然发起的对政府施政方针的质疑，镜头往往‘颇有意味’，为半个多世纪前的中国政坛风气，留下了一份宝贵的记录。”

在浦熙修子女编纂的《浦熙修记者生涯寻踪》中，共收录了浦熙修在1941年至1947年写的三十五篇关于国民参政会的报道，其中1941年和1942年各一篇，1943年五篇，1944年、1945年、1946年各六篇，1947年十篇，逐年递增。她除了生动再现会议现场外，更多的是报道老百姓关心的热点问题和敏感问题，利用字里行间透露给读者必要的信息。如1941年她报道参政员张一麐提出“党派可以存在”，这就给国民党坚持的一党专政提出了一点“不同的声音”。1943年她重点报道了经济民生领域的专卖机关商用化、改革盐税弊端，改善公教人员待遇问题。1945年她又重点报道了抗战胜利后大众关注的国共关系、汉奸处理、实施新闻自由、废止战时统购统销等问题。

浦熙修通过对国民参政会深入报道，观察和研究了中国政坛，切入了社会矛盾的深水区，把自己定位于一个时政记者，也为她日后对1946年政治协商会议的报道打下了基础。

记者本色

抗战期间在重庆担任过《扫荡报》主编的作家陆晶清，是浦熙修在北师大的同学，也是王礼锡的夫人，在重庆曾和浦熙修有过密切的接触，她当时一度很为浦熙修担心，这是因为“当时重庆几家报纸的几位女记者都能说会跑，各有千秋，比浦熙修活跃得多。我担心她在工作中难以和她们竞争取胜。有一天，我忍不住坦率地问她，你为什么不搞内勤，跑新闻，你行吗？她习惯地咬一咬下嘴唇后，以坚定的语气答复我，行！只要肯学肯钻肯拼命，就没有什么不行的”。

浦熙修虽然是因为一次偶然的机会进入记者行业的，她却深爱记者的职业，再也舍不得离开。但她做记者并不轻松，她的成就多是苦拼苦干出来的，她为记者这个职业付出了自己的全部精力，甚至也包括健康和生命。

在重庆《新民报》和浦熙修共同工作的记者姚江屏这样描述浦熙修的工作状态："在严冬寒夜，她穿着褪色的旗袍，一双旧皮鞋，腋下夹着小皮包，瑟缩地走在山城街头；进得报社，坐在桌前，捏捏冻僵的手，随即把纸摊开，埋下头去奋笔疾书，写完了稿，常已深更半夜。有时，除非我们一些年轻人提醒她，她竟忘记了回家。那些年，国民党特务常常盯她的梢，我们都为她深夜一人回家的安危操心，每每想要'护送'她，她总是摇摇头，轻蔑地一笑：'没关系，我一个人回去惯了'，然后又深情而关切地说，'大家都疲倦了，好好休息吧'。"

姚江屏是东北流亡到大后方的青年，在重庆《新民报》任记者后，"她在工作上督促我、帮助我，常为我删掉那些不讲策略、不顾后果的词句。她平易近人，真诚坦率，和蔼可亲，而我也的确像个小兄弟，听从他的诱导，心悦诚服，从不调皮"。

好友彭子冈描述了她工作的另一面："在她麾下，有各式各样的记者，背景颇不简单。且《新民报》的版面只有当时各大报纸的一半，记者们的稿子不可能都排上。缺了谁的，也不会对主任满意。于是，浦熙修也只好每晚鼓足勇气，为编稿件乃至权衡人事而‘战斗’一番。不是她好斗，换了谁处在那么一个复杂的环境中，如果想坚持团结抗战、民主进步的大方向，那都是不能不拼足全身力气去搏斗一番的。经过一番搏斗，熙修从《新民报》编辑部所在地七星岗步行回到犹庄，时间多过午夜。为了迅速摆脱方才一番搏斗对心情的纷扰，吃安眠药入睡便成了习惯。”

健康方面的损害当然还不止安眠药，浦熙修一直患有胃病，当了记者以后，为了跑新闻，她常饿着肚子，早一顿，晚一顿，每餐吃得也很随意，草草果腹，结果使胃病是不断加剧。

但在浦熙修的心目中，始终有着成为一个好记者的理想追求。浦熙修擅长报道政治新闻，同时也积极参加政治社会活动，相比专业的新闻工作者，她更像是一位政治热情饱满的社会活动家。她的新闻记者实践有着明显的时代和政治的印记，和新闻专业主义相差甚远，但在激烈变革的社会实践中，她有着自己坚定的操守和原则。

浦熙修说过：“一个记者的条件，除了基本知识之外，需要热情、良心、正义感，并且要有吃苦耐劳为社会服务的精神。”她也常说，“当新闻记者就得学学司马迁，就得更好地学学鲁迅”。学习司马迁和鲁迅，这说明她要坚持的是实事求是、不畏强暴、捍卫正义的精神。1946年春，浦熙修离开重庆时，曾给一位年轻记者留言：“秉持正义，不畏强权，勤跑多写。”

对此，她自己又做了进一步的阐述：“记者的职业，应当是神圣的。我们不愿意受漠视，同时也不愿意贿赂。我们对事对人，都要寻根问底地探听，我们亦忠厚老实地报告。认定自己的目标，发挥自己的能力，使社会明真相，辨是非，而保持公义、正道，这就算我们尽了几分天职。”这种精神，在她前十三年的通讯报道中有着充分的体现。

怎样做一个这样的记者呢？她说，在提高文化修养的前提下，要有五个条件，即眼明、耳聪、手勤、脚快、口利。眼明，就是要有观察外界事物的本领，从纷繁的客观事件中看到事物的本质。耳聪，是要耳听八方，上层下层的声音都要听，连茶馆也要经常去坐坐在群众的议论中发现线索，追根究底。手勤，就是一点一滴的线索都要记好，哪怕是暂时无用的，也以备后用。脚快，要善于跑，一是采访，二是核实。一件事情要几经核实，确实牢靠，才能发表。口利，要善于问，特别是在和官场人物打交道时，要抓住其漏洞，反复追问，使其不能自圆其说，从而露出真相。

浦熙修总是强调“基本条件”和“文化修养”，她总是感到自己不是科班出身，入行后忙于事务，没有时间多读书。许多朋友和前辈也曾勉励她，要加强学习、多读书。周恩来也曾多次对她说：“你要多读书。”浦熙修曾以不能按顺序细读一遍史书为遗憾，还说过：“一个跑新闻的不懂外语，是个半聋半哑的人。”为此，她以多学、多钻、多问为弥补，常常比别人付出加倍的劳动。

坚持“实事求是，秉笔直书”这一操守，使浦熙修成为了当时重庆颇有名气的“天窗”记者，她的许多报道中有部分“不宜公开发表”之处被新闻检查机关删除，当时的报纸限于技术条件无法再补充新的内容，就出现了空白，开了“天窗”。后来排印时就用“……”代替，被删去了什么内容，现在已无法考证。值得注意的是，当时浦熙修被开“天窗”的报道中，除了1943年国民参政会上有关能源交通的内容“涉密”外，还有孙科1944年4月3日关于时局的讲话。

也正是由于这样一种操守，浦熙修的内心有了某种定力。每当《新民报》内部讨论重大报道问题，意见不一致的时候，她总是操着一口纯正的京腔说：“不管怎么着，《新民报》总该讲公道话。”同事回忆说，在发稿过程中，她最沉着，最冷静，完全不动声色，她没有说过一句煽情的话，而她说过的话又是那么不容置疑。

“一个记者的条件，除了基本知识之外，需要热情、良心、正义感，并且要有吃苦耐劳为社会服务的精神”，这是浦熙修常说的话。她也说过，只要我写的是事实，就什么都不怕。1948年11月，浦熙修被捕，面对审问她的国民党军法人员，反问道：“物价高涨是不是事实？民不聊生是不是事实？”

一次意外

浦熙修写的新闻报道中，在当时产生过重大影响，多年来又被同业和后人广泛评论的，当属那篇有关“飞机洋狗”的报道。

1941年12月7日，日军突袭珍珠港的同日，也向香港发动了猛烈进攻。国民政府开始组织寄居在香港的要员和文化界人士撤离。12月10日，从香港起飞的最后一架飞机将要抵达重庆珊瑚坝机场。浦熙修非常留心这一动向，她估计可以获得重要的新闻，这天凌晨就到机场采访。

浦熙修在1947年9月写的《采访十年》中回忆说，“……果然看见孙夫人、孔夫人都联袂而来，王云五先生也在仰望他将要沦陷的家属。想不到几进几出，人没有到，忽然飞机上来了几条洋狗，这当然是一条好消息。可是当时在严厉的检查制度之下，这类消息如何刊发出来，真是大成问题。大公报的（彭）子冈先生写了一篇很好的特写被扣了。我在当天的晚报上写了一条新闻也被扣了。”

浦熙修当然不会忍心舍弃这样的“好消息”，于是她采用化整为零的方式，这个新闻拆分成几条，分别送审，通过后再合并起来，刊登在1941年12月11日的《新民报》日刊上。编辑为此加了一个“画龙点睛”的标题《伫候天外飞机来——喝牛奶的洋狗，又增多七八头》。下面有新闻“点滴”共八条，其中第二和第三条是：

△日来伫候于飞机场遥望飞机自天外飞来者大有人在，昨日王云五先生亦三次前迎，三次失望。

△昨日陪都洋狗又增多七八头，系为真正喝牛奶之外国种。

这就很自然地使读者把这两条消息和同日发表的宋霭龄及其女儿等人到达重庆的消息联想起来，于是引发了矛头指向孔祥熙等人腐败问题的轩然大波。

和浦熙修这条新闻发生“共振”的是12月20日重庆《大公报》的社评。这篇评论当时刚发表的国民党五届九中全会“修明政治案”的社评中指出：“……逃难的飞机竟装来了箱笼、老妈与洋狗，而多少应该内渡的人尚危悬海外。”《大公报》总经理胡政之在国民政府组织撤离香港的人员名单中，但他也没能坐上飞机。王芸生自然有气，就无视当局的“禁令”，将审查后被删除的部分照发，把《新民报》没有直接说出的话说了出来。

这件事引发的风波，使时任行政院副院长的孔祥熙成为“千夫所指”，一时间舆论汹汹，昆明西南联大学生罢课游行示威，喊出“打倒孔祥熙”、“枪毙孔祥熙”等口号。

以后，重庆《大公报》于1942年1月22日发表社评，其中称据交通部长张嘉璈的更正函，飞机载洋狗是外籍机师所为。同时劝诫青年学生不要“凭一时感情冲动，辄尔荒废学业，干扰秩序，甚至无意中为敌奸所利用”。再以后，国民党和蒋介石指令对“飞机洋狗事件”做了调查，同时也注意到孔祥熙的某些劣迹和制度弊病，有过一些可能未及根本的整改，但同时，他们也更加强了舆论控制。

这件事发生在二战中世界和中国反法西斯战场出现重大转折的关键时刻，这个分量不轻的负面新闻对蒋介石等人和国民政府的信誉产生了很大的冲击，以后一直有许多学者研究和考证。相当多的纪念评述浦熙修记者生涯的文章反复叙述这个故事，有的做了一些演绎和扩展，有的说这是浦熙修向国民党反动派斗争的一个英雄行为。但也有人提出过部分不解，谢国明曾考证彭子冈确实没有写过与此相关的文章，他同时也质疑彭子冈是否去过机场，是否与这件事情有关。

多年来逐渐披露的各种文献和杨天石等人的考证表明，“飞机运载洋狗”是一篇严重背离事实的虚假报道。事实真相是，1941年12月上旬，宋蔼龄由孔令仪（孔宋长女）和赵惠芳（管家）陪同从重庆到香港看病，遇到日军突袭香港，匆忙返回。12月10日凌晨，她们和在香港的宋庆龄同机到达重庆。飞机落地后，宋庆龄、宋霭龄、孔令仪、赵惠芳走出机场，被前来接机的孔令伟（孔宋次女）接走，四人都只有简单的随身行李。箱笼是中央银行托运的公物。洋狗四条是美国飞行员私自替他人带运的。胡政之、王云五家属等没有坐上飞机，和宋霭龄以及箱笼、洋狗等都没有任何关系。

浦熙修之女袁冬林对此也有疑问，她说，母亲是成年人，且为有经验的采访记者，怎么会搞错呢？但是浦熙修可能始终都不知道事情的真相，她在十几年后的自传中写道，“关于宋霭龄从香港来重庆带洋狗坐飞机事，我们是冒雨到机场碰上的。新闻检查机关当然要扣这种新闻。……在这阶段写的新闻，总的倾向是想揭露国民党统治阶级的黑暗”。

浦熙修还说过：“这不过说明在一个没有采访自由，报道自由的国家，我们发表一个重要性的消息要费多少心机。”同样，在这样的环境下，要追求真相，同样也需要记者的良知和勇气。

眼见未必为实，这也许是浦熙修记者生涯中的一次意外，也是一次遗憾。这次意外，值得让人去深思的地方太多。浦熙修作为一名新闻记者，始终都在追求着真相。追求真相，更重要的是克服和排除自己心中的既定的“真相”。

还原历史的真相，是对往者的告慰，也是对来者的启示。

浦二姐

1993年夏天，上海作家蒋丽萍看到浦熙修的照片，发出了这样的惊叹：“娟秀的眉眼，静雅的姿态，脸上的笑容，轻旋起那两个浅浅的酒窝，真是太漂亮的一个人！”

浦熙修的族叔浦增锽曾回忆起他在上世纪40年代末两

浦熙修摄于1930年12月6日，时年二十岁，她照片右下角签名“静涵”

次见到浦熙修的情形。“1947年秋，那年她三十六岁左右，一米六五的高挑个子，大大的眼睛，高高的鼻梁，穿一件细花旗袍，长波浪头发，看上去很精神，很有风度，比实际年龄要年轻得多。”“1949年底，浦熙修又来过一次嘉定。那年她穿一身列宁装，剪着短发，显得很精干。”

抗战胜利后担任民盟总部内勤工作的金若年有一段日子和浦熙修朝夕相处，他的记忆是：“她是一位文静淡雅朴实不重修饰的女性，有时还有些腼腆，与人见面说话是浅浅一笑，面颊上那一堆深陷的酒窝就漏了出来，显得格外秀丽动人。她常年穿一身浅色的中式旗袍，天气转凉时，外加一件深色的外套，手臂上总是夹着一个黑色的小皮包，显得格外庄重。她风里来雨里去，成天用她矫健的腿，奔波着穿梭于梅园新村（中共代表团驻地）和兰家庄（民盟总部）之间。她对人真诚坦诚，平易近人，容易和人接近，受到人们的尊重……”

南开大学数学系教授陈鹀（陈己同）是浦熙修在小学和中学时的同学和“闺蜜”，她眼里的浦熙修是“心地纯正，从不花言巧语，真诚朴实，是我可亲可爱的好朋友，更是位益友”。

浦熙修的同事和朋友，都称她为“二姐”。这个称呼的源头是在1939年至1940年的重庆，她在家排行第二，但更多的还是一种人格上的尊称。和浦熙修长期共事的姚芳藻说：“浦熙修，我们都称她浦二姐。虽然是我们的顶头上司，但一点架子也没有，就像我们的亲姐姐。”1945年加入重庆《新民报》的老报人何鸿钧回忆说：“采访部有一群二十三四岁的青年人，大家都很敬重她、钦佩她。这倒并非她是主任，而主要是她的为人，她的道德品质，她的言行风范，她的感人的人格魅力，我们都称她为浦大姐。一来他比我们年长，按习惯应该尊称她为大姐，较为亲切。二来也是有意不称她为浦二姐的，因为那个年代她已红得有点危险了，似乎隐去为宜，免滋麻烦。”

其实，更多更熟悉的朋友都称她为“二姐”，不论年龄长幼。本来并不相熟，年龄又是同年的费孝通，在共同被难后，“意外地在这一个共同历程里受到了人生的考验，从此我呼她为浦二姐”。后来和浦熙修长期共事的《文汇报》记者朱嘉树分析说，这个“浦二姐”嘛，其实就是性格豁达、洒脱，办事麻利、精明，对人和气、宽容，心眼又好等等许多特点的代称。另一位同事回忆说：“她是个社会活动家，对政治有浓厚的兴趣，早年虽然学过绘画，但生活粗疏，对装扮、饮食、娱乐都不在意，因此有人说她是‘名士派’”。这“名士派”也是“二姐”的一种含义。

“浦二姐”的身上也还有着几分侠气。青年记者金光群在下关事件后入职南京《新民报》，在浦熙修手下工作。他的体会是：“下边出问题时，浦二姐常帮助解释，甚至把

1946年，浦熙修在南京

1948年，浦熙修在南京

责任揽过来。她一身正气，很讲道义。”他毕业于复旦大学新闻系，刚出校门，有点“天不怕、地不怕”的劲头，他连续报道了美国军事顾问的负面新闻和国民党军队制造的“崇礼血案”，于是就被国防部保密局找去“谈话”，追问消息来源。浦熙修闻讯后，立即赶到现场，说:“我是采访部主任，关于报上登出记者写的新闻，都由我负责。今天还有重要活动，我来接他回去！”保密局官员在浦熙修签字后，不得不放了人。

抗战胜利后，邵嘉陵担任上海《新闻报》驻沈阳特派员，他同时受浦熙修之邀，为《新民报》发东北专电。1947年3月，作家骆宾基因帮助策划共产党组织收编东北地方武装在长春被国民党杜聿明部秘密抓捕，邵嘉陵获悉后立即想到了浦熙修。他用假的姓名地址发了两封航空信，一封寄给北平的朋友转给浦熙修，一封直接寄给南京《新民报》的浦熙修。浦熙修见信后认出他的笔迹，随即在《新民报》上刊出骆宾基被捕的消息，引起社会各界的关注。后来，浦熙修又参与多方营救骆宾基的活动，直至她自己被捕。其实，当时她和骆宾基素不相识。

1948年11月，浦熙修被捕后，在狱中遇到了《南京日报》采访部主任傅庚白。她出狱后，在南京已无落脚之处，但在去上海之前的短暂时间内，约见了傅庚白的夫人刘世纯，当面给帮助自己运作出狱的邱昌渭（罗隆基同学，李宗仁总统府秘书长）打电话并写信，请他帮助保释傅庚白。傅庚白回忆说:“二姐真是言而有信……当我妻见到邱先生,然后持邱先生的亲笔函,见到首都卫戍区总司令部副总司令覃异之。没过多久,经过两次形式上的审讯,我也就被同龙云有密切关系的郑明轩兄出面保释出狱了。”

浦熙修的子女,对她也有着别样的记忆,儿子袁士杰说:“我追寻脑海中最早关于母亲的记忆,别家的孩子都叫自己的母亲‘妈’,但我的母亲喜欢我和姐姐叫她‘娘’。娘说叫娘亲切,娘也自称娘。”两个孩子都喜欢听娘给他们讲白雪公主等童话故事,在重庆的时候,娘也会给他们讲孟母教子和岳母刺字的故事。袁冬林回忆说:“我也最喜欢看着娘一边给我缝衣服,一边讲故事。”

浦熙修非常善于料理家务,更喜爱缝制童装。她甚至在重庆大轰炸躲藏在地道里的时候,还在教彭子冈如何做女红,制作童装。《星岛日报》记者黄薇离开重庆时,留下一些衣服给浦熙修,她就把黄薇的裙子改制成给女儿的连衣裙,女儿穿在身上,非常喜欢,当作是节日的盛装。

共产党没拿她当外人

共产党人称浦熙修为“二姐”,还有着另外一层意思,那就是,1938年,浦熙修的三妹浦安修和彭德怀在延安结了婚,四弟浦通修此时也在延安。但浦熙修和共产党人之间的关系,却远远不是从此时开始的。

1930年，浦熙修还在读大二的时候，就开始在感情上靠近共产党了。她回忆道："……我仿佛有些革命意识的萌芽。记得看见《国闻周报》上零星地刊载着共产党在江西的事业，我说不出来地喜悦和向往。因为我对社会不满，我的生活虽称温饱，但也是艰苦的。我的读书过程也是个奋斗的过程。我要求改变这种生活。这种革命意识因为没有人引导，只是昙花一现而已。"

1932年秋，浦熙修大学毕业后到私立志成中学（今北京第三十五中学）任教，在该校女部任国文教员约有两年半时间。志成中学的总体环境是倾向于进步的，李大钊曾为该校建校董事，和浦熙修同时任教的教职员工中有共产党员多人。同时，浦熙修也不断受到一批她周边的左派进步人士的影响，安排袁子英到神州国光社工作的王礼锡、北师大的同学陆晶清、《新民报》工作时最初的上级经理张君鼎（国家社会党党员）等。浦熙修到南京后，三妹浦安修在北平参加了中共领导的"中华民族解放先锋队"（民先），这件事对浦熙修影响很大，她随后积极和南京妇女界救国会负责人曹孟君（中共党员）联系，由于当时曹孟君被捕而未果。全面抗战爆发后，浦熙修辗转内迁，1938年在武昌找到了曹孟君，又在汉口通过曹认识了邓颖超。

到重庆《新民报》工作后，浦熙修最初的采访工作也集中在抗日进步力量方面。她住在《新民报》宿舍，就结识了住在附近的彭子冈和黄薇，这两个人成为她最早的采访伙伴。彭子冈比浦熙修年轻四岁，曾采访过红军长征后的江西根据地和被囚禁时的抗日“七君子”，在1938年时已是中共党员。黄薇是华侨，比浦熙修年轻两岁，1938年3月以香港《星岛日报》记者身份回国，曾去延安和华北抗日前线采访，1938年7月在延安，毛泽东对她说，“当记者也是学习，作为一个华侨记者，……这个工作很有意义”。同年9月，她最早报道了白求恩大夫，1942年黄薇因“皖南事变”转移，离开重庆后转为中共党员。这两个人都是浦熙修的亲密朋友，在思想上深刻地影响了浦熙修。浦熙修和彭子冈更是像亲姐妹一样，在彭子冈联络下，浦熙修成了新华日报社和第十八集团军办事处的常客，这里是她的重要采访和报道对象，也是她获取新思想、新观点的重要来源。

浦熙修在自传中说：“在重庆《新民报》工作，前后共七年（1939至1946年）。我一开始工作便找到了党，党对我是那样关怀。我有太多的机会见到党的领导同志们，我愿向他们倾诉一切，他们也从来不把我当外人。《新华日报》的同志们也对我帮助很大，我们常常一起商谈工作。我幸福地生活在党的周围，党给我以无穷的力量。”

“党的领导同志们”是指周恩来、董必武。浦熙修和周恩来一见如故，每次见面都会有些交谈。周恩来的办公室，浦熙修平时推门就进。周恩来初到重庆时留有大胡子，浦熙修就称他为“大胡”。袁冬林记得，她当时曾多次接过周

1946年初，浦熙修和邓颖超在重庆

恩来打给浦熙修的电话，周恩来开头第一句总是“我是大胡叔叔啊”。周恩来和邓颖超也都称她为“浦二姐”，邓颖超曾对她说，“你是我们的亲戚”。年轻一些的干部则称浦熙修为“浦二姨”。

“《新华日报》的同志们”包括石西民、陆诒、章汉夫、夏衍、梅益，还有李普、吴全衡（胡绳夫人）、吴伟（石西民夫人）等。其中最主要是石西民。石西民生于1912年，1929年入党，1937年在武昌参与筹备和创办《新华日报》，1939年9月到重庆《新华日报》，先后任编辑主任、采访部主任、编委和社委，直至1945年10月调回延安。他在《新华日报》一共工作了九年，其中在重庆的七年和浦熙修共事，他们在工作中积极配合，互相帮助，个人之间也有深厚友谊。

石西民在日后的怀念文章中为浦熙修和共产党的关系做了中肯的结论："作为一位新闻记者，浦熙修始终认定只有中国共产党才能救中国，他同我党在国民党统治区的领导机关和领导人、同我党在重庆的《新华日报》的同志建立了深厚的感情与工作关系。她不顾国民党特务的盯梢监视，经常去重庆曾家岩和南京的梅园新村。她熟识国民党统治区的我党的所有领导人。真诚地信任党，愿意向党倾诉一切。她也常常得到党的领导人的教诲和鼓励，得到党的信赖和支持。"他和另外两位也曾在南京和重庆工作过的中共宣传部门负责人梅益（曾任中共驻南京代表团新闻处处长、发言人）和徐迈进（曾任重庆《新华日报》报委、办公厅主任、编辑部副主任）共同撰文指出："共产党人的言行使她深受感动，她感受到共产党'说真话、讲道理、有办法、关怀人'。""她虽然不是党员，但我们没有把她当作外人。她是我们忠诚可靠的朋友，在我们遭遇到某些暂时困难时，她常常是主动给我们帮助。"

浦熙修似乎有两次和中共党组织的安排"擦肩而过"，从这里也能更多地了解她的性格。她在自传中说："记得'皖南事变'后，邓（颖超）大姐要我离开重庆，并送了我一笔路费。我想我好容易有了一个工作，离开了再找工作就困难。……邓大姐又说：那么不离开也好，你的身体不好，暂时到乡间去休养一个时期。我想我的经济还可以过得下去，你们可以用这笔钱帮助更多的人。我不懂得政治，那时完全从职业观点、经济观点出发。”“在日本投降后，国共和谈期间，党派了我妹妹到重庆接我到延安去。我自己也觉得和党更靠拢了，没有党就不能工作。但我没有去。我后来还怪她：‘那时为什么不和我说明白呢？’她说：‘我觉得你反正不会去，所以没有明说。你不想想我冒着这么大的危险到重庆来干什么呢？’我那时还留恋着记者职业，我觉得和《新华日报》的同志们这样熟悉，我不愿离他们而去。”

1941年2月，民盟在重庆成立。1942年，浦熙修在重庆的住处在“大轰炸”中受损，她就住到了史良家里。这样她也和民盟有了密切的接触。1944年，浦熙修加入了民盟。她在自传中说：“我加入民盟是因为当时住在史大姐家，由她一再劝说而加入的。我觉得反正是一个进步的民主团体，加入了也无所谓。我后来把加入民盟的事告诉了《新华日报》的石西民同志。他说：‘你对政治还这样感兴趣，我介绍你入党不好吗？’我想，我早就和你们在一起了，入党当然好。如果他当时就介绍我入党，我也一定加入了。”

其实，当时浦熙修的内心是很有些纠结的。同事张林岚回忆说：“有人劝她加入共产党，她怕入党后组织纪律太严，没有个人自由，她受不了。也有人劝她参加民盟，她觉得没劲，不大想入盟。”新民报社内有几位以民盟盟员身份活动的党员，如陈翰伯，比较受人尊重。另一位陈士方，是陈铭德的侄子，大家就不那么看得上他。这也对浦熙修有一定的影响。

有一次，浦熙修去民盟总部开会并投票，路上，她对前来采访的好友、《世界日报》驻南京记者毕群说，你应该参加共产党。毕群反问，你呢？浦熙修说：“我已经参加民盟，但我这个盟员是按共产党的原则办事的。”

1945年重庆谈判时，浦熙修第一次见到毛泽东，心情非常激动。她为此写的报道《走向和平团结之路——毛泽东为团结而来》，当时也被人一时传诵。事后她总觉得自己写的这篇有些松散，感情成分不足，不如彭子冈写的那篇《毛泽东先生到重庆》，感情充沛，注重细节，有感染力。这除了新闻工作者的专业标准之外，更多的还是对共产党的感情。1946年政协会议时，周恩来和陆定一去延安汇报工作，1月30日回程时遇到极端天气，飞机半夜才到重庆，浦熙修是唯一一位冒着严寒守候在中共办事处的非共产党记者。当时许多人都认为，浦熙修和中共关系亲近，受到信任，《新民报》的进步倾向，浦熙修功不可没。赵超构还说过，将来共产党掌权，浦熙修将会被重用。

1947年3月，浦熙修得知中共代表团即将撤回延安的时候，找到董必武和梅益说：“你们要走，我难过极了，我想加入共产党。”她在中共代表处几乎逗留了一整夜，希望和他们一起去延安。事后，浦熙修对好友邵琼说，“我眼睛都哭肿了，还是说服不了他们，那次走成了，该多好”。董必武和梅益反复劝她，留在南京的作用比去延安更大，她的岗位在《新民报》。“说来说去一句话，要我在南京等解放。”

梅益曾说有一件事情使他终生难忘。中共代表团撤离南京之前一天，梅园新村和《新华日报》办事处都被严密封锁，梅益有一包需要带回延安的重要文件没有来得及带出，他托付浦熙修去取，浦熙修毫不犹豫地答应了。3月7日这一天，浦熙修约了同事钱辛波一同开车前往，他们发现前门已被监控，就悄悄绕到后门，刚用暗号取到文件，就被特务发现并被追踪。浦熙修急中生智，利用钱辛波和美国新闻处比较熟悉的关系，让钱把车开到同一条巷子的美国新闻处“采访”，这才摆脱了危险。梅益回忆说，这已经不是什么记者和发言人的一般关系了，她在政治环境如此险恶的时刻表示要和党在一起，绝不是口头上的。次日，梅益到了延安，和廖承志、范长江等人说起此事，大家都非常感动。

后来担任全国妇联书记处书记的梁柯平是1938年入党的党员，曾在重庆和南京担任过《时事新报》和《商务日报》的记者，在较场口事件中也被冲击。她是浦熙修的好朋友，1949年一届政协开会时，她和浦熙修有过长谈，这也是她们最后一次见面。多年后，她只记得浦熙修当时反复说过的一句话：“柯平，我很想入党。”

采访的代表作

浦熙修新闻记者生涯中的高光时刻，是她对1946年1月政协会议的采访报道。

1946年1月10日至31日在重庆召开的政治协商会议，对现代中国的影响巨大。国民党、共产党、民主同盟、青年党和当时社会的主要政治力量聚集一堂，共商和平建国、实行宪政、避免内战的大计，这也是现代中国的一次民主政治试验或操练。

为了准确报道这一重大政治事件，《新民报》做了认真细致的安排。要防止国民党中央社垄断新闻，也要充分利用自身四开小版的紧凑有限版面，浦熙修想出了一个利用采访相关代表来传递新闻信息、评论热点时事，展现自身观点的办法。其实，在浦熙修的新闻记者生涯中，她最擅长的就是采访。起初她想只采访共产党和民盟代表，但估计陈铭德不会同意，新闻检察机关也不会批准，但如果要采访全部代表，谁都无话可说。于是，报社批准了由她主持对政协会议全部三十八名代表的采访方案，有人说这是一个聪明的“笨办法”。

浦熙修经过充分的准备，在开会前一个月就开始每天发表一篇代表访问记，其中有两篇是两位代表合并写的，加上一篇采访其他政界人士的，这样她一共写了三十七篇。政协会议一共开了二十一天，她的采访文章却持续了三十六天。直到这一组文章发表完毕，国民党的新闻检查机关才意识到这是“替共党张目的诡计”，但为时已晚。在这些采访文章中，她一方面客观公正地反映受采访代表的立场，另一方面也含蓄地加入了自己的评判。浦熙修常说，新闻记者要学习司马迁，在这些报道中也能常见太史公的春秋笔法。一时间，这些报道受到了政坛和新闻界乃至社会各界的重视和称赞，她的声誉达到了高峰，还被称为“国共和谈专家”。今天看来，这些报道已经超越了新闻本身的价值，为中国现代史留下了重要的记录。

浦熙修采访共产党代表周恩来、吴玉章、陆定一等人时，都是他们工馀的空隙，有时还是在吃饭的时候完成采访的。对于周恩来，她写道：“周先生的一件棕色皮大衣，是在灰棉布的全体代表团中最出色的。他那倜傥不拘的风度，坦率有力的言辞，也确是代表团中的领袖人物，数年来谈判的名手。”吴玉章的采访中，同时也介绍了他的经历：“中国共产党是1921年成立的，其前身为社会主义青年团，简称S.Y.。……在中国共产党成立的两年前，他已在成都组织有共产党小组，因与外界隔绝，所以还不晓得有正式组织。”

在描写民盟领导人张澜和沈钧儒时，她也注入了自己的感情。“他那坚定而坦白的态度，确称得起第三方面的领导人物。……张老先生又说：‘共产党八年血战，解放区遍及十二三省，要不给他一两个区域受降，是不公平的。’”“救国老人沈钧儒先生，个子虽小，精神却矍铄。……他和蔼可亲，但那坚强的意志，常常使他为国是挺身而出。”

但在采访国民党和青年党代表时，她的写法又有所不同。采访张厉生时，她开头就写道：“内政部张厉生部长是直爽的北方人，昨天有机会和记者畅谈了两小时。这里值得一提的，他还患了深重的感冒。”采访曾琦时，她又写道：“记者昨天见到这位青年党领袖的时候，瓜皮小帽，长袍马褂，胖胖的，表面十足是旧式人物。”后面又跟上一句：“贫血与气管炎是他的老病。”

有时通过环境的描写，使读者能从一个特定角度去理解被采访人。在采访陈立夫的报道开头，她写道：“陈部长高庐的客厅里，不愧为艺术之家，各色的沙发坐垫，配着两壁琳琅的字画，显得静雅恬适，正和主人温文尔雅的风度相衬，使我有这感觉的，也许早知道女主人是位名画家。”采访郭沫若时，她又写道：“郭沫若先生的家庭生活是恬静的，昨天星期日的傍晚记者去访问他，正是四个小儿女绕膝嬉戏，爱妻在一旁照拂着。”

有些国民党代表，尽力回避采访。如张群，浦熙修儿次相约，他都不做回复。她就选了一个周日的早晨，把张群堵在家里。但还未开始正式采访，张群就被蒋介石的电话叫走了。浦熙修一直追到张群的汽车前，张群只好同意当天下午再谈。就这样张群向她披露了军事调处、国民党对联合政府的考虑以及蒋介石对政协会议的态度等重要信息。其中采访难度最大的，是王世杰，他以谨慎著称。浦熙修三次登门，都吃了闭门羹。第四次又等了他一下午，在答应了在题目和正文中都不出现被采访人的名字这个条件后，王世杰才同意接受采访。采访中，浦熙修一步一步追问，王世杰都是按部就班地说了国民党的官方观点。到了最后，他终于说了一点自己的看法："平心而论，八年抗战是救命的工作，同时要求社会改革，力有未逮……八年来已民穷财尽，公务员几乎吃不成饭，如何维持一个廉洁的政府？"浦熙修在写报道时，只能将受访者的名字写成"某代表"。

莫德惠是哈尔滨人，浦熙修在采访他时不断追问当时新闻被限制报道的东北形势，莫德惠说了许多自己去东北考察的观感，"记者还是不放弃问题的核心，他笑说：'这简直是逼口供。'"有感于浦熙修的诚恳，他终于说出了"家乡的同胞继续在流血，实在是最痛心的事"以及国民党即将在东北增兵的事实真相。

采访胡政之、陈布雷和陆定一时，都涉及当时敏感的新闻自由的话题，当问到中国新闻记者的前途时，陈布雷说，“我国新闻确实在进步，只是你们身入其境的没有感觉到，实际上比之十年前进步得多了，但进步不够，还得更努力”。陆定一的说法比较一针见血：“报纸是该为人民服务的……中国记者的能力不算差，自己有一套办法，在重重压迫下为人民而奋斗，设法透露一点真实消息是不容易的，英美记者未必有。”“中共的宣传政策，向以老实为主。毛主席常常强调实事求是，并以此教育党员，切不可夸大。”胡政之则说：“新闻也可以说是社会的一面镜子，社会有种种不进步的现象，当然也不能独责今日新闻记者的能力差……中国报纸太重视政治新闻，这是因为中国是官的世界而不是老百姓的。”“所幸新闻记者本不是要以讨好为能事。”浦熙修还问了《大公报》和政学系的关系，胡政之说：“并没有什么关系，当年仅仅是张季鸾办《中华新报》时的一点点私人关系。其实政学系也不是什么严密的组织，仅仅是几个私人集合……”

经济民生问题，也是浦熙修采访的重点。主张“工业救国”的李烛尘说：“今日共产党的做法，确能为老百姓想一想，而政府却把孙中山先生的节制资本本末倒置了。发展资本，有什么可怕的呢？”浦熙修又问同样有“实业救国”思想的钱新之：“买卖黄金与美钞，是否都赚的是老百姓的钱呢？”钱新之认为，这本是老百姓彼此互赚钱，黄金储蓄扣回百分之四十，是政府的失策，“但对于孔、宋的理财，仍认为是头等人物”。

1946年至1948年，浦熙修担任南京《新民报》采访部主任

需要指出的是，当时的采访条件是极为艰苦的。重庆山城，行走不易，没有汽车和自行车，从东南的朝天门到西北的李子坝，全靠两条腿走路。加之那些天冬雨连绵，道路泥泞，浦熙修的付出是可想而知的。当时担任重庆《新民报》总编辑的陈理源这样描述："一袭退了色的雨衣，在她身上，有如穆桂英挂帅出征的战袍。她随身携带的女式皮包，内无脂粉，有的是几个勤于记载天下大事的本子，一支永不生锈的笔。"

一言难尽的婚姻

1931年，浦熙修读大学二年级的时候，经过朋友介绍，认识了北平中法大学服尔德学院毕业的中学教师袁子英。1932年，浦熙修和袁子英结婚。1933年末，他们的女儿袁冬林出生了。在他们二人当时看来，这是一个传统式家庭从恋爱到婚姻再到生儿育女的良好范式，许多人都是这样走过来的。浦熙修也从中感到了从未有过的幸福感。

浦熙修结婚的时候，陈鹀已经到南开大学读书，她回忆说："熙修在结婚后不久来信把她的恋爱经过一五一十地讲给我听，我感到了她那时的幸福，也感到她对我的信任，把我当作一个可以为她的幸福而感到高兴的挚友。"

袁子英出生在一个大家庭，在家排行第二，父亲是参加过北伐的国军少将，抗战前已经退役。三男三女六个兄弟姐妹中，有的是共产党，有的是国民党，袁子英不大热衷政治。袁子英爱好文学，有不错的文笔，他曾担任过北平《世界日报》文艺副刊的编辑，浦熙修也通过他认识了石评梅、黄庐隐等女作家。

袁子英生性忠厚，为人颇有些正义感。他也是个传统型的丈夫，深爱妻子和子女，努力工作，养家糊口。对于妻子要求经济独立的想法，他也能充分地尊重，支持妻子外出工作，浦熙修写的新闻稿件也常给袁子英看，袁子英有时也会帮着她修改。但袁子英还是希望妻子能够把更多的精力投入到家庭之中。

朱正对浦熙修的情感生活有一段评论，他说："浦熙修从小学到大学，上的都是女校，没有跟男孩子同过学。少

袁子英和浦熙修

男少女对于第一个有机会同自己亲近的异性总是容易产生好感的。而在不太长的时间的交往中，也不容易发现性格志趣等等方面的差异或分歧。”

1933年初，袁子英经王礼锡介绍到神州国光社北平分社担任经理。神州国光社总部在上海，当时是以翻译出版社会科学和文艺作品为主的一家出版社，主持社务的王礼锡是国民党左派、社会活动家，曾和毛泽东同在武汉农民运动讲习所任教。神州国光社登记的出资人是陈铭枢，实际上是十九路军高层的“集体资产”。1933年11月，“福建事变”发生后，神州国光社被查封，任职不到一年的袁子英也被通缉。他逃到济南，隐姓埋名当了代课教员。这是他和浦熙修的第一次分离。

“福建事变”平息后，袁子英由于父亲的运作，没有再被追究。他后来到南京国民政府国防部陆地测量局工作。1935年，袁子英和浦熙修的儿子袁士杰出生。但浦熙修不愿意到南京生活，就独自带着两个子女在北平生活了一年。1936年，浦熙修和子女以及弟弟浦通修一起来到南京，她和子女随袁子英住到了公婆家里。

浦熙修不愿意在公婆家里当少奶奶，就外出找工作，随后进入了南京《新民报》。不久，全面抗战爆发，浦熙修和袁子英又历经许多离乱，辗转来到重庆。一路上，两个孩子主要由浦熙修带着。1939年春袁子英的父母到重庆后，浦熙修在重庆南岸为公婆找到房子住下，把两个孩子也安顿在祖父母身边，她才去《新民报》工作。袁子英在武昌和汉口等地迁延，比浦熙修晚到重庆数月。他在国民政府经济部工矿调整处（后为工矿调整委员会）担任秘书，当时负责大批工矿企业内迁后的安置和复产工作，极为繁忙。后来，他又担任经济部华中矿务局副局长。浦熙修在《新民报》担任采访部主任，她的工作同样也不轻松。两个孩子住在祖父母家里，袁冬林回忆说：“娘和爸爸每礼拜回南岸看望我们一次，有时住一夜，有时当天来去。”

浦熙修和袁子英的家在重庆枣子岚垭的犹庄，王礼锡、陆晶清夫妇曾和他们是邻居，住在附近的还有史良、罗叔章、胡子婴、沈钧儒、邹韬奋等人。袁、浦二人在重庆一起住了将近六年，这期间总体上是风平浪静的，他们的主要精力都在工作上。

后来担任驻外大使的鲁明回忆说，当年他在重庆担任董必武的政治秘书，中共南方局办的刊物《战时青年》在皖南事变后被查封，一批记者编辑被通缉，浦熙修通过袁子英弄来了通行证和车票，使十馀名记者编辑顺利疏散隐蔽到外地。

但平静的背后，他们二人的感情也正在渐行渐远。浦熙修的同事们说，几次到浦家去吃饭聊天，却一次都没见到她的先生。子女也说，那时家里的客人很多，父母各有一批朋友，坐不到一起，也说不到一起。1944年6月，重庆《新民报》打算派浦熙修参加中外记者团访问延安，袁子英闻讯找到陈铭德和邓季惺，以浦熙修的妹妹和弟弟在延安，她可能一去不回为由，不让浦熙修去。考虑到浦熙修的家庭关系，陈铭德和邓季惺只好换人，改派赵超构去延安。浦熙修回忆说："我和丈夫早在重庆期间就有了分歧。袁子英在日本投降后就到了上海，我在南京工作时，他也很少回来。"

正如朱正所说："（1946年）在重庆采访政协代表，罗隆基成了他倾心的偶像。……事情就按照它自身的逻辑发展了。"

1947年10月27日，国民政府宣布民盟为非法团体，民盟被解散。罗隆基也将被迫离开南京，11月19日，他约浦熙修到梅园新村民盟总部话别。不料袁子英也带着两个孩子以及照相机破门而入，他要求两个孩子跪在母亲面前苦劝。此后，经邓季惺出面转圜说项，袁子英终于同意离婚。12月10日，邓季惺召集了一个由双方朋友参加的小规模茶会，袁、浦正式宣布离婚并同意登报声明。他们的子女也是看了报上的启事，才知道父母已经离婚。

浦熙修离婚后的第二天就乘飞机去了北平，和大姐浦洁修共同生活了一段时间。浦熙修说是要以此补偿她多年来精神上的许多冲突。她在离开南京时给罗隆基写了一封信，信中说："我现在真觉得心情非常轻松。"

袁子英和浦熙修离婚数年后，在上海和陈氏结婚，以后又有了两个儿子，但他并没有得到他所希望的平稳生活。袁子英在国民政府资源委员会任职，有史料记载，他为马鞍山钢铁厂"完整回到人民手中"做出了贡献。解放后，由于他是加入过国民党的"留用人员"，在历次运动中屡受冲击，还一度系狱。上世纪60年代初，他的工作单位上海钢铁公司以他深度近视为由安排他提前退休，一家四口的生活由此陷入困难。浦熙修得知后，给在上海的赵超构、曹仲英等朋友写信求助，为袁子英在上海民革谋到一份兼职，每月可得一二十元。1966年，袁子英再次坐牢。1969年，奄奄一息的袁子英被家人从上海提篮桥监狱接回家，几天后告别了人世。

袁子英比浦熙修年长一岁，也比她早走一年。

无果的真爱

张林岚当时是重庆《新民报》的编辑，负责编发浦熙修所写文章，是浦熙修在报社的主要工作联系人。1945年底或1946年初，有一次在浦熙修家里，浦熙修兴奋地告诉他："我最近认识了一个人，这人了不起，口才好，外语好，笔头也健，下笔千言，一挥而就。听了他几次谈话，觉得他观察敏锐，见解也高。我真是倾倒之至。你不会以为这好笑吧？"张林岚问："共产党方面的？"浦熙修说："我暂时不讲出来，将来你会知道的。"

这个人就是罗隆基。

提到浦熙修，总有人会联系到罗隆基。纵观浦熙修的个人历史，不能不说罗隆基是对她一生影响最大的人，他们恋爱的将近十一年中，每当重要的历史关头，浦熙修的身边总有罗隆基的存在。上世纪40年代的最后几年，一介书生罗隆基从江湖走上庙堂，一代巾帼浦熙修也完成了自己事业的升华，罗、浦之间在情感上也走上了巅峰。

浦熙修和罗隆基于1944年相识于史良的家中，那时由于工作和私交两方面的原因，罗隆基是史良家里的常客。但浦熙修对罗隆基的认识有一个逐渐变化的过程。浦熙修的好朋友，担任过南京《新民报》记者的姚芳藻回忆说："但是罗隆基并不是轻易得到浦熙修的感情的，当时她更喜欢交往的是中共办事处发言人石西民，在重庆的时候，他们就是好朋友。那时，她是《新民报》采访部主任，石西民是《新华日报》采访部主任，在反蒋战线上两人亲密合作，并肩作战，她常常把自己的独得新闻提供给他。他也把《新华日报》不能发表的消息给她刊登。他们早在战斗中结成深厚的友谊，只是有一次却因为去郊游回来，南京城门紧闭，归不了家，两人只好在城外坐了一夜，这下就保不了密了，闹得满城风雨。周恩来立即把这位干部调走了，这样，罗隆基才取得了胜利。"

在抗战胜利前后，新民报社的同事们渐渐听到浦熙修对罗隆基的正面评价。1946年1月召开的政治协商会议上，罗隆基是民盟的九位代表之一，同时也是民盟的发言人，此时他和作为记者进行采访的浦熙修有了比较密切的接触，也有了默契的配合。当时，有人称罗隆基为"罗隆斯基"，暗指他与中共的密切关系。采访时，浦熙修有意问他："有人说民主同盟是中共的尾巴？"罗隆基正色道："中共谈民主，与民主同盟的政治主张相同，当然就合作。国民党谈民主，民主同盟也愿意和国民党合作。民主同盟可以做任何一个谈民主党派的尾巴。"

罗隆基于1965年自编了一部简略的年谱，其中记载，"1946年10月后同浦熙修的交往亲密"。浦熙修回忆说：

“1947年3月中共代表团撤退后，我真是感觉孤寂极了，没有更多的可谈话的人，心中非常苦闷。我和罗隆基就逐渐熟悉起来了，觉得有个朋友交往也很好。他曾教我写文章，他说，老当记者还行？总得提高一步，能够成为专栏作家才行。这话正合我的心意。我们常常见面的结果，感情有了进一步的发展。他那时是有意求偶，因为他和妻子早已分离。”罗隆基比浦熙修年长十四岁，从1928年留学归来到抗战爆发，他先后担任《新月》主编和《益世报》主笔，文人论政，办报办刊，都有卓越的能力和丰富的经验，这对作为“同行晚辈”的浦熙修的影响是可想而知的。当时的罗隆基还是个风流倜傥的“钻石王老五”，在众多的倾慕者中，他只瞩目于浦熙修。

1947年3月国共和谈破裂，内战爆发。中共代表团撤回延安时，把南京、上海等地的房产全部委托给民盟总部代管。民盟总部就迁入了梅园新村30号和35号办公，罗隆基就住在原先周恩来和邓颖超住过的房间，这里也成了浦熙修经常出入的地方。

当时，政治风云变幻莫测，周边环境越来越险恶。浦熙修在《新民报》的工作也变得越来越困难，她觉得在南京越来越无事可做。1947年11月6日，民盟被国民党宣布为非法组织并解散，罗隆基独自一人住在梅园新村，被国民党特务严密监控，浦熙修每天都来看他。11月底，由于司徒雷登出面，罗隆基被允许前往上海看病。浦熙修和罗

1945年10月，民盟在重庆召开临时全国代表大会。罗隆基（右三）、浦熙修（右二）和章伯钧（左一）、罗子为（左二）、沈钧儒（左三）、罗涵先（右一）合影（目前浦熙修的遗物中，已无任何有罗隆基的照片。这幅照片是上海嘉定举办浦氏三姐妹的展览时，上海民盟提供的）

隆基不得不暂时分居在宁沪两地，但彼此书信不断，感情上更是有了进一步的升华。

罗隆基是那个年代无法使人忘记的人物，他的学问和才能，就连他的政治对手也不得不给予充分的肯定。他的理论和实践，也许还会更深刻地影响后世。他的是非功过乃至爱恨情仇，都已留给后世评说，正所谓“云门挂锁难留客，一片青山了此生”。他的身上有许多标签，其中一个是“风流”。正史和野史中，都记有他的许多“韵事”。有人统计，他一生中，婚内和婚外，先后或同时交往过的女性有十五人之多，这其中，浦熙修是和他保持恋爱关系时间最长的一个。但他的女性观念、爱情观念似乎也有些异于常人或有悖常理，就在和浦熙修保持恋爱关系的十年中，他也多次有过小的“插曲”。

毫无疑问，浦熙修是真心爱过罗隆基的。但她最终没有和罗隆基结婚，其真正原因也许不完全是感情方面的。这个话题多年来一直引起人们的关注，也许大家都和张林岚有着一样的疑问：“令人费解的是一个像她这样性格坚毅极具理性的人，在感情问题上怎么也会失去自持？”

浦熙修在自传中回忆说：“朋友们都不赞成，我的妹妹反对尤力，我的两个孩子也都反对。我又重新考虑了这个问题，我也不想和他结婚了，他也无意与我结婚。”朱正分析说：“她（浦安修）反对，是出于政治上的考虑。……安修的丈夫彭德怀，中共中央政治局委员，他不能接受这样一位连襟。”姚芳藻回忆说：“（浦熙修）一出狱，她就去上海，决定马上与罗结婚，但是不行啊，罗在虹桥疗养院不仅是被软禁着的，而且他还患着肺病，不能结婚。解放了，罗隆基肺病也好了。他们双双来到北京，两人都是全国政治协商会议代表，都参加新中国开国大典的观礼，总可以结婚了吧！然而，与罗隆基的关系成为她最头痛的问题，姊姊妹妹儿子女儿全家一致反对，反对的理由是，罗隆基是资产阶级政客，为她的政治前途考虑，必须与他分手，妹妹还劝她同共产党员结婚。浦二姐犹豫不决，思想斗争了好几年，她已经无心同他结婚了，他呢，也无意与她结婚，但为了多年的感情，他们依旧是朋友。”1946年至1948年担任南京民盟总部秘书，和罗、浦二人都有密切接触的金若年回忆说：“我曾多次听说他俩要结婚，却始终没有成为事实，只以‘最亲密的朋友’相处，个中原因，只有他俩自己知道了。”

坐过班房的记者

据说，有一位前辈报人不允许他的子女从事报业，其理由有三，一是报业辛苦，生活无常，健康无保障；二是收入不高，难以致富，甚至甘于贫困；三是为权贵所不喜，常有各种压力，还可能有牢狱之灾，甚至杀身之祸。

这是对社会现实和新闻事业本质的深刻理解，这也只有少数甚至极少数新闻从业人员才能做到，并且是自愿选择的结果。早年浦熙修就是这自愿选择的少数或极少数中的一位，记者工作饮食无常，使她的胃病更趋严重；她虽一直追求经济独立，却也从未富裕，几乎没有积蓄；她也遭遇过暴力，坐过牢。

1946年2月10日，重庆部分群众团体组成“政治协商会议陪都各界协进会”，于2月10日在较场口广场集会，庆祝于1月31日闭幕的政治协商会议达成避免内战、实现和平建国等共识。参会人员被有组织的中统特务和国民党政务人员冲击，李公朴、郭沫若等六十馀人被打伤，史称

“较场口事件”。事件发生后，国民政府要求重庆各报使用中央社通稿报道这一事件，不得自行报道。

到过现场采访的浦熙修并不理会当局的禁令，照旧写她的本报消息。在副总编辑陈翰伯（中共党员）的支持下，刊发了几篇反映事实真相的报道，和中央社唱了对台戏。记者邓蜀生在现场李公朴身边，也受了冲击，他回到报社后，陈铭德安慰说：“你要小心，不要出事。”浦熙修接口说：“怕什么？不是我们惹事，是特务打人。”她转念又对邓蜀生说：“你自己是要小心一点，这两天不要单独外出活动。”

但是，浦熙修却没有考虑自己的安危，当天下午，她和《新华日报》编辑部主任石西民、《大公报》记者高集和《商务日报》《时事新报》等的编辑记者十多人在重庆的中苏文化协会会场开会，商讨草拟一封公开信，抗议中央社歪曲事实的行为。浦熙修说，不能就这样算了，要反击他们造的谣。大家一致公推浦熙修等为公开信起草人，散会后大家又去浦熙修家里商议定稿。第二天，经过浦熙修、高集等记者的反复争取，《新民报》《大公报》等报纸在广告版面发表了这封由浦熙修等四十二人签名的公开信，使得中央社处境非常尴尬。当时，民营媒体敢于和国民党正统媒体唱反调，这在国统区还是第一次。

据当时参加起草公开信的《新民报》记者韩辛茹回忆，当时有一个难题不好解决，就是除了《新华日报》，到会的人都不能保证自家报纸能够刊登这封公开信。《大公报》是当时影响最大的报纸，浦熙修提出要高集保证《大公报》一定刊登，高集说我个人可以签名，但《大公报》能否刊登这封信，我可没有把握。《大公报》可能不会因此得罪蒋介石和国民党，这在当时不少人都是知道的。而浦熙修却坚持要高集作出保证，事情一度弄得很僵。

还有一件事情可以说明浦熙修的性格。全面抗战爆发，《新民报》西迁重庆和成都后，刘湘等西南军政实力派投资入股，又聘请了时任全国新闻联合会主席和中央社社长的萧同兹担任《新民报》的董事长。石西民回忆说，“公开信”发表后，报社负责人忧心忡忡，“于是在一次虽然没有说明，但实际是赔礼的酒席上，主人一再敦促浦熙修向董事长敬酒，可是有骨气的浦熙修，无论如何也不举杯，不妥协”。

1946年4月，浦熙修调任南京《新民报》采访部主任，她的活动重心迁移到了当时的政治中心南京。

这一年6月，马歇尔前来协调国共两党谈判，但迟迟没有结果。中旬，上海多次爆发数万人参与的“反内战、争和平民主”的游行和集会。23日，上海人民团体联合会和上海学生争取和平联合会等团体公推马叙伦、阎宝航等十一人为代表到南京请愿。

23日这一天下午，浦熙修、高集和毕群应中共代表团新闻发言人范长江之邀去下关车站采访请愿代表团到达南京的情形。当时，火车站已被封锁，只有少数记者和民主党派代表在场。请愿团成员走出车站，浦熙修等记者迎上前去，这时就来了几十位自称是“苏北流亡青年”和“苏北难民”的人，围上前来，强行把请愿团成员和浦熙修等记者推进由宪兵站岗的候车室，要求马叙伦等请愿团成员回答他们的问题，并要求带他们去向共产党“请愿”。

高集回忆说：“（阎）宝航同志看见了熙修和我，忙说：‘两位记者也给请来了，好，你们来听一听！’暴徒们赶忙把我们两人推向候车室的另一角落，不让我们接近代表。我们掏出了名片，声明我们是记者。一个穿着长衫的暴徒狞笑一声，说：‘什么记者，你们就是共产党！’暴徒们喧喧嚷嚷，对着我们两人吵闹不休。熙修面对着这种横暴，却异常地冷静。她对暴徒们说：‘不要吓唬人，你们这样来对付两个记者，不过是怕我们对外报道。’”

一位自称是南京市政府新闻处官员的人来对浦熙修和高集说，要把他们接出去。浦熙修等刚走出候车室，就被一群人围上来暴打，浦熙修的头发被揪掉，衣服被撕破。他们不得已又退回候车室，那位新闻处官员过来表示“抱歉”，浦熙修正色道：“这场丑剧是什么人策划的你应该清楚，作为我们来说没什么，我们出去是为了搞报道，出不去将来也要报道。”

浦熙修等记者和请愿团成员从晚6点一直被围困到11点多，突然候车室门口的宪兵撤走了。请愿团成员之一雷洁琼回忆说："这时围在外面的'难民'越来越多，他们一拥而进，高声喊打，顿时桌椅、汽水瓶、茶杯一齐飞向我们头上。马叙伦被打得受伤很重，浦熙修和高集也未能幸免。我被暴徒揪住头发，胸部被一只痰盂击中，一个暴徒趁乱要抢我的戒指和手提包，我拼命抵抗，手被抓破，流血不止。混乱中，浦熙修又被推倒在我的身上，暴徒脱下皮鞋猛抽我们两人，她的鼻血流到我的脸上。为了想保护我，她全身趴在我的身上，受到打击更大，几乎晕过去了。我在昏昏沉沉中听到有人叫嚷：'不要把她们打死，差不多就行了……'这场凶殴才停止下来。"

这就是有名的"下关惨案"。事后，浦熙修感慨地说：

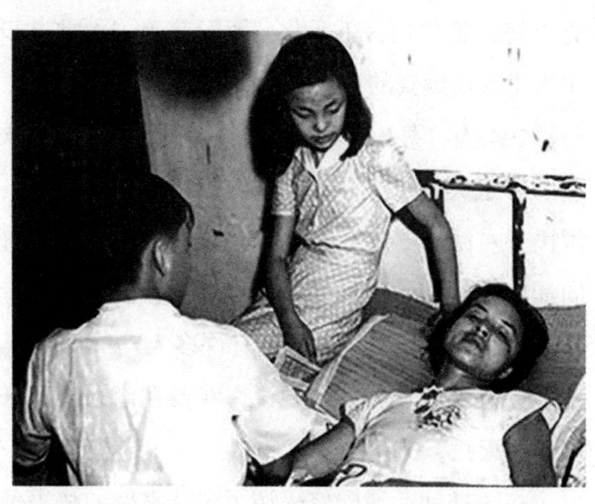

在下关事件中受伤后的浦熙修，身边是女儿袁冬林（十二岁）和儿子袁士杰(十岁)

“别看我的眼睛被打肿了，倒是更明亮了。看清楚了究竟谁要和平，谁要战争。”“国民党怕什么呢，它怕人民觉醒起来，怕记者的真实报道。我看透了，他们越是怕，我们越是要报道。”

1947年，内战越来越激烈。这年5月25日，因刊登“五二〇”学潮消息，在上海的《新民报·晚刊》和《文汇报》《联合晚报》等被勒令停刊，不久后复刊时，国民党当局曾要求南京《新民报》辞退浦熙修，虽未果，但以后报纸也较少刊登浦熙修的文章。浦熙修在自传中回忆说：“‘五二〇’学生运动后，在南京已经很少有可做的事。……我于是不断写些‘南京通讯’寄到上海《观察》《展望》等周刊去发表。”《观察》由储安平主编，《展望》是中共地下党支持，陈仁炳、王元化、罗隆基等一大批进步学者和民主人士参与编辑的。

1948年7月8日，南京《新民报》被勒令“永久停刊”，浦熙修也失去了工作。此时，徐铸成在李济深、陈劭先等国民党左派的支持下创办香港《文汇报》，他委托钦本立来向浦熙修约稿，浦熙修就以笔名“青涵”或“青函”每周写一篇“南京通讯”。当时有许多人劝浦熙修早点离开南京，去香港或北方，但她说，我要在南京留下来，看着国民党的灭亡。

在这期间，浦熙修采访了司徒雷登的秘书傅泾波、立法委员于振瀛和陈建晨，还有中央银行秘书处副处长黄苗子，她甚至还拿到了中央银行的金银外汇储备数据。浦熙修的第一篇通讯《是王牌么？——币制改革的内幕》发表于1948年9月9日、10日香港《文汇报》（9日为创刊号）上。她又接着写了《济南失守前的南京》《济南易手后的南京——人们在揣测共军北上还是南下》《币改的挣扎》《暮秋南京》《今日南京》和《金圆券的下场》六篇通讯，为南京政府的“倒计时”留下了真实的记录。

1948年11月16日深夜，浦熙修在租住的“南京林森路261号”寓所内刚写完第八篇通讯《南京政府的最后挣扎》，宪兵和军警破门而入，把她抓走了。这篇四千字的通讯是早年浦熙修的最后一篇新闻作品，浦熙修去世以后，女儿在她的遗物中发现了这篇手稿，其中最后一句话是：“他们

浦熙修1949年前写的最后一篇通讯《南京政府的最后挣扎》

（指南京街头的百姓）不觉冲口而出：共产党要来就快来吧！他们确是在咬紧牙关，忍受这黎明前的黑暗。”

浦熙修先被关押到南京“首都卫戍总司令部”临时监房里，男女同监，当中只有一根圆木相隔。“女犯”只有浦熙修和两位医学院的学生。同牢的南京中央医院实习医生陈德蕙回忆说：“阴森漆黑的女牢里又送进一位衣衫单薄、清瘦的难友，她就是浦熙修大姐。她空着双手只身来到牢房，衣服和被褥都没让带一件。11月底的南京已经很冷，她那瘦弱的身子如何能抵御牢房的潮湿和寒风。”

12月1日，浦熙修被转到南京城南司令部模范监狱。这个所谓的“模范监狱”是主要关押死刑政治犯的地方，被称为“死亡魔窟”。

浦熙修入狱后，朋友谢蔚明给她送去了棉被，姐姐浦洁修送进去一件大衣，继母宋氏在做好的红烧肉里暗藏了一把小剪刀，送进牢房给她剪指甲用。为营救她积极奔走的有罗隆基、浦友梧、浦洁修等。上世纪60年代初，浦熙修曾对子女说，周恩来闻讯后表示，一定要把浦熙修救出来。

“模范监狱”虽然严酷，但此时国民政府已经风雨飘摇，其原本“模范”的监管秩序也大不如前。浦熙修利用这一“大环境”，不久就联系上了关在隔壁和附近监房的一些老朋友。和浦熙修同一天被捕，也同时转到模范监狱的傅庚白回忆说：“一天，浦二姐就曾叫狱卒给我送来一听梅林罐头，我想：她为什么突然送来一听罐头呢？必有缘故。于是我轻轻地揭开罐头上的封面纸，果然看到二姐用铅笔写的一行小字：'文萃社的吴二南也关在这里。'浦二姐在牢房里是如何同吴二南（又名吴承德）取得联系的？又是怎么知道我同二南认识的？特地把这消息告诉我。一直没有机会同二姐谈起这件事，直到现在已成不解之谜。"

其实，浦熙修是通过难友先联系上了关在附近监房的卢志英。卢志英是一位长期潜伏在国民党内部的共产党特工人员，他早已熟知浦熙修的名字。卢志英的"同案"吴承德、陈子涛、骆何民等三人都是文学青年出身，他们在上海编辑出版地下刊物《文萃》，也是浦熙修通讯报道的热情读者，此刻都关在模范监狱。卢志英1947年3月在上海被捕，转来南京已有一年多，他在自己监房的床下挖了一个茶杯大小的洞，通过隔壁的难友孙稚如传递字条和各种物品。当他听孙稚如说起浦熙修的名字时，就转去一张纸条："浦熙修，我知道你！"此后，他还写了好几首诗辗转送给浦熙修，鼓励她坚定信心，说革命的胜利即将到来。浦熙修夜里咳嗽，他就给她送来鱼肝油。每当放风的时候，浦熙修总是想方设法走到卢志英的牢房门口，和他交谈，浦熙修从他那里得到了许多监狱内外的信息。

12月27日，卢志英等人被提审后久久未归，浦熙修预感到情况不妙，有些坐立不安。次日得知，卢志英被活埋于雨花台，后来被称为"《文萃》三烈士"的吴承德等三人也同时或随后被杀害。浦熙修意识到自己可能也看不到国民党垮台的一天了。浦熙修曾对从上海赶来探望她的陈铭德说，这次我大概难逃敌手了。早在“下关事件”后，陈铭德去医院探望受伤的浦熙修，她就说过，当新闻记者就得学习司马迁，要准备挨打坐牢受刑，这算不了什么。

1949年1月，浦熙修又被转到南京羊皮巷“首都特别刑事法庭”看守所，此处实为国防部军法局所管辖，自1927年起就是关押重要政治犯的地方。但事情不久就出现了转机。1月22日，李宗仁就任“代总统”。他提议和谈，气氛出现了宽松。为酬谢《新民报》对其竞选“副总统”时的帮助，李宗仁特许南京《新民报》复刊并承诺给予经济支持。在上海的罗隆基不失时机地托朋友营救浦熙修。李宗仁任命了桂系文官、法学家邱昌渭出任总统府秘书长，邱昌渭和罗隆基曾经同在哥伦比亚大学攻读政治学，以后在政坛和学界也多有合作。浦熙修回忆说：“邱拿着李宗仁的名片到宪兵司令部，回说没有此人。后来白崇禧开了军队来，蒋介石的特务撤退，邱才找到我，把我接了出来。……我是因为李宗仁的假和平，释放政治犯才出来的。”

新的开始

1949年1月28日，农历戊子年的除夕，浦熙修终于走出了监狱。为她积极奔走并接她出狱的邱昌渭给她买了一张飞机票，她于次日凌晨到了上海。

浦熙修到上海后，第一时间就到上海虹桥疗养院见到了罗隆基。罗隆基在“年谱”中写道，“熙修在南京被释后夜飞来沪”。1月31日，北平和平解放。浦熙修立即要求罗隆基和她一起到香港，再从香港到北平。事实上，此时在香港的大批民主人士和文化界人士正在周恩来的直接指挥下，分批乘船前往北方的解放区，是谓“知北游”。可此时的罗隆基，顾及同在上海虹桥疗养院治病的张澜，打算等张澜打完了肺病特效针，再说服他一起走，于是就要求浦熙修一起留下来。

浦熙修曾有回忆：“我不得已留下来了。但我那着急烦闷的心情真难以言状。等他们把护照弄好，真要走时，南京已经解放。我坚持不肯走了。我说：‘上海解放已经指日可待，我要在这里迎接解放，绕一趟香港又不知何日到解放区。’我是多么迫切地想看到解放。不料我这一坚持，他们也不走了。后来竟陷张、罗二位于极危险的地步。”

其实，当时的罗隆基和张澜一直处在严密监视之中，张澜年老体弱且有重病，罗隆基也已五十开外，脱身谈何容易。由于张澜策动西南军政领导人邓锡侯、刘文辉等脱离国民政府，蒋介石遂指令毛森严密监视张、罗，必要时处决。北平和谈破裂后，保密局更是打算将他们劫持去台湾或杀害于途中。在周恩来、李克农的直接指挥下，多位地下党人冒着生命危险，终于在5月24日，上海解放的前三天，把罗隆基和张澜救出。

1949年2月至5月，上海解放前的四个月，不能不说是浦熙修一生中又一个充满危险的时期。她在上海居无定所，也无生活来源，还随时可能遭到不测。她先是在罗隆基的安排下，换了好几个地方居住。她也曾回过故乡嘉定，住在叔公浦泳任校长的启良学校里，还和浦泳商议，让罗隆基脱逃后来此躲避。当时女儿袁冬林正住在上海的姑姑唐舒（袁景馥）家中，她回忆说："我又见到娘了。但她无固定地址，总随身带一个小包裹，装点漱洗用具和几件换洗衣服。……我们相约见面的地址，每次换一个……记得娘有一次在我放学的路上等着我，给了我一块银元就离开。"

浦熙修没有及时离开上海，更多的还是担心罗隆基的安危。5月9日，罗隆基和张澜被上海警察局宣布拘捕，就地羁押于虹桥疗养院。起初，罗隆基买通了疗养院的护工，每天给浦熙修送一封报平安的信。后来信送不出来了，浦熙修焦急万分。她不甘于躲在安全的地方，而是积极外出活动营救。她当时已无法联系到地下党，她想到四年前政协开会时，中共发言人王炳南和担任民盟发言人的罗隆基有交往，她就去找了王炳南的夫人王安娜，但没有结果。她搬到曾多次掩护中共地下党员和民主人士的陈碧岑（郁风母亲）家中，以便更多地获得消息。她还和民盟留守上海坚持地下活动的彭文应等一起四处打探罗隆基和张澜的消息。

1949年6月24日，浦熙修和罗隆基、张澜等人一起在解放军的护送下经陆路到达北平。7月15日，她出任中华全国新闻工作者协会筹备会委员。9月21日，她作为自由职业界民主人士代表参加了一届政协，是新政协662名代表之一，也是其中68位妇女代表之一。10月1日，她参加了开国大典。在天安门城楼上，她再次见到了毛泽东。在听了周恩来的介绍后，毛泽东称她是“坐过班房的记者”。这句话使浦熙修受到了极大的鼓舞，她认为这是共产党给她的最大荣誉，也是对自己记者生涯的最高评价。她下决心在新中国把新闻记者工作继续做下去。

新中国成立后，依浦熙修的声望和影响力，可以说任何一个新闻单位都会欢迎她去做记者。当时在西安的浦安修曾力邀她到西北工作，陈铭德、邓季惺邀请她回《新民报》工作，胡愈之、萨空了也邀请她到当时由民主党派主办的《光明日报》工作。

浦熙修6月离开上海前，上海《文汇报》已经复刊。徐铸成非常看重浦熙修的才干，加之在香港《文汇报》期间的良好合作，于是让钦本立给她送了聘书，请她在北平建立并主持办事处。个性独立的浦熙修，当然不愿意去西北工作。罗隆基不赞同她去《光明日报》，认为盟内的事情不易处理，报纸也不容易办好。浦熙修自己也认为民主党派的报纸读者面窄，作为不大。罗隆基很赞成她去《文汇报》工作。

1949年9月，浦熙修参加一届全国政协时，自由职业界人士全体代表合影。前排左起：浦熙修、徐永祚、潘震亚、林仲易、洪式闾、陈乙明，后排左起：李承幹、林保骆、白杨、孙荪荃、宦乡、储应璜

当时的《新民报》劳资关系复杂，而浦熙修和资方关系密切，并持有绩效股，许多事情不便处理。她去了一个月后便离开了。多年之后，邓季惺还对浦熙修未能去《新民报》工作而耿耿于怀。但是浦熙修也确有自己的想法。张林岚回忆，早在1946年，浦熙修曾对石西民表示，她对自己出身《新民报》有些失望，她认为《新民报》的“一程”和“三张”（程大千、张恨水、张友鸾、张慧剑）都是旧文人习气很重的知识分子，恐怕很难适应未来新的形势。她的离去，“自然与1947年上海《新民报》封门后又委曲求全

谋求复刊和南京版为李宗仁助选等等有关，但又不排除罗某的影响”。

相比之下，1947年5月上海《文汇报》被封后，徐铸成等人坚决不向国民政府妥协，不接受各种威胁和利诱，以至于报纸不能复刊，同人失业。徐铸成始终心怀“独立报人”的理想，他此前在上海和香港主持《文汇报》笔政时，都在出资人和支持人面前坚持独立编辑，不得受到任何干涉，关键时刻不惜停刊。这些也许是真正得到浦熙修认同的地方。

徐铸成于1949年9月6日到北平，参加一届政协并组建《文汇报》办事处，他在10日的日记中写道：“午后，浦熙修来，同往朝阳胡同三号看办事处的房子，并交浦君六万元，房子有大小八间，足够用矣。”就这样，浦熙修正式出任上海《文汇报》副总编辑兼北京办事处主任，从此开始了她自己的一个新的时代。

2019年9月16日，俄罗斯国家电视台开始播出六集纪录片《中国的重生——苏联摄影师眼中的中国》，这部纪录片使用了1949年和1950年苏联摄影师在中国拍摄的影像资料，许多画面是第一次与中国观众见面。其中第一集《作为首都的北京》中再现了许多开国大典的画面，浦熙修的形象多次出现在其中，她时而出现在毛泽东、周恩来、朱德、张澜等人中间，时而挥手向经过的解放军受阅部队欢

浦熙修在开国大典上，俄罗斯纪录片《中国的重生》截图

呼，她那发自内心的笑容给人留下了深刻的印象。人们还能注意到，浦熙修身着一套崭新的礼服，明显有别于周边的其他观礼代表。这套礼服别致新颖而又落落大方，这是她为了这一光荣时刻而精心设计定做的。

1970年4月23日，浦熙修在北京人民医院门诊大楼的走廊里病逝，她的身边只有邻居兼保姆陈淑敏（刘婶）。浦熙修在弥留之际，向陈淑敏托付了人生的最后一个愿望，就是穿上这套礼服离开。袁冬林回忆说："娘吩咐刘婶，她走时要穿上曾在国庆节上天安门观礼台观礼时穿的衣服，内穿本白色绸衬衫，外套藏青色的上衣，白领翻在外，下穿藏青色西裤，把这套衣服熨得平平整整挂在外面备用。说完这些以后她就有些昏迷……"

有关巢章甫先生二三事

赵　珩

近年来，津门金石书画家巢章甫（1910—1954，字一藏，号海天楼主）先生的作品不断出现在各地的拍卖会上，对于许多藏家来说，巢章甫这个名字是有些陌生的。后来也有些文章中提到巢章甫，尤其提到他是张大千的大弟子，在张门弟子中向有“大师兄”之称，所以才引起书画藏家的注意。

巢章甫先生是江苏武进人，武进也就是今天的江苏常州市。巢姓的人不多，而在常州的巢姓还是有的，可以说常州也算是巢姓比较聚集的地区。不久前当地有人重修《武进巢氏宗谱》，据说是根据清道光十七年（1837）敬爱堂活字印本的六修本延续修撰，起源是在北宋政和年间巢氏定居于江苏武进，最早是为了避西晋永嘉之乱，顺江而下，到了今天的常州江阴一代。更有不可考的说法，说巢姓是旧石器早期“有巢氏”的后裔，有巢氏起源于今天的

巢章甫

安徽巢湖（今属合肥），距今已有多少万年。巢湖距离常州、江阴不太远，如果说从巢湖顺长江而下到了常州，从道理上也是说得通的。但将所谓的有巢氏作为巢姓的起源，就过于牵强了。因此姑妄言之，姑妄听之罢了。而据说今天的巢湖地区，在人口普查时，并无一人姓巢。

巢章甫先生出身于武进世家，后来才客居于天津。他的短暂一生中大部分时间都是在天津度过的。

从关系辈分而言，巢章甫先生是我的姨公，他的夫人和我的外婆都是嘉兴钱氏。嘉兴钱氏是几百年来的江南望族，祖先可以追溯到钱镠，大体可以分为嘉兴钱氏和无锡钱氏两个支脉。而她们这一支即是嘉兴钱氏，从清乾隆的钱陈群以后的谱系都是十分清楚的。2019年我在参加上海书展后，承嘉兴邵嘉平先生相邀，去了嘉兴参观。在嘉兴的钱氏清芬堂纪念馆得到馆长钱霆父子的热情接待。“世守清芬”是乾隆为名臣钱陈群之母、女画家陈书亲笔题写，后来钱氏的大宅中就以清芬堂为名。

我的外婆是钱锦孙之女，名钱韵华。而巢章甫的夫人名钱印，字竟覃，是我外婆的堂房姊妹。在清芬堂的家族世系表是后来编制的，不论男女，只要是钱氏子孙均有列名，因此我外婆和钱印的名字都能看到。

巢章甫先生生于诗礼之家，幼承家学，通书画和金石篆刻，前辈也是武进收藏家，因此自幼博闻多见，擅作山水松竹，也精于鉴赏和书画收藏，早在三四十年代就已经蜚声津门了。30年代，巢章甫先生折服大风堂，拜在张大千门下，后师事大千先生十数年，许多人都认为巢章甫是大千先生的秘书兼掌印。1945年张大千住在北京颐和园，也是巢章甫随侍左右。某日昆明湖上大雪，大千先生兴致勃发，欣然命笔，作自画像一幅，以赠巢章甫，上款署“章甫仁弟”，下落“兄爰”。后来巢章甫请溥心畬题五言绝句一首，以作拱璧，也可见师徒二人的情谊。那时，大千先生的许多应答书信也多由巢章甫代笔，即是大千先生的许多书画作品也都是由巢代为钤红的。

而在金石篆刻方面，巢公师事向仲坚、寿石工，也可算是寿石工的大弟子之一，当时的名气已在吴迪生、张牧石之上。他能作甲骨文，早年津门为赈济水灾义卖，就曾有他义卖的甲骨文书法作品，功力遒劲。他曾与甲骨文专

巢章甫作青绿山水

家陈邦怀往来研讨，因此其甲骨文书法非一般书家能及。当年于非厂先生在评论津门书画家时，认为彼时大风堂弟子中精于鉴赏，通书画金石之最优秀者非巢章甫莫属。

当年，巢章甫与京津沪的艺术家都有很多的往还，由于他精于鉴赏，与在天津的大收藏家张叔诚、韩慎先、周叔弢等家里都有来往。2015年中华书局出版了《百年斯文》

一书后，举办了两场与读者见面的活动，一次在上海，是我和福建螺洲陈宝琛的后人陈绛先生；一次在北京，是我和安徽东至周馥的后人周景良先生。记得北京活动后晚餐时，景良先生谈兴大发，曾和我谈到他父亲弢翁与袁寒云等人的往来，最后说到了巢章甫，说巢章甫曾为弢翁篆刻过藏书印，此外还有方地山和李琴盦等。并说巢章甫的金石篆刻极好，深为弢翁赞许。上海的许多书画与文化人也多与巢章甫有来往，郑逸梅在他的书中就曾几次提到他与巢章甫交换所藏书札事。

京津在咫尺之间，巢章甫彼时经常往来于京津之间，与京中书画家、收藏家多有往还。例如陈半丁、徐石雪等，尤其与石雪居士徐宗浩友善，他们都是江苏常州武进人，有同乡之谊，故相交甚笃。他曾在《天津民国晚报》上撰写多则关于当代书画篆刻家的文章达二百馀篇，涉及京津沪书画名家多人，直到2009年才由女儿星初夫妇和师门好友整理成《海天楼艺话》一书（2016年又出版《海天楼艺圃》），从目前能搜集到的文章不难看出，他对当时各家的评论都十分精辟中肯，但是绝少臧否人物，也足见巢章甫为人端方厚道。

巢章甫每次来京，多数住在我外公的家里。他的夫人钱印，我称印姨婆，虽然与我外婆是堂姊妹，但来往是很多的，我母亲称她“印姨”。凡是家里一些婚丧嫁娶之类的大型活动，印姨婆一家多从天津赶来，每次巢章甫也会一同前来。三四十年代我外公租住原北洋政府总长周自齐的弘通观住宅（先外祖从不置产，一直在京租住周自齐的大宅子，就是在周去世后也仍然住在那里），宅子很大，几进的院子，而周的姨太太一直住在隔壁的小楼中，按时收取房租。因为家里宽绰，房屋也多，因此巢章甫先生一家都经常来小住。他的女儿每年放暑假也来弘通观过假期，与我母亲的兄弟姐妹常在一起玩耍。

章甫先生身材修长，温文尔雅，可谓是一表人才。我家存有一幅40年代末的照片，是为我外婆的舅母汪太夫人庆寿，在家中院子里的合影。人很多，我的母亲兄弟姐妹都在场，最后一排站着的即是我的外公王泽民先生与巢章甫。他身着长衫，戴着眼镜，十分潇洒。我小时候也经常去弘通观，从道理上说是应该见过他的，只是太小没有印象。不过我经常听母亲提到“印姨夫”，母亲从小学画，曾师从徐北汀，临摹吴观岱，每次巢章甫小住弘通观，也得到过他的指点，这是母亲说起过的。因为巢公擅金石，因此与北京的金石篆刻名家也多有过从，例如金禹民，就是他介绍给我母亲的，因此母亲的几方用印都是金禹民所篆。

巢章甫与夫人钱印生有三女，长女巢菊初，幼年从乃父学习绘画，曾在天津名校耀华中学毕业，后就读于北平艺专。1949年北平解放后，思想进步，进入华北革大，参加革命，后到山西工作。因精通俄文，在太原参与中俄友好工作，后又为抗美援朝山西分会秘书，积极从事抗美援

前排右一是我的母亲，后排中间是巢章甫，其左是我的外祖父王毓霖（泽民）先生

朝工作。她的丈夫刘纬毅是闻名山西的方志学家，两人相濡以沫六十年，巢菊初因车祸伤残，后数十年内都得到先生的照顾。菊初自定居于山西后，从此与家中往来较少。后享受离休待遇，于2016年在太原病逝。巢菊初是姐妹中唯一受到乃父指导的，她的绘画作品也曾参加过几次美术展览。

次女名榕初（乳名小早），三女星初（乳名阿咪），我都认识。尤其是去岁星初小姨听说我想写一篇关于巢章甫的小文，特别高兴，在微信中还与我联系，并说到她们夫妇与吕凤仪、方惠君整理《海天楼艺话》的事。不料就在今年（2021）的旧历正月初六，星初小姨也病逝了。次女荣初我仅见过两次，不太熟悉，至今健在。

1949年后，巢章甫将家里的四十馀间房屋悉数捐献国家，仍安于绘事，生活平静，也常往来于京津之间。直到1954年突发心脏病猝然离世，终年仅四十四岁。正是因为他的过早离世，巢章甫的名字多不为人知，其绘画作品也没有得到足够的重视。加之丙午浩劫，其作品和所藏书画也随之星散。据说他收藏汉印数百方，皆为传世精品，并藏北宋铁泉二百多枚，亦多为罕见者，后不知流落何所。他的书画作品直到近年才出现在各地的拍卖会上，不能不说是件很遗憾的事。近见网上刊出巢章甫的书画作品多幅，可谓极见功力，书法篆刻也令人折服。

2020年10月疫情中，中国书店邃雅斋经理刘易臣来访，闲谈中聊起津门和书画家巢章甫先生，易臣说有一函藏家放在他那里的游记，前面有巢章甫的题跋，只是不知

巢章甫所书扇面，1938年

游记的作者系何人。我问他游记作者的姓名，他说叫王泽民，遍查资料，仅知道作者曾出版过一本《房山游记汇编》，由傅增湘题签，其他就没有什么了。我于是告诉他，这位王泽民就是我的外祖父，名毓霖，字泽民，40年代中期以后以字行。易臣也很兴奋，说拿来给我看。几天后，易臣果然携来，是线装一函三册，品相完好无损，正是先外祖故物。内文为手写，但是我不能判断是否先外祖手书。

先外祖名王毓霖，字泽民，江苏淮阴人，曾做过民国财政部库藏司司长，早年曾创办保商银行，40年代中期以后任交通银行执行董事，是位银行家。三四十年代与京中许多书画家往来很多，也曾与傅增湘先生一起考察房山山水。齐白石曾为他治印。但他很少著述，不见经传，所以查不到他的名字。

翻阅拜读后，了解到这是他在抗战胜利后的1947年从香港归来，于同年10月26日从上海乘飞机出发，经南京、武汉抵达重庆沙坪坝机场后，转换铁路、公路开始的西南考察之行，历时数月，详细记录了在四川、云贵等地的闻见。1948年（戊子）冬，外祖自上海北返，路过天津，将此游记了留在了巢章甫处，请他阅览并作题跋。书前另纸为巢章甫的两次题跋：

> 戊子冬日，泽民亚兄自沪北返，阻车津上。行箧所携，则有客岁游记，出以见视。兼以是行所得普洱

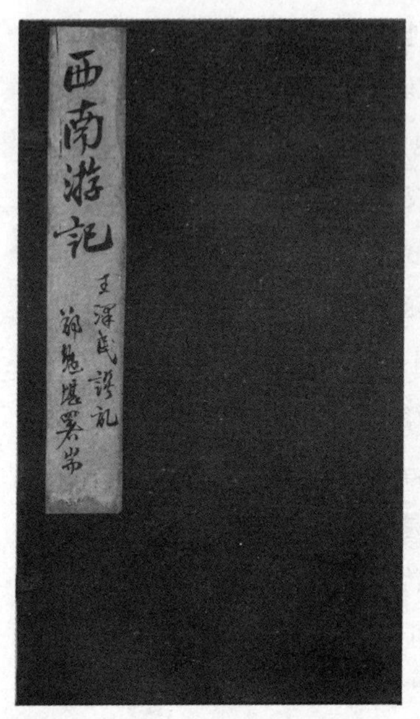

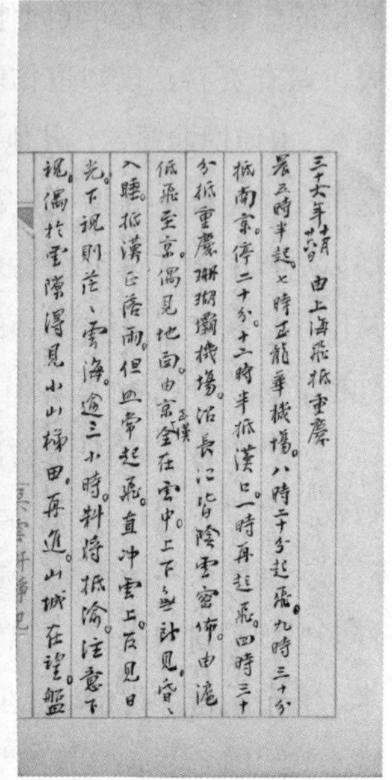

三十六年十一月廿日 由上海飛抵重慶
晨五時半起。七時至龍華機場。八時二十分起飛。九時三十分
抵南京。停二十分。十二時半抵漢口。一時再起飛。四時三十
分抵重慶珊瑚壩機場。沿長江皆陰雲密佈。由滬
低飛至京。偶見地面。由京至漢全在雲中。上下無所見。昏昏
入睡。抵漢正落雨。但照常起飛。直沖雲上。反見日
光。下視則茫茫雲海。逾三小時。料將抵渝。注意下
視。偶於雲隙得見小山梯田。再進。山城在望。盤

王毓霖《西南游记》抄本书影

一饼见饷，煮茗展读，心神俱畅。卷中述及王君龙渊，为余世谊，谢君霖甫，更属乡姻。方子子崇则是当年看竹俊侣，过从尤密。今则不胜人海天涯之感矣。一藏居士读毕记。

武进巢章甫拜读一过。（朱笔）

在这一纸上，巢章甫钤印四方：“章父之鉩”、“海天楼”、“章父读过”、“章甫跋尾”。

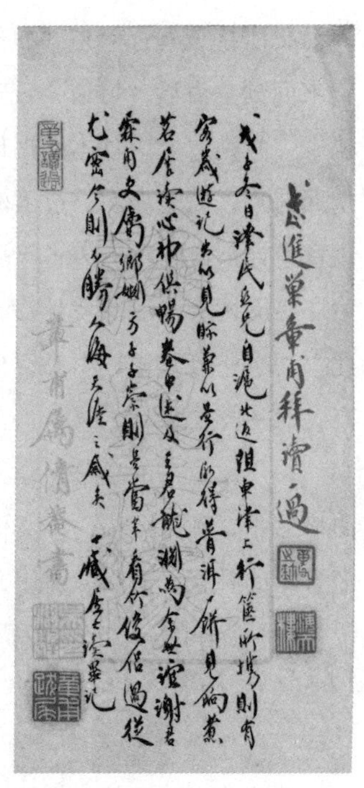

巢章甫跋《西南游记》

这张笺纸用的是觯斋郭葆昌订制的暗纹宣纸，由吴湖帆为其双钩的“海天楼”字样专用笺，上印有“章甫属倩庵书”，并钤“吴湖帆印”，颇为精致。

文中称先外祖为“亚兄”，“亚”同“娅”，“娅兄”也即襟兄，正是连襟之间的互相称谓。

越二日，我将此游记送到我的六舅处，请他审定（母亲兄弟姐妹七人，目前唯最小的舅舅王光希健在，今年也九十一岁，原国家土地局副局长）。据他认定，游记确是我外祖父所撰无疑，但是并非他本人的笔迹，而是他从云南归来回到上海后，另请朵云轩的抄手重新缮写，因此不是稿本，只是原文的抄本。据他的分析，这本游记从来没有携回北京，就是那次路过天津请巢章甫浏览题跋后留在了巢章甫处，大概是在1966年从巢家流落出来的。

借阅两周，滞留我处，十分感谢藏家，于是以另纸为此书写了一段跋语，由易臣代为璧还。这也是最近与巢公有关的一段故事。

关于巢章甫的事迹，今天仅散见于书画界一些零星的回忆之中，殊为可惜，小文仅是钩沉之作，也希望得到更多方家的补充。最后，引用龙榆生先生为巢章甫《海天楼读书图》所作的一首《念奴娇》：

彩霞无际，送潮声到枕，乍揩双目。坐拥缥缃三万卷，随意抽来闲读。物外襟怀，壶中天地，视此皤然腹。征帆来去，笑他名利争逐。　零落今古骚魂，尘笺蠹简，坠绪凭谁续。洹上寒云凝未散，廿四桥边吹竹。旷代怜才，斜阳思旧，写入生绡幅。婆娑老子，陶然自荐醽醁。

蒋兆和《流民图》的一段往事

胡桂林

说来惭愧，我是很晚从邮票上才开始知道蒋兆和先生的。1979年的中国，改革开放，万象更新。遭受批判的集邮活动，变成80年代的全民集邮热。从报纸上得知蒋兆和先生在50年代绘画的“中国古代科学家”邮票，获得“建国三十年最佳邮票”奖。当时这套邮票市值不高，在东华门的集邮总公司还有售卖，记得标价一角钱左右，我乐得拥有一套，从此知道了这位人物画大家。

说起蒋兆和先生，就不能不说到《流民图》，这是他一生的巅峰之作。原作高近两米，全长约二十七米，表现了一个哀鸿遍野、流离失所的流民景象。历经沧桑，画卷残存前半部分约十四米。画面人物接近真人大小，鸿篇巨制，前无古人，后也难有来者。这幅巨制，用时髦的话说，是极具视觉冲击力的，令观者动容，深受感染。

蒋兆和

《流民图》创作于上世纪40年代沦陷时期的北平，时称“群象图”。1943年10月30日，为配合在太庙大殿的展出，北平的《学生新闻》出版了《蒋兆和“群象图”画展特刊》，内容包括蒋兆和写的《我的画展略述》，自述了创作这幅巨制的起因和意义。因为北宋的郑侠曾作《流民图》，故时人又称蒋制《流民图》为“后《流民图》”。沦陷时期上海的《杂志》，曾连续两期刊出《流民图》全卷，就是标识为“后《流民图》”。岁月沧桑，名画多难。《流民图》1953年重现人间，回到蒋兆和手里时，已经缺失了后半部分，全卷风貌只留有黑白照片传世。

蒋兆和先生逝世于1986年，他生前是中国画研究院院委。我来得晚，没有机会一睹大师风采。但是，蒋兆和先生和他的《流民图》，经历荣荣辱辱，是是非非，具有传奇

蒋兆和《流民图》局部

性，引起了我的好奇心。

一

我和《流民图》也曾有过间接的缘分，记得是1994年夏日，时任中央美院国画系主任的姚有多先生领衔，马振声等多位蒋兆和的弟子们，为纪念蒋兆和先生九十诞辰，借用中国画研究院大画室复制《流民图》（后半段复制根据存世照片）。我曾参与一些服务工作，有缘近距离感受到《流民图》原作的震撼力，领略了蒋兆和先生天赋的才智。一晃二十六年过去了，姚有多先生墓木已拱，他们赓续还原《流民图》，已成为现代艺坛的一段掌故了，是值得谈一谈的。

复制这样的鸿篇巨制谈何容易，别的不说，先要具备必要的硬件条件，首先是要有一个足够大的场地，才能够耍得开。当年中国画研究院的大画室，建筑面积近三百平方米，是最适合的场地。这个大画室建成于80年代初，据高锦德先生（他是当年研究院基建负责人）讲，在研究院建设规划之初，是黄胄提出要盖这样一座大画室，并亲自参与设计。大画室内设有当年最先进的电动大画板，画板可以上下移动，方便画家画大画时随时欣赏修改。这个大画室当年不要说在北京，在全国应该也是首屈一指的。

场地解决了，用什么纸张才能达到最佳的复原效果，更是一个棘手的现实问题。根据存世的原作分析，《流民图》是用高丽纸画的，据说还不是一般的高丽纸，用的是清宫旧藏乾隆时期的高丽纸。说起高丽纸，老北京人都不陌生，过去糊顶棚糊窗户，都用得到它，所以民间又俗称“窗户纸”。现在纸窗瓦屋时代已经退出了人们的生活，别说找到高丽纸，年轻人听都没听说过。那种文物级别的高丽旧纸，更是无迹可寻。

高丽纸顾名思义源于朝鲜，据《考槃馀事》记载：“高丽纸以绵茧造成，色白如绫，坚韧如帛。”高丽纸粗条帘纹，纹距大，厚于白皮纸。精制的高丽纸，则多用于书画，其色白亮，其质柔韧如绵，别有韵味。粗制者，取其坚厚韧性足，北方人多用于裱糊房屋窗户。复原后半段《流民图》，要最大限度地接近前半段的原作，首先要纸张一样，两者不能有违和感，才能重现原作的神韵。可见，找到蒋兆和当年用的乾隆年旧高丽纸，就成为重中之重的关键。而现在的国画用纸，都是用安徽歙县生产的宣纸，根本不适合复制旧作。研究院新到任不久的副院长，以前曾在文物部门工作过，很熟悉文物保管情况，在他的联系下，据说经国家文物局特批，从故宫库房里调出几张乾隆旧纸，才终于解决了这个最大的难题。

那一时期，姚先生他们差不多每天都到画院来，忙活了挺长一段时间。有时我过去看看，赶上他们休息的时候聊聊天。印象深的，一次话题说到《流民图》，姚先生说，他的老师为这张画遭过很大的罪，老师一般也不愿说起这张画，他平时做事谨小慎微的。问为什么，姚先生说，还不是因为他在日本时期的那点事。姚有多先生是1956年考

姚有多等人临写的《流民图》

入中央美院的，毕业后一直留校任教。他目睹了美院这几十年的风云变化。从此，我对这幅举世名作有了进一步的了解。

二

艺术史学者陈传席曾说：“本来，我不打算提《流民图》，这是一个棘手的问题。但蒋兆和如果没有《流民图》，他在画史上的地位便会大大降低。《流民图》给他带来了荣誉，也给他带来了烦恼。当年，北京城的名门闺秀、才貌双绝的萧琼愿意嫁给这位四十岁的穷光棍，是因为《流民图》；当他走投无路，徐悲鸿冰释前嫌，重新聘用他为兼职教授，也是缘于《流民图》；后来，他受到国外的邀请，而且成为东方国家唯一的代表画家，也是得益于《流民图》；‘文革’期间，他多次被审查、批斗，几乎要自杀，还是因为《流民图》……”（《画坛点将录》）

那是并不遥远的一个时代。七七事变，全面抗战爆发，北平很快沦为敌占区。当时许多文化名人都设法离开敌占区南下，以示义不食周粟。更如李可染、叶浅予那样的艺术家，追随政府参加抗日宣传。一些留在北平，没去大后方的名人，如齐白石、程砚秋等，大多闭门却扫，淡然避世，不与日伪合作。蒋兆和那时“正流寓北平”，他既没有积极出走去参加抗战宣传，也没有学顾炎武洁身自守，而是很快接受了伪艺专的教职，成为北平（当年敌伪已改北平为北京）非常活跃的画坛红人。1940年参加“教授观光团”赴日观光，回国后在日伪电台上发表讲话，大谈观感。1941年10月，应日本帝国艺术院院长之邀，在东京著名画廊高岛屋举办画展，其间“各界酬酢极繁，日本朝野名流倩其画像者甚多”。日军驻华最高指挥官多田骏氏“第一天亦到场参观，并将其旧日收藏蒋氏作品《骑竹马》及多田骏氏画像，临时参加陈列，以襄盛举”。时有日人壁谷温氏赋诗一首：“蜗角休争触与蛮，善□谁敢济时艰。知君画里有深意，不写寻常水与山。”一时报纸争相颂扬，风靡艺坛。蒋兆和在沦陷区的画坛，可谓是一个“成功艺术家”，是他一生艺术生涯的顶峰。他的行踪经常登上众多媒体，如当时北平地区《实报》《军报》《国际新闻》《立言画刊》等。所谓世间没有新鲜事，一个“成功的艺术家”，是离不开上层政治人物和政治势力的。所以，当年华北敌伪头面人物殷同请吃饭，“授意”资助他画《流民图》也并不意外。（见林木《细说蒋兆和〈流民图〉始末》）

1943年10月29日，《流民图》在北平太庙首展，展览三天之后，“兹因场内光线不调，继续展览，似不相宜。闻自本日起暂行停止云”。旧日京城的书画展览，大都是在中山公园。太庙当年隶属于国立故宫博物院，还从没有私人在太庙办过画展。这次破例，应该是来头不小。据报载，主办者中国生活文化协会，华北政委会情报局、新民会中央总会后援。1944年8月《流民图》又去上海展出，“此次展览得到陈代主席、梁院长、宇佐美公使、船津辰一郎、清水董三、尾板舆市等赞助”，说有浓厚的敌伪官方色彩不为过吧。这些也是有文献可证的，用不着多说了。彪炳现代美术史册的巨制《流民图》，查历史算旧账，难免就有些尴尬。这也是陈传席先生不愿提起的原因。

蒋兆和在署名文章《我的画展略述》中，详写讲述了《流民图》创作的始末和取得创作经费的经过。文章中说画《流民图》的目的，是为了“表示在现在之中国民众生活之痛苦，而企望早日的和平，更希望重庆的蒋先生有所理解”。太平洋战争爆发后，日本当局积极推动泛亚主义，拉拢亚洲各国向英美宣战。在这个背景下，日伪政权向坚持抗战的重庆政府，开展了全面的“和平诱降”攻势。集旧中国邮票的人知道，在这个时期，华北沦陷区的通信邮件上，多有加盖的日伪宣传戳，就是和平攻势的宣传手段之一。我也曾收藏过几枚，其中有一种宣传戳，戳文是“抗战利己殃民　英雄和平救国”。我想这个宣传戳，可以用来笺释蒋兆和的那几句话吧。

再说几句闲话，殷同当时虽贵为日伪的督办，如果没有《流民图》这桩公案，他早已身与名一起臭了，谁还能记得他呢。今天在北京西山杏石口附近，尚存有他的墓园，我曾登临看过，夕阳残照，荒草萋萋。

三

抗战胜利，国土重光。尤其到新中国成立之后，时移则事异。《流民图》的作者及其家属，回避历史，找各种说辞开脱。如说这一切都是为了吃饭生活，去日本是被迫的，画《流民图》是在殷同授意之前，所谓创作经费，是为其画像的稿费，那篇《我的画展略述》不是本人写的，不是本人的意思等等。此一时也，彼一时也，趋利避害本是人的天性，作者和家属的心情都是可以理解的，对过去的事也没必要揪住不放。但是，不论怎样讲，都不能不牵涉评价的问题。这点我是赞赏陈传席的观点，他说："我的意见，对于一个画家，主要还是看他的作品，他的作品《流民图》还是好的。至于为什么画，受谁支持而画，都不必深究；至于作者一度依附于汉奸，当然和作者政治思想不十分清醒有关，但作者不是那种玩世不恭的人，不是那种为了个人目的而出卖国家的人，他只是一位迷于画、只想创作的人，又迫于生计。我们应能悲其境，谅其心，哀其志，他毕竟创作出中国画史上不朽的作品——《流民图》。""他的画，到《流民图》已达最高峰。"（《画坛点将录》）

长期以来，解读《流民图》创作背景，有一个最权威最流行的结论："在中国现代绘画史上，《流民图》堪称一幅里程碑式的鸿篇巨制，它标志着中国人物画在直面人生、表现现实方面的巨大成功，也是蒋兆和最具代表性的作品。此画的创作极其波折也极富传奇色彩。1941年，在北平沦陷区日军的眼皮底下，蒋兆和以超凡的胆识开始巨幅《流民图》的创作。为防干扰，他画一部分，藏一部分，使人难察全貌。1943年10月29日，此画易名为《群像图》在太庙免费展出，但几小时后，就被日本宪兵队勒令禁展。1944年，此画展出于上海，被没收。”可惜，这个结论不是本着“有一分证据，说一分话”的科学精神得来的。对于这样的专家研究成果，除了佩服，无话可说。

最后说一段有关《流民图》的近闻，可能还算不得什么掌故。俗话说，世上不乏明白人。2015年，四川美术史学者林木在《中国书画报》上发表文章，题目是《细说蒋兆和〈流民图〉始末》，引起了家属的强烈不满。这位四川学者的另一篇论文《一桩蹊跷奇特的史学公案——为日伪文化服务的〈流民图〉是怎样变成抗日经典的》，据闻《中国美术报》已经排版了，却被奉命撤下云云。我非圈里人，内情如何，不得而知。日长少事，只是当作一段闲话说说，聊破岑寂。所谓“身后是非谁管得，满村听说蔡中郎”。

汪希文之死

黄大德

汪希文，名守藻。父汪兆镛（1861–1939），字伯序，号憬吾，又称微尚居士，少从叔父汪瑔读书于随山馆，后入广州学海堂，为山长陈澧高足之一。虽然其同父异母的兄弟汪精卫一生为官，然汪兆镛毕生矢志钻研经史、金石和诗文，对官场一直谢而不就。不过汪希文却一直追随汪精卫从政，官至浙江行政专员。他对文史全无兴趣，但对命理之学，却至为“精到”。时人有一说，如果汪希文不是汪精卫的侄子的话，他肯定可以和民国年间的三大命理家袁树珊、韦千里、徐乐吾相提并论的。

话说当年已是六十六高龄的熊希龄有续弦之意，请汪希文算八字，问姻缘。汪希文把他的命盆排出，详加推算，喜上眉梢：“恭喜恭喜！你时值乙亥流年，今年应遇一位名门淑女，不久你就要请喝喜酒咧！”果真瞬眼之间，便遇到了年仅三十三岁的毛彦文。一时传为佳话。

二战结束，日本投降后，他闻风先遁，远走南洋。大陆解放前夕，汪氏从南洋经澳门转香港，便和第四任妻子李燕藏联名开了个书画展览，《华侨日报》为他出了一整版特刊。特刊由张学华题字，写文章的人来头很大：中国最后一个探花、1928年和汪希文在南京共事的商衍鎏有一篇《介绍汪希文、李燕藏伉俪书画》，上海青帮老大黄金荣的《评汪希文山水》，汪希文宣统初年的老师左吉帆、李树芬、陈衍芬的《论汪希文及其画》，光绪举人、我国华侨教育事业的先驱郑洪年的《寿汪希文六十》，还有展览策划者刘少旅的《欲得〈岭南画征略〉一书者注意》。这些文章传递了这样的信息：黄金荣和汪希文的几位老师都坦言不懂画，但前者把他称之为可与赵子昂、八大山人、溥心畬并驾齐驱的“中国四大家”。真个是不知所谓。而老师辈们则因汪是“美男子”，故有“必能写美丽之画，作品必佳”之评。至于商衍鎏，按理诗和书法皆善，却因希文是汪兆镛第五子，故言说汪氏“家学渊源，沉浸古画日久，心领神会，于六法素有心得”，又生造出“亲炙黄宾虹、余绍宋诸画家，学益猛进”之“掌故”。随写掌故外，商衍鎏可能真有些老糊涂了，说展览的因由是汪兆镛还有“《岭南画征略续编》一册未刊，希文久欲与原书一并再版，以印费无着未果。书画界闻刘君少旅等，劝其将作品开画展，以资付印费，希文初尚谦逊，终为众友所怂，始同意展出”云云。刘少旅进而为汪希文推销所馀十本《岭南画征略》卖广告：

凡在是次展览中买价高之画者即附赠《岭南画征略》一套。不过，从事画史研究的人都知道，汪兆镛的《岭南画征略》不仅没有续编，而且研究者早就注意到其中有错谬之处。抗战胜利后，广东文献委员会嘱黄般若从事补辑。1948年5月4日的《越华报》有此一段消息：

> 汪憬吾先生所辑《岭南画征略》，搜罗颇广，然其中尚不无遗漏，且该书体例，生存者不录，而出版已将廿载，当时生存之人有不少已去逝。省文献委员会已嘱黄般若先生从事补辑，甚望各方对粤籍著名画家，业已去逝者，或远代各名画家，为原书所漏载者，开示其姓名别号籍贯生卒年月，及其画之渊源特色，寄交文献馆。

以此观之，商衍鎏、刘少旅的广告营销术也太拙劣了。

汪宗衍和我父亲黄般若是好友，1949年他对我父亲说起汪希文欲觅址开档为人批命，是时我父亲刚好在思豪酒店三楼租了个长房，房内有个阳台，油画家徐东白在阳台一侧教画画，汪希文便在另一侧以算命维持生计。还有一个著名的作家王季友，各据一方各做各的事。我哥说，三年多来不仅从未见汪希文画过画，就连看画的兴趣也没有。他开画展的画，是否有人代笔也难说。至于报上的介绍文章，不过是“鳝稿”（应酬文章之别称）。

哥哥说，和汪希文平时聊天，他喜欢谈少年时的风流韵事。说年轻时人称“靓仔汪”，泡女有术，迷倒不少少女。大庭广众虽时有对美少女有不雅行为，但那些少女皆不以为忤，反报以嫣然一笑。他有时也谈命理之学，说落地喊三声，好丑命生成，改运之说只不过是江湖术士敛财之术。改运、改名等，如非故意为之，无心插柳，或有佳境。此番言论，有论者说“颇有见地”。

中国自古传下之算命术有两大派别，一个是子平命理(以出生年份和时辰，各属的天干地支、阴阳五行等推算强弱吉凶)，二是紫微斗数（以天星次序，排列宫位，依次为兄弟、夫妻、子女、财帛、疾厄、迁移、交友、事业、田宅、福德、父母，以各吉凶之星入主各宫以定吉凶)。汪希文用的是子平命理。他批命的价钱，小批（依命盆细算命格，略述一生运程和当年流年）一百元；中批（除上述内容外，再加当下十年大运，详细一点）收费二百元；大批，更详细批一生运程和喜忌，收费五百元。五百元当时是个很大的数目。时局动荡，在前景迷茫之际，都想求神问卜，知其前程，因此找他算命的人很多，甚至海外也有人专程回来或邮寄资料找他算命的。他的生意不错，说明他算得还挺准的，但一般客人都只是小批而已。

汪希文给我哥哥留下最深的印象是他谈到自己的命数。他说自己在日本投降前已预知大事不妙，于是早早逃到南洋，躲过了国民政府的通缉，直到大陆解放后才敢回到香港（不知他有没有给汪精卫算过命）；又清楚地记得，他曾说算到自己将在七十一岁某月某日某个时辰寿缘告终。

自从我父亲在思豪酒店退房后，大家便各散东西，甚少见面，只知汪希文除算命外，还在《天文台报》和《春秋》杂志兼职卖文。

话说1960年春节过后不久，香港各大小报刊登刊了汪希文服毒自杀的消息：汪希文在2月12日到沙田万佛寺访月溪法师，在晦思园一住数天，并无可疑之处。至15日晨，寺工往请起床食早粥，呼之不应，推门而入，他已经昏迷。只见他左手持有一元纸币，右手握有一角辅币两枚，继又发觉有遗书置于桌上，心知有异，即走报住持月溪法师，命人报警，召车送往医院，但已回天乏术。

汪希文给月霞法师留下一信，说“凡事皆因果，今日此事，或是果未必是因”，敬求法师念在与先君子友好（月霞法师与汪兆镛为好友，亦为香港“九老团”之人）份上，爱屋及乌，收殓这个“臭皮囊”。他还自撰一副挽联：

> 读圣贤书，曰怀刑，曰守义，历尽沧桑，惟馀内惭名过实；
>
> 为衣食计，也卖文，也卖卜，未偿笔债，恨留遗憾此时归。

此外还有一纸声明，说自杀“是我自己甘心圆寂，与别人无关，特此声明。汪希文字。身份证用汪宗藻之名”。

“圆寂”只是出家人去世之称，在家人只是叫“往生”。不知他是无知，还是狂妄？竟为他的自杀发明了这新名词：“甘心圆寂”和“自由圆寂”。

汪希文自杀，成了人们茶馀饭后的谈资。各个派系的报道对此有各种揣测，诸如死的背后有政治因素呀，厌世呀，年老多病呀……不一而足。我哥哥说，其实他只是要忠于自己的术数，以自杀来证明他术数之准，以告天下而已。然而，在命理之学中，自杀也能算准么？当然可以！但自杀也有死不去的：服毒的可洗胃，跳海的可获救，跳楼的可能只造成伤残而死不去。汪希文是棋走险着！

我认识的戴千里和时佩璞

俞汝捷

1979年初，我接到中学同窗、摄影家马元浩来函，谈到新成立的西泠印社出版社拟为其岳父程十发出一套内容丰富的分类画册。关于各册序言，程先生认为，与其找画坛前辈写篇应酬性的文字，不如找一位喜爱他作品的中青年学者，通过品读、交流，将他的生平与创作历程、各类作品的艺术特色与审美追求等等，比较全面而生动地介绍出来。这样，他们想到了我，写信来问我的意愿。当时我在北京给老作家姚雪垠当助手，主要工作是将姚老的口述录音整理成小说文稿。我仍有馀暇来为《程十发书画》作序，于是很高兴地应承下来；接着便与他们一起斟酌书画各册的副标题，确定为：1.山水树石；2.翎毛花卉；3.走兽鳞介；4.滇南塞北；5.历史人物；6.舞台艺术；7.书籍插图；8.书法篆刻；9.红楼故事；10.砚边拾遗。

各册内容确定后，元浩开始将作品照片和其他资料陆续寄京，我则利用赴沪机会与十发先生面谈。1979年岁尾，当我又一次抵沪去程府探访时，听十发先生说，不久前有位研究中国连环画的法国学者专程前来上海，与他核对一份“程十发作品目录”，其所列资料之详尽，不但超出画家本人的记忆，甚至连图书馆的卡片箱也无法与之相比。尤令程老产生好感的是，与一些满口恭维、意在索画的访客不同，这位学者只谈学问，完全没有求画的意图。他们又曾谈到国内的研究状况，程老告诉他，有个俞某人正在为《程十发书画》各册作序，他当即表示希望能与我取得联系。我听了程老的介绍，也很乐于结交这位同道，随即知道其人实为马赛埃克斯大学中文系主任M. Patrick Destenay，中文名字叫戴千里。

几个月后，也就是1980年春暮，法国图书展在北京举办，戴千里作为书展顾问随团前来，我们有了直接交流的机会。那是一个晴好的下午，我们约好在他下榻的西苑饭店3号楼见面。当天我先陪姚老去北京医院探视茅盾。两位老人交谈了一个多小时。随后我将姚老送回木樨地寓所，这才赶到西苑饭店，而戴千里已在门口守候。他中等身材，看上去约四十出头，戴副眼镜，一脸诚恳的微笑。进入他的房间后，彼此没有什么客套，很快切入正题。他告诉我，他正在写一本关于中国连环画的书，重点评介张光宇和程十发；使他伤脑筋的是程的题跋，真草篆隶杂糅，又喜用异体字，又无标点。他一面说着一面翻开随身携带的画册。当看到那些令他困惑的“难字”“难句”被我那么轻易地辨认出来时，他摇着头笑出了声。另外有个细节我至今还记得，是他指着一幅画上“写于洞庭”几个字，大惑不解地问我：“程十发这些年没有去过洞庭湖，他怎么……”我笑着告诉他，这个“洞庭”不是湖南的洞庭湖，而是苏州吴县的洞庭山，他才恍然大悟。由于需要交流的内容太多，他请我先去餐厅共进晚餐。这里有个插曲，是在去餐厅的过道上，看到一位浅棕色皮肤的女郎，穿吊带裙，露出腋毛，旁若无人地走来走去。戴千里向我耸了耸肩，说这是同机飞来的法国一个妇女组织的代表，“她很牛。我们都坐经济舱，她坐头等舱。”一个外国人，居然会用“牛”来作形容词，令我很意外。那天我们吃的是中餐，他特地点了一盘凉拌番茄，说这是妻子关照他每天必须吃的东西。

餐后回房继续交谈。从程十发书画到画史、画论，他提了很多问题，当晚的大部分时间就在我为他“释疑解惑”中度过了。我没有向他提什么问题，但是我心里明白，无论在资料的积累还是研究的深细方面，他都超过我。他的书将是一本很有分量的汉学论著。

谈话行将结束，他又翻开本子，说有个多年未见的朋友，听说在北京市作协工作，如果我方便，能否替他找到对方，以谋在京一晤？我问清姓名、地址后，答应代为寻访。在我保存的旧日记本上，可以看到当时的几条记录。

其中一页，写着“西苑饭店3号楼1026房间　890721-382”，显然这是戴千里的房号和电话分机号。在另一页，有潦草的“石培仆”三字，又有用工整字体写下的两行字：“时佩璞　北京市作协　664850　和平里10区24楼4单元二层”。“石培仆”应是我据对方发音随手误写的名字，后面所写才是准确的姓名、电话和地址。第二天我大概没费多大工夫就找到了戴千里的这位故交。

第一次登门，时佩璞有点惊讶，随即客气地将我让进房间。他住的是两室一厅单元房，厅很小，却有五六只猫和一条狗在那里进食、玩耍，我们进房在沙发坐下后，猫狗也跟进来，有的猫还跳到时佩璞身上，在他的肩部和沙发靠背之间来回折腾。那时粮食定量制度尚未取消，看到这群猫狗，我不由纳闷：他到哪里去弄宠物粮食呢？那时的房屋不兴装修，他家也一样，水泥地面，白粉墙，特别的是，墙上挂有多幅羊毛壁毯，让人联想到一些少数民族的装饰习惯。房里还有一台约摸26吋的彩电。80年代初，许多人家尚无电视机，或仅有9吋的黑白电视机，连12吋的彩电都足以让人艳羡，26吋的大彩电就更加显得稀罕。听我说明来意后，他说，戴千里是老朋友，以前在一起玩过，“他娶了一个英国妻子，很美，现在应该有小孩了”。他又告诉我，自己懂法文，还收有几个学生。关于与戴晤面之事，他说要先向北京市作协领导请示一下。

出门时，我注意到门旁的相框里有多张大小不一的黑白照片，有剧照，也有日常生活照，其中一张为姜妙香与时佩璞的合影。“这是姜妙香吧？”我的提问令他大为高兴，连声答道：“是的，是的，姜先生是我的老师。”又一再说：“有空多来坐坐。”

大约一个月后，我再次登门，开门的却是一个深目隆鼻头发微卷的男孩。想起时佩璞懂法文一事，我忽然猜测他可能娶的是法国妻子，那么，她在哪里呢？我没有打听别人私事的习惯，尽管心中好奇，却没有提出来。倒是时佩璞，让男孩叫我“叔叔”。他告诉我，在我上次来访的次日，他就请示了作协，并由夏淳陪同与戴千里见了面。夏淳原为北京人艺导演，此时似在作协任职。“他是我的直接领导。”时佩璞说。接下来我们随意闲聊。他谈到自己原在云南，唱小生，与关肃霜配过戏；调来北京后，师从姜妙香。他说，姜妙香不但艺高，而且为人极好。又谈及“文革”中京剧演员受冲击的情况，他说自己曾与张君秋等一起被监督劳动，干些扫地之类杂活，彼此间窃窃私语时，看见他人身影，会用韵白道一句：“那边厢有人来了。”

他的京剧修养使我想到自己正在写的《程十发书画》序。那时序言已草成多篇，为避免行文单调，各序的写法有所不同。如第五册《题程十发历史人物画》采用诗配文的形式，第九册《天空海阔话〈红楼〉》采用访问记的体裁，均与一般序体有别。其中刚写就的第六册序，谈程十发的戏曲人物速写，用的是散曲配文形式，题为《观戏已

痴迷　观画痴迷甚》。我自知对戏曲外行，所写或有失误，便问时佩璞是否有兴趣赐读，并从专业角度给予指点。他马上表示乐于“拜读”。于是一周后，我又携稿登门。这次没有看到男孩，我随口问了句：“小孩呢？”“去姥姥家了。”我没有多问，心里却生疑窦：如果他娶的是法国妻子，难道小孩送往法国了？而听他的口气，那“姥姥家”似乎就在京城某处。

拙序共分十节，以十支散曲配上文字说明，分别叙述程十发从小所受戏曲的熏陶、他对净角的偏爱、他对昆曲唱词诗意的欣赏、他擅长的对比性构图及映衬之美、他强调的“骨法用笔”、他追求的传神境界、他受到的错误批判，等等。时佩璞耐心地逐节阅读。他说，他虽然写过京剧剧本，但不懂散曲格律，不能乱提意见。他对第十节《殿前欢·缅怀大师》尤感兴趣。该节谈到，梅兰芳逝世后，程十发画过一套《梅花喜神谱》，在《文汇报》上连载。喜神，就是画像的意思。如钱大昕所说：“读宋伯仁《梅花喜神谱》……凡百图，图后各缀五言绝一首，题曰‘喜神’，盖宋时俗语，以写像为喜神也。”（《竹汀先生日记钞》）而程十发在这里，则用梅花来象征梅兰芳，将逝者生前常演的京、昆剧，凭着记忆，一一描绘出来。观者读画时，仿佛再次看到大师的绝世丰神，重睹了他在《贵妃醉酒》《宇宙锋》《玉堂春》《凤还巢》《洛神》《奇双会》《霸王别姬》《断桥》《游园惊梦》等剧中的优美形象。我那首散曲《殿前欢》则是对这桩往事的复述——

> 念梅郎，丰神绝世傲秋霜。贵妃醉后愁模样，宇宙锋芒，将春上玉堂。增遐想，彩凤还巢畅。洛神水上，相会奇双。

“你这首散曲很短，却点了好几出戏，有意思！”时佩璞说，“这些戏中，《玉堂春》的王金龙、《奇双会》的赵宠，我都向姜先生学过，也演过。”

此次晤面后不久，时佩璞忽然来到我在中国青年出版社的临时寓所，告诉我，几天后有一场京剧折子戏演出，其中一折有他扮的角色，他是专程前来送票的。我感谢他的诚意邀请，表示一定前往观赏。事隔几十年，有关那次看戏的详情早已淡忘，演出地点是否在吉祥戏院，戏目是否为《奇双会》，也记不确切了，只记得时佩璞演的是纱帽小生，扮相英俊，唱做俱佳。此外有个细节一直记得，是随小生登台的四个龙套，似为新手，该下场的时候竟未下场，这时只见时佩璞笑着将右手放在腹部摆动几下，示意龙套下场。应当说，演出相当成功。

此后，我与时佩璞再未见面，而与戴千里仍有联系。他曾送给我一些法国出版的画册，包括米开朗琪罗作品集、印象派选集、一套从马奈到毕加索系统介绍各流派画家的袖珍画集等。为了让我了解他任教的埃克斯大学的地区风光，他还特地送我一本塞尚的风景画集。而从留存至今的几封来信，也可看出我们当时交往的情形。尽管用汉语写信在他并不轻松，甚至连“亲爱”的“亲”字都写错了，但他还是希望交流。信里最能反映他治学精神的是关于连环画与戏曲关系的探讨。他曾就此向我提出四个问题：1、丹桂第一台的来历，是剧场还是剧团？2、哪些演员在此演过戏？3、演过些什么戏？4、哪些戏被改成了连环画？信中还加了一句：“也许时先生知道。”这次是真把我给难住了。我除了告诉他丹桂第一台是剧场而非剧团外，对其他问题都回答不了，而且我认为时佩璞也不可能知道。为了给朋友一个满意的答复，我特意向熟悉剧坛掌故的龚啸岚先生请教。龚老解答了前三个问题，对第四个问题却答不上来。当时他作为《中国大百科全书》的戏曲编委，在东四八条剧协办公，于是他又向同一座楼的美协朋友咨询。对方听后非常诧异，说目前在国内还没有哪位研究者提出过这类问题，他也难以作答，只能送一本新出的《连环画论丛》作为纪念。这本书经我手转给了戴千里。

戴千里后来又两次来京，其中一次是给德斯坦总统当特邀翻译。记得我们曾一起去美术馆看画展，然后我在隆福寺一家餐馆请他吃饭。他又点了番茄，说是预防冠心病。我说他恐怕多虑了，因为他看上去精力是那么充沛。

1981年秋，他的书行将完稿。我正为朋友感到高兴；一天，忽然接到他的学生、时在法国驻华使馆文化处工作的齐福乐先生的电话，说戴千里先生去世了。通话双方顿时因为难过而交谈不下去。不久以后我又收到一位旅居法国的朋友来信，也叙及戴千里因心肌梗塞而猝然谢世的经过。那是一个早晨，妻子照例开车送儿女去上学，回家后发现丈夫已经停止呼吸。医生赶来作了检查后，说："他太劳累了，他的心脏爆炸了。"这位朋友不由发出感慨："呜呼！中国失去了多么好的一位友人，法国失去了多么好的一位汉学家！"

许多年后，我撰写回忆程十发先生的文章，想起了当年这位穷根究底的汉学家。上网搜索时，没有查到戴千里的信息，却意外获闻了时佩璞的故事。原来他并未娶法国人为妻，而是被一个法国男人误当成女性而演绎了一段匪夷所思的情感剧。那个男孩据说是领养的，则家中的壁毯恐系领养时顺便购得。至于他说的"姥姥家"乃是位于北京新鲜胡同的一处宅院，而从网上披露的照片来看，"姥姥"是个戴眼镜的汉族老太。时佩璞于1982年带着男孩赴法，后曾经历受审、特赦诸事。其事又在国外被编成舞台剧，拍成电影，剧名《蝴蝶君》。种种传闻，网上所述甚详，无须我来重复。想说的是，当初乍闻此事，脑中首先冒出的是一西一中两个书名：《天方夜谭》！《拍案惊奇》！

金受申的生平与著述

牛风雷

金受申（1906.2–1968.1），原名文霈，字泽生，满族镶黄旗人，据其日记他原籍黑龙江宁安，他的“国立北京大学学生入学证”上填的籍贯是河北大兴。妻赵氏，育有三子一女。金受申是研究北京民俗问题的专家，生前是东城区政协委员。关于金受申的生平和著述，杨良志先生根据金受申后人提供的第一手资料写成的《金受申和他的著述》已有较为详细的介绍，在此不做赘述，本文仅做修订和增补。

金受申生平事迹考略

据目前通行的资料记载（如网上诸多的金受申词条介绍，以及近些年北京出版社出版的金受申著作中的作者介绍或编辑推荐语），金受申十九岁考入华北大学，二十一岁考入北京大学研究所国学门，至二十五岁，还在华北大学等高等院校担任过讲师。这条信息不正确。华北大学是中国人民大学的前身，是1948年中共中央将华北联合大学和北方大学合并成立的，这从时间上与金受申没联系。石继昌先生说金受申毕业于北平中国大学，中国大学初名国民大学，创办于1913年4月，1917年改名为中国大学。因此，石继昌先生的说法较为可信。另外，笔者查阅北京大学史料，据1931年6月5日《北京大学日刊》第2645号，研究所国学门通告：本学门本届报名研究生业经考试及格者，共二十一人，其中研究哲学者三人，分别是金受申、周国亭、许觉僧。此时金受申的年龄应当是二十五岁或虚岁二十六岁。在1930年12月18日国立北京大学研究所国学门招研究生通告（载《北京大学日刊》第2523号）中，其招生资格写道：

> 凡具左列资格之一者得报名应试：
>
> 甲、在国内外大学本科毕业者，但国内大学以公立及教育部立案之私立者为限。
>
> 乙、未在前项学校毕业，志愿研究国学曾有专门著作经本所审查合格者。

如果金受申十九岁考入华北大学或中国大学，那么他二十一岁时应该还没有本科毕业。当然这也不排除他即便不满足第一条，却可以凭借第二条来满足报考资格，因为在1930年年底之前，金受申已经出版了《古今伪书考考释》《稷下派之研究》等专门著作。金受申考取的研究方向是哲学，那一年的招生通告里列出十三位导师，只有徐炳昶先生的指导科目是中国古代哲学（至东汉末止），因此，徐炳昶应该是他的导师。

至于说他还曾在华北大学担任过讲师，也是无稽之谈。据一份北京市私立小学登记表记载，当时北京市私立弘仁小学校董事会董事金受申（时年四十四岁）“过去职业”一栏填写的是“临时大学专任讲师、市立一中教员”。北平临时大学是1945年8月日寇投降后，国民政府教育部在北平设立的学校，用以甄审沦陷区的大学生。

在1941年第153期《立言画刊》，金受申写过一段“人生检讨”（注：笔者手边没有该期刊，这里据李东林先生的录文）：

> 笔者自民国十四年入京师公立第五小学校（今市立新开路小学）服务当小孩王以来，一恍已是十七个年头了。其中只十四、十五两年，稍有间断不衔接的时候，自民国十六年春，再度入长辛店扶轮小学服务，一直到现在，还没有失过业，学校生活，不过才断了一年而已。这十几年工夫，经过大、中、小学，专任兼任，不下二十几个学校，其中只在崇实中学，整整作了十年，以外不是年头少，便是兼任几校。所以所

处学校虽多，却不能称为“学油子”。深夜枕上，常喜回忆过去的生活，像梦一般的去想他。这十几年中，谈不到什么成绩，只凭良心教人子弟，凭精神换来代价，除社会中多增一些相识的学生外，没有什么是我的富裕。

金受申十七岁在北京市立第一中学读书时就为报刊撰稿，以稿酬弥补生活和购书之用。二十岁左右的金受申，稿酬收入就已经相当可观了。举一个例子，在他一九二五年七月十三日（阴历）的日记中有记载：

> 至《益世报》取稿费，计自初一日至今日共得大洋肆元，辅币六角（原注：折合大洋四角八分）。

在十三天时间里获稿酬大洋四元四角八分，这对一个当时十九岁的少年来说，是相当了不起的，况且他当时还为多个报刊撰稿。

金受申先生多才多艺，书法擅多体行楷，精通中医，虽然手有残疾，但会弹风琴，据其日记可能还会弹月琴，会吹箫。据说他曾拜名医汪逢春为师学过中医，曾见坊间有“国医金受申脉案”绿格空白处方，不知何处流散出来的。傅耕野先生说他曾获1939年北京市第三届中医考询第一名，当年秋季开始行医，每日上午10时前在自己家挂牌应诊。1942年冬，除上午在家应诊外，每日下午1时起，又在和平门内北新华街甲10号京华药房楼上设分诊。

石继昌先生在他的文章《京华掌故首“金”、“张”》中说：

> 金先生多才多艺，精于中医，笔耕之暇，除在崇实中学授课外，还定期在北新华街北头路东的小楼悬壶济世，我曾数度就诊。小楼面西略偏南，先生特地取名“仄韵楼”，“仄”字在辞书作倾斜解，用为室名，既确且雅。

石先生在这里给出了金受申行医的真实记录，但是他对仄韵楼取名的解释显系臆断，金受申在他的《仄韵楼日记》开篇写过如下一段话为仄韵楼做注解：

> 世路不平，仄韵戛立，书以日记，记他年之雪鸿，写此日之愁思云尔，乙丑七月初一日受申志。

罗遇唐在为金受申的著作《国故概要》（1931年北大易社出版）所作的序言里说：

> 溯自五四以还，新潮澎湃，于是有新潮社，新青年社之组织——《新潮》，《新青年》喧于尘上矣，北大国文系教授中一部，睹此新潮澎湃，不胜愤慨，乃

更组织国故社，出刊《国故月刊》……去年秋金受申先生来就崇实中学国文主任，与余谈拟用此书为崇实高中部国文教科副本，惜内容材料较为冗长，乃删节举例之文，重付印行，以其全部纯为学术论文，于是更名《国故概要》。

由此可见，当时二十四岁在北京崇实中学任国文主任的金受申，是反对新潮社、新青年社所代表的新文化，加入了与上述组织针锋相对的国故社，并出版著述。顺带插一句，金受申一生中也曾为一本书做过序言，这书是民国十八年九月出版的《太极功同门录》，当时金受申年仅二十三岁。

据傅耕野先生在《“北京通”金受申》一文中介绍，1929年2月10日，金受申在东城米市大街中华基督教青年会，受孟省吾牧师的洗礼，入了基督教，后来也在教会学校崇实中学教书多年。这可能也是他的《清代诗学概论》载于《公教青年会季刊》的原因。

北平私立弘仁小学校是北京市东城区黑芝麻胡同小学的前身，位于南锣鼓巷地区，创办人是此地广慈庵的主持慧果和尚和朴之涵先生。学校就办在圆恩寺里面，校园是庙产，慧果和尚是这所学校的产权人。1949年，首任校长果燕伯被以特务的罪名逮捕，金受申被聘为私立弘仁小学的兼职校长。据金受申的女儿金荷珍回忆，“庙是我八爷爷慧果的，他在西殿念经，东配殿是停尸的地方。我总爱找八爷爷玩，但爸爸总是说八爷爷在念经，不要去打扰”。

2014年，黑芝麻胡同小学的李东林老师受学校委托收集整理黑芝麻胡同小学校史，他在煤炭工业档案馆查阅了大量弘仁小学与煤矿管理总局合作办学的档案、回忆等见证材料，并把部分材料和照片公布在个人博客上。在一份李东林先生查到的历史档案“北京市私立弘仁小学董事会会议记录”上显示，1951年12月18日，在私立弘仁小学董事会改组的全体大会上，金受申是会议主席，他报告本校旧董事会业经结束，推举金受申、慧果负责改组董事会。后煤炭管理总局办公室主任李谨亭当选为董事长。弘仁小学由私立性质变成事业单位附属学校。1954年，慧果和尚把学校捐给了政府，改为煤炭部子弟学校，首任校长周玉华女士。此后慧果还俗娶妻，金受申也在前一年经老舍介绍进北京市文联工作，但他的校长职位一直保留到1954年周玉华接任为止。

至于金受申从弘仁小学校长位置上离任的原因，现在不得而知。1951年私立弘仁小学归煤炭管理总局管理时，李谨亭宣布所有老师全部留任，但据一份1954年董事长李谨亭签署的弘仁小学校董事会文件，当时基于十条原因计划“将弘仁小学行政领导权划交煤矿局”，其中第十条原因是“本校因为没有党团员领导，不能建立少年儿童队，教职员在政治上不能提高一步，在儿童向上学习热忱上也有妨碍”。

据当时弘仁小学校的学生回忆，金受申在学校并不教具体的课。1949年后，他所做的旧国学、旧掌故无人问津也无法出版了，就如他后来的同事邓友梅所说的，他那套“学问”当时没人当成学问。不仅不当成学问，说多了还有怀念旧社会、为腐朽生活方式招魂之嫌。稿酬的减少使他的生活陷于困顿。据“地大老朴”新浪博客撰文，其父回忆：

> 解放之初，金受申生活窘迫，他被聘为私立弘仁小学校长时，曾要求安排其妻工作（笔者注：实为金受申的儿媳杨尔宁），因其不能讲课，聘作财务，其实又不懂财务，夏天给教师发茶叶，其记账云：大伙喝茶，闻者捧腹。又，金受申先生嗜酒，而又饮少辄醉。一次闻数友在某处小聚，不请自到，其先醉。众人为觅一洋车，送金回家，先付车资一毛。金上车不久，叫停，曰：不坐了，自己走回家，你退我七分钱。该车夫每忆之即大骂。

从弘仁小学失业的金受申，经济上更加困难，唯一能求助的便是他的老师，时任北京市文联主席的老舍先生。据舒乙先生撰文介绍，金受申与老舍先生有两段师生之情，一段是他上小学的方家胡同小学，当时这个学校叫京师第十七国民及高等小学校，老舍做过校长，另一段是他上中学的京师公立第一中学堂（即今天北京一中前身），老舍是国文老师。他一生称老舍“舒先生”，所以1961年金受申为祝老舍先生六十三岁寿辰而填《瑶台聚八仙》词，后有“缅怀四十年白发师生”之语。1953年经老舍介绍，金受申调入北京市文联工作，先是在文联下属的《说说唱唱》杂志社，后来是《北京文艺》杂志社做编辑，直至病逝。在北京文联工作那些年他还是有些压抑的，因为他写作的、研究的那些东西，是被视为没落陈旧毫无新意的东西，与当时的新气象格格不入。工资收入也不多，他又有下馆子喝小酒的嗜好，只好写点北京民俗小文四处投稿赚点稿费，同时做一些评书整理工作。北京人艺排演老舍的《茶馆》，要贴近生活，老舍力荐金受申去给演员讲课。金的讲课费按小时收，焦菊隐请了两个小时的课，说很值。北京人艺还保存了一张金受申的授课照片。

师友述忆金受申

与金受申有过交往并在文章中提及过他的人并不多，笔者谨就所见列举如下：

1964年9月《北京话语汇》修订再版，老舍先生为修订版作了一篇序言，其中说：

> 我生在北京，一直到二十多岁才去糊口四方。因此，在我写小说和剧本的时候，总难免用些自幼儿用

惯了的北京方言中的语汇。在用这些语汇的时候，并非全无困难：有点听起来颇为悦耳，可是有音无字，不知应当怎么写下来；思索好久，只好放弃，心中怪不舒服。有的呢，原有古字，可是在北京人口中已经变了音，按音寻字，往往劳而无功。还有的呢，有音有字，可是写下来连我自己也不大明白它的意思与来历，闷闷不乐；是呀，自己用的字可连自己也讲不出道理来，多么别扭啊！原来，北京话的语汇中，有些是从满、蒙、回等少数民族的语言中借过来的，我没有时间做研究工作，所以只能人云亦云，找不到根源，也就找不到解释。

……受申同志也是北京人，并且是个博闻广见的北京人。他熟知北京的掌故，“三教九流”广为接触。这就使他对北京的语言也多知多懂，能够找出来龙去脉。这本小书给我解决了不少问题……有了这本小书，我的确更了解些北京话了！

《程砚秋日记》，1944年12月20日（农历十一月初六）有记：“金受申君为其寡嫂写信告助。这妇人虽贫寒，其家中家具等留着不卖，确有骨气，他住安定门内五道营。”

傅耕野《“北京通”金受申》。傅先生1989年元旦所作的这篇文章对金受申的名字由来、生平、师友弟子、著述、嗜好等方面提供了不少宝贵资料。

邓友梅《印象中的金受申》。邓先生的这篇文章经常被人引用，他说金受申去世的原因是得了癌症并拒绝手术。

金启骔《忆金受申》。金先生在文章中说："我虽久仰他的大名，但直到1947年才第一次和他见面。我是同他的亲戚杨小华先生一同去他家的。经杨先生介绍后，他对我执手欢迎，极表'相见之恨晚'，接着就缕述我家的历史和上辈。"

吴晓铃《老北京忆旧——读〈老北京的生活〉兼怀金受申》和《金受申和金寄水——与邓友梅兄笔谈》。吴先生说他和金受申曾经是同事，"他在一个相当长的时期是《北京文艺》的编辑，我忝为编委，时常有业务上的联系。应该指出他把刊物编得很出色，其突出的特点就是'京味儿'十足"。

端木蕻良《金受申到市文联》。这篇文章是1992年端木蕻良应金受申的大女儿之托写的。据他女儿说，金受申在北京市立一中当语文教员时，启功、夏淳、马季都听过他的课。在"文革"前夕，金受申曾把自己著的一本小册子，商务印书馆"国学小丛书"的一种（笔者注：应是《稷下派之研究》），赠送给端木蕻良。

评书艺人陈荫荣。据李其功先生在他的文章《金氏脉案笺　钩沉北京事》里说，陈荫荣的口述回忆录里提及金受申在上世纪50年代给他整理评书的事。

石继昌《京华掌故首"金"、"张"》。石先生说他曾数度去金受申的诊所就医，并记载30年代金受申多与旧京文人诗酒往还，列举座中人名甚详。七日一聚，聚则一壶酒、一碟肴，谐音“蝴蝶”，当时戏呼为“蝴蝶会”。

林海音《老北京的生活》，写于1993年1月。林先生说：“本书的作者是金受申，我和何凡都很知道的一位专写掌故、民俗的老北京作者。我想在台湾的老北京一定对作者金受申也不陌生。这本书是专写老北京习俗、掌故、风物集辑而成。我记得早年在北京看见过他，是位瘦瘦穿着长袍的人。”

翁偶虹，笔者没有见过翁偶虹叙述金受申的原文，但在杨良志先生文章《溯“北京源”概出于金受申氏》及《纪念金受申》中，均有如下记载：

> 翁偶虹回忆说：他那简朴的衣履，晃晃荡荡的高大身材，干干净净的大光头，给我家留下了深刻的印象。他比我大两岁，全家人都叫他“大和尚”，有时也叫“金和尚”……我父亲对于他的嗜书如痴，常常引以为鉴，叫我向他学习……他的新居，田园风味极浓。不大的庭院中，遍植花木，杂以草石；夏秋季节，买些蟋蟀、纺织娘草虫，纵于花根石隙，振羽时鸣，颇饶幽趣。大自然孕育的蝴蝶、蜻蜓、夏蜩、秋蝉，不召自来，飞舞栖鸣，聚为有声之画，织出无限风光。受申授课之馀，环顾庭院雅趣，畅写抒情诗文，至可乐矣。

张中行《负暄续话》，有如下记载：

> 我有个关系不深的相识金受申，老北京，旗下人，也是北京大学出身，时间早得多，因为年岁大得多。年轻时候似曾有为，有《公孙龙子释》在商务印书馆出版，我没看过。我认识他是四十年代末，他长身，患关节炎，两手不能平伸。但精神很好，不再谈白马非马，而很喜欢谈老北京的掌故。不但作为旁观者谈，而且能置身于内，比如货声，他都能学，而且学得很像，现在还记得学"箍桶"，"箍"音高，转为"桶"，忽然下降几个音阶，简直比真的还像真的。有一次，谈起北京的名吃，他由沙锅居的全猪席一直说到东直门内谁家的豆汁儿，总有几十种吧，可惜我手懒，没记下来。

按，张中行生于1909年，他却说生于1906年的金受申比他大得多，不知是张的记忆有误还是金受申的生年或许更早。

舒乙《差点把我们家烧了的金受申》。舒乙先生在文章中说，50年代初，金受申的日子难过，一是没有正式职业，没有固定收入；二是政治上不受信任，常遇到"说说清楚"的对待。

毛宪文《魏建功老师的笔迹》。毛先生在文中说："高中我就读于北平私立求实中学。国文老师是著名的民俗学家金受申先生。我的作文屡被他作为范文在课堂上讲评，于是自以为在作文方面是块料了，便做起了以后当作家的梦。后来如愿考上北大中文系。”

苏舒《金受申先生曾是我们的校长》（见2009年11月30日苏舒的博客）。苏先生说1953夏天前他入弘仁小学上三年级，当时的校长就是金受申。他说记忆里先生不具体上什么课，但那时正推广注音识字，他就把注音字母“拨泼摸佛……”配上简谱教学生们唱，算是发明了推广汉字注音教学的新方法了。先生不在课堂上教唱，而是下课后在教员预备室里弹起风琴，让在院子里玩的学生来唱。他注意到先生弹琴时手指明显伸不直，就像老人中风后半身不遂似的。不过弹琴倒是很自如，而且弹得很轻快。1953年秋后苏舒进入东四区第二中心小学上高小，离开了弘仁小学。他离开时已不大看得见先生了，也许他已调走了，但是学校的校长没有新任命，仍是他。

王作楫《金受申——不该被遗忘的北京通》。王作楫先生1939年3月出生于北京，曾任门头沟文联主席。据他介绍，他是1956年6月12号的傍晚在东四十一条西口的来记烤肉店第一次见到金受申先生。金先生是来记烤肉店的常客，并认识在那里工作的王作楫的母亲。那天金受申请王作楫吃烤肉和烧饼，还送给他一个空竹，并收他为徒。那个空竹是金受申的父亲在北京最大的土地庙庙会上给金受申买的。

关于金受申的著述

1931年出版的《国故概要》，在书的最后一页印有一份金受申先生已出版或印刷中的著作清单，计有六种书，分别是《公孙龙子释》《古今伪书考考释》《国故概要》《稷下派之研究》《清代诗学概论》和《中国纯文学史》。这对一个时年二十五岁的年轻人来说，是很了不起的学术成果。前四种最终都出版了，《中国纯文学史》在1933年由北平文化学社仅出版了上册，《清代诗学概论》载于《中华公教青年会季刊》第2卷第1期，其稿本两册尚存。

1951年金受申在北京新大众出版社当过编辑组组长，业务是“搞连环画”，他自己写过《艺海深仇》《铁血山》《大谷山起义》《王崇伦护厂捉特务》等几种小本连环画，还与人合编过历书。1952年，顺应政府推行的扫盲运动，金受申与人合编速成识字手册《小女婿》，由北京宝文堂书店出版。在《编者话》里，金受申说编这本小册子是“突击生字用的”，并说除去这本《小女婿》之外，还准备编注《刘巧儿》和《小二黑结婚》。同时他还独立编著《新农村尺牍》，这就是过去教人写信的范文集，仍属于扫盲范畴。

1959年8月，北京市文联和中国民间文艺研究会联合组织了一个北京民间文学调查采录组，由二十多人组成，分别到北京东城区、西城区、卢沟桥、十三陵、八达岭等地区收集、采录民间传说故事四百多个，然后在1960年6

月以油印本的方式编成《北京民间传说故事资料》三册。每则故事下面都注明了讲述人和记录人。在这三册资料里我没有发现金受申的名字，但据北京人民出版社副总编辑高立志先生在《北京日报》副刊撰文介绍："此书原是金先生留存的两卷油印稿，这应该是上世纪五六十年代全国征集各地民间故事的一个文联项目，全部是口述性质，每篇都有讲述人和记录者，用原汁原味的北京土语，很多语言记音而已。"据笔者校对，《北京民间传说故事资料》是三册油印本，而非两卷油印稿。高立志先生作为策划人之一出版的《北京民间故事》，其内容全部采自《北京民间传说故事资料》第一、三册，没有第二册的内容。《北京民间故事》封面署名金受申编，不清楚是何依据？可能是从金受申先生的遗物里发现过这两册油印本，但如何认定是金受申主编的，尚待进一步的证据。金受申没去参加民间传说的征集，可能是因为他有残疾，傅耕野说"金受申身患痹症，右手拘缩"。他的同事邓友梅说他拄着根大拐棍，并且"他的手有残疾，还有一边走路一边拿手绢擦鼻子的习惯"，但这一时期他也根据自己了解的传说编成《北京的传说》两集及《天安门的故事》出版。

金受申在这一时期做的重点工作是把说书艺人的评书整理成书。傅耕野在文章中说"金受申九、十岁时即听评书，对评书艺术颇有研究"。过去的说书艺人多不识字，一部大书全靠师徒口传心授，如果当时没有录音，一旦说书艺人因衰老疾病告别书场，一部评书很可能失传。此时金受申记录了评书艺人陈士和的聊斋故事《梦狼》及陈荫荣的《隋唐》之中的《闹花灯》和《贾家楼》两部书，然后再和汪曾祺等人整理出版发行，有的还被改编成少年儿童的连环画，是当时及"文革"以后的畅销书。金受申做这个工作时并不是简单的记录，而是进行了再创作。据李其功先生在他的文章《金氏脉案笺　钩沉北京事》里描述：

> 上世纪80年代，我受北京曲艺家协会副秘书长孙惠弟女士委托，协助记录整理了一部分陈荫荣回忆录，在陈荫荣先生口述中，提到了金受申在上世纪50年代给他整理的评书。1980年，冯不异、戴宏森两位代表中国曲艺出版社要整理出版全部的《隋唐》，这时候陈荫荣说，要整理后面的，先得改前面的，因为金受申当年在给陈荫荣整理《闹花灯》的时候，并没有完全按照陈荫荣的口述来整理，而是增减内容很多，比如七杰反长安，陈荫荣的道儿是秦琼等人并没有杀出长安城。金受申在整理的时候，按照传统老版本的《隋唐》径自改为七杰杀出长安城，类似的例子还有很多。陈荫荣的意思是说，前面金受申的要是不改，后面很多"扣子"（悬念）就没法说下去了。

1949年前，金受申在《立言画刊》的专栏"北京通"

里，写过一篇《书茶馆》介绍北京的评书。1946年，他在《一四七画报》第4卷第1期曾发表文章《北平的评书》。1959年6月，又在北京市文联编的《怎样写曲艺》中发表《谈谈新评书》。然后撰写曲艺史话《北京的老书馆儿》，发表在《曲艺》月刊1959年7月号上。随后，《曲艺》月刊1959年8至11月连续四期刊登金受申的《老书馆见闻琐记》。这次扩充到一万多字，这是金受申根据自己的亲身经历对北京评书、评书历史、评书创作、评书艺人、评书听众、说书场所等集大成的总结。其内容之丰富、掌故之详实、文笔之精彩，同类文章大概只有王世襄先生的《秋虫六忆》可与之媲美。北京出版社在2017年把他的这几篇文章连同他写的旧京俗曲类文章汇集出版发行，书名《评书与戏曲》，受到很多读者的关注与好评。遗憾的是这书的编辑校对不令人满意，把金先生的《北京的老书馆儿》文章标题擅改为"记忆中的老书馆"，并且《老书馆见闻琐记(二)》开篇漏掉一大段文字，近乎一页纸的篇幅。

1961年12月商务印书馆出版了他的《北京话语汇》。此书主要是他作为"单干户的业馀写作"，但已无法摆脱那个时代政治气候的影响。在初版的序言里，金先生说："凡是消灭斗争意识的语汇，泯灭或混淆阶级意识的语汇，一概没有写入。"即便如此，此书仍当属金受申1949年后的最高学术成就。它至今仍是研究北京方言读音、演化乃至运用北京方言进行文学创作的重要工具书。书出版后多次加印，按舒乙的评价是一部“畅销书”。

即便此时金受申迎来了他的创作高峰，他仍不被重视。就如同邓友梅描述的：“他开会很少发言……他能插嘴的事情他也不大插嘴，研究工作、给领导提意见他不说话，争等级、争待遇这类事他不掺和。人们也不因此表扬他，人们不怎么注意他的存在。”他的文章通常只能排在期刊的最后一篇，每期《曲艺》杂志排在前面的都是些当时文艺界的“红人”写的歌颂新社会新天地的曲艺作品，而他写的这些旧社会的掌故杂谈能有发表的地方已经不错了。1959年国庆节前中国青年出版社编选出版了一套《建国十年文学创作选》，其中曲艺卷主编是赵树理和陶钝，即《曲艺》杂志的正、副主编，所选的文章也基本来自《曲艺》杂志。尽管金受申在该杂志发表过不少作品，有的当时还出了单行本，但这卷国庆献礼书里没有金受申的任何作品。

金受申的手稿、日记、题跋等等

由于金受申生前不是学术名人，甚至称他为北京民俗专家也只是上世纪80年代以后的事，所以他的手稿、信札、字迹等资料能够保存下来的很少。为存史料，笔者谨把所见金受申的手稿、手迹、名片等信息介绍如下：

《仄韵楼诗草》，金受申未定稿，线装抄本一册，书于红格纸上。该册诗稿第一首诗《甲子夏六晚坐和于幻荪韵》，诗后有小注："甲子夏六，与于幻荪兄、佟池晖丈邂逅京师图书馆，以诗订交，诗草即以此为始，前之所作皆芟去不存，以志苔岑而示进学之迹也。"按金受申的生卒年，此甲子年当为1924年，其时金受申十八岁。同年7月他的专著《古今伪书考考释》线装两册出版，这是目前所知他最早的作品，而他的《仄韵楼日记》是乙丑年（1925）农历七月初一开始写的。《诗草》中提到的"于幻荪兄、佟

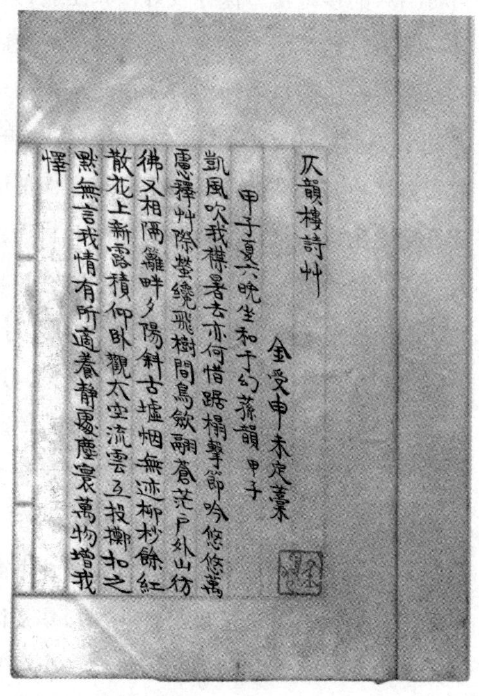
仄韻樓詩艸
金受申未定藁
甲子夏六晚坐和于幻蓀韻 甲子
凱風吹我襟暑去亦何惜踞榻擊節吟悠悠萬慮釋艸際螢繞飛樹間鳥歛翮蒼茫户外山彷彿又相隔籬畔夕陽斜古墟烟無迹柳杪餘紅散花上新露積仰卧觀太空流雲互投擲知之默無言我情有所適養靜處塵寰萬物增我懌

旧抄本《仄韵楼诗草》首页

池晖丈”在日记中也时有出现。此外，据傅耕野先生说，金受申喜读宋诗，著有《仄韵楼诗话》，1925至1927年在北京《益世报》“俱乐部”版连载。

《清代诗学概论》，线装稿本两册，书于红格纸上。

以上这三册金受申的书稿最初是何时何地流散出来的，现在已不可考。大约在2010年左右，北京南二环附近一个旧货商得到了这些稿本，据说之前已至少转手两次了。当时《仄韵楼诗草》保存较好，只是装订线断了，而《清代诗学概论》被泡了水，干后凝结成一块砖头，几乎打不开。之后一位来自浙江，暂住在北京东四环大柳树地区的金姓书画商买下了这批稿本，并在2011年花了一千多元请人揭裱重装。装池的师傅手艺很高，把结成块的书稿泡开托裱，配以旧纸，加装磁青和赭石封面，订成两册，又为《仄韵楼诗草》重新订了线。三册书都是抄在红格纸上的，由于泡水朱砂线条已经洇开，但墨笔字几乎无损。《诗学概论》中有很多墨笔修改及排版注记，还有一些铅笔校改，都是金受申的笔迹，显系稿本。《诗草》朱丝栏一小册，首页署金受申未定稿，下钤“金受申”金文小印。扉页有题签“仄韵楼诗草　芳波题”，下钤“李”、“芳波”连环小印。李芳波可能是书的原藏者。金姓书商说，他在2014年底把重装后的书送至双龙盛世2014华夏鸿禧专场拍卖会拍卖，由于没有达到他的心理价位，当场又被他自己举牌收回来了。他同时送拍的还有林琴南的十三页文稿，写在

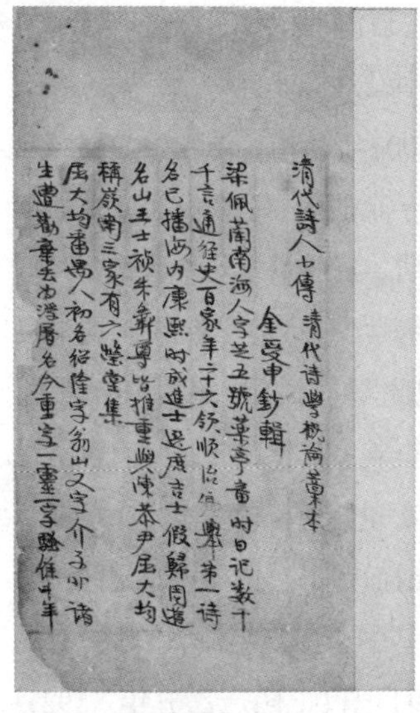
清代詩人小傳　清代詩學概論草本

金受申鈔輯

梁佩蘭南海人字芝五號藥亭當时日記數十

千言通經史百家年二十六

名已播海内康熙时成進士選庶吉士假歸

名山王士禎朱彝尊皆推重與陳恭尹屈大均

稱嶺南三家有六瑩堂集

屈大均番禺人初名紹隆字翁山又字介子

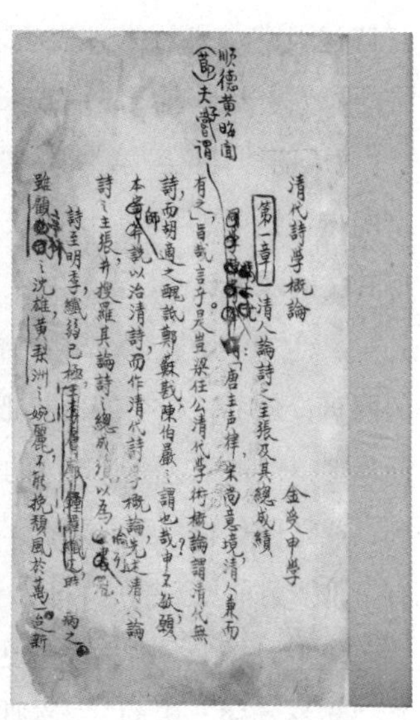
清代詩學概論

金受申學

第一章　清人論詩之主張及其總成績

唐主声律，宋尚意境，清人兼而有之

稿本《清代诗学概论》首页

“畏庐文稿”红格纸上，是和金受申的文稿同时收来的。由于那是场名人墨迹专场拍卖会，林琴南的名气比金受申大，所以林的文稿以高出底价十倍的价格成交，而金的流拍。2015年3月他又把三册书稿放在孔夫子旧书网标价13880元出售，几周后又撤下，现为北京某藏家收藏。

《仄韵楼漫言》，一册，封页隶书题签“仄韵楼漫言”，署名“筱平题于丙寅秋日”，首页标题是“仄韵楼浪漫谭”，是用钢笔写在竖行红格纸上的，共三十面，纸张与《清代诗学概论》稿本类似，也经水泡后重装，估计最初是同一批文稿流散出来甚至是按废纸处理的。查《仄韵楼诗草》，有诗述及“小平绥方”先生，猜测与上面题签的“筱平”是同一人。此册现藏北京藏家韩先生处。

《仄韵楼日记》第一册。2002年，杨良志先生为编《北京的传说》，曾从金受申的长子金腹赣（1930—2002）处借得其父的《仄韵楼日记》第一册，后将其复印本转赠谢其章先生。谢先生曾在2006年抄录其部分内容公布在布衣书局的网页论坛上，后在2019年把此复印本拍成照片发给笔者，使笔者得以窥见这一册日记的全貌。其馀的日记一直没有见到，或是仅存这一册。据谢其章先生说，杨良志先生可能存有全份。目前见到的这一册，封面墨书“仄韵楼日记第一册　乙丑七月朔”，其下另有硬笔书“1925年”。内封另有题签“獭祭馀馂　仄韵”。该册日记仅记阴历乙丑年（1925）七、八两月，七月冠名为“仄韵楼日记”，八月另冠名为“灰心室日记”。日记结束后有《拟购书目》一页，《京师公立第五小学校十九班点鬼簿》两页，《长辛店扶轮小学校民国十六年初级四年□□学生点鬼簿》一页，《育贤学校小学组点鬼簿》一页，最后一页写了几个生僻字的注解。2014年北京出版社出版《口福老北京》一书，杨良志先生为该书写的后记《纪念金受申》中，附有该日记内页彩色照片一帧。

稿本《北平历史上平民游赏地纪略》，北京出版社近年出版的《口福老北京》《北京民间故事》等书中介绍是未刊稿，实际上该文曾连载于1935年5月22日至27日北平《华北日报》。杨良志先生可能见过稿本，笔者在网络上见过该稿本的封面（有金受申题签）及篆书书名的内封页，但正文是打印的。

金受申学生时代的作文簿一本。据杨良志先生的文章《溯“北京源”概出于金受申氏》记载，金受申幸存下来一本作文簿，簿子共五十多页，蓝印六行格，作文题有《重阳后一日柬友赏雨》（词）及《秋夜》《答人问中国何年太平》《炎凉世界》《时评》《范石湖田园杂兴诗〈序〉》《潇湘八景》（诗，八首存三）等十二则。金受申用小楷按格书写，老师阅读时随手圈点，在文后留下评语，并押上“何正熙印”红色印章。2014年北京出版社出版的《口福老北京》一书，杨良志所写后记《纪念金受申》中附有该作文簿内页彩色照片一帧，有金受申的作文及何正熙的批语。

金受申藏书《钦定四库全书简明目录》题记：“愚自甲子乙丑间潜心治国故学，即有必购是书之志。匆匆十八年，始于辛巳元月四日购之海王村头，才一元二角。以佐探讨，以遗子孙。即以之充晚岁菽酒之需亦无不可。同月晦前二日志于仄韵楼，时春雪乍止，彤云未开，诗意正盎然也。”此书2006年7月8日北京藏家韩先生购于潘家园旧书摊。

金受申藏书《钟记室诗品笺》题记：“一九三〇年十一月三日乍寒，购于东安市场，价三角。竟一夕力卒读之，考证确切，见解卓越，笺诗品者上选也，许陈二家未足言也。金受申记。”书中还有金受申的朱、墨两色眉批。此书为北京藏家陈晓维先生收藏。陈先生另藏有张次溪签赠给金受申的《燕都风土丛书》一册，封面有墨书一行“受申仁兄惠览，弟张江裁呈”，下钤朱文“张江裁印”。

金受申藏书《淮海词笺注》题记：“壬午初秋晦前一日，月黑星沉，秋意十分。与松笙饮于新月食肆，归购此书。喜得佳本，娱老有资，且志我怀。晦之晨识于延庆楼。”下钤白文“金受申印”。另有一方“荐轩”白文印，当为后来的藏书者。金受申于1942年购得此书，当时他三十六岁，刚步入中年便考虑“娱老有资”了。书中夹了一张1961年1月31日的中国书店售书发票，盖“公私合营修绠堂书店”的公章，发票写的三种书合售，其中这册《淮海词》价0.8元。此时正值国家饥荒时期，估计金受申在此之前质书易米，已顾不上以佳本娱老了。新月食肆在何处待考，延庆楼当为中南海居仁堂后的延庆楼，于1947年11月19日失火焚毁，当时的《世界日报》报道：“该楼为两层之巨型建筑物，建自逊清，西太后曾于此楼办公，今不慎为电线滋火，引着门窗，发生火警，使全楼五十馀间房屋之伟丽辉煌之建筑，付之一炬，实为一不可赔偿之损失。”

1956年3月，上海人民美术出版社向金受申约稿，欲出版连环画《女副社长》和《婆与媳》。这两篇文章当时正计划发表在4月号的《北京文艺》上，作者并不是金受申，上海人民美术出版社希望金受申将其改编为连环画的脚本。金受申在1956年3月27日和4月28日给出版社回信讨论此事。这两封信和一些相关的上海人民美术出版社收

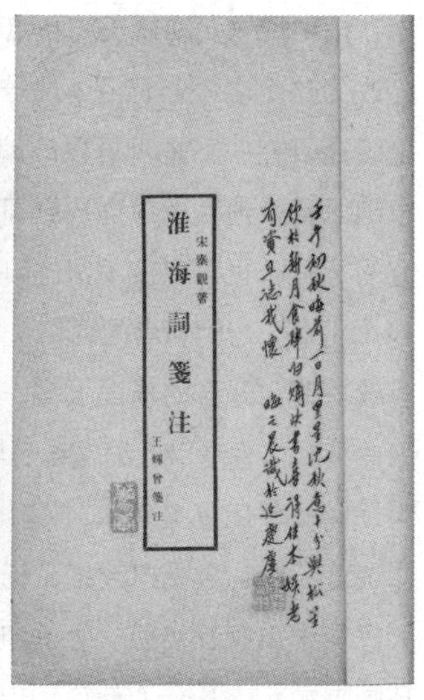

金受申藏书《淮海词笺注》及题记

文处理单现为北京旧书商王可先生收藏。3月份的信是写在《北京文艺》的有格稿纸上的，该信中有一条重要信息，就是金受申在1951年当过北京新大众出版社编辑组组长。上海人民美术出版社约稿的两个连环画，内容都是写新社会农业社里的故事，金受申除了答应这两本约稿，同时还希望能把他写的传统评书《隋唐传》里的几个故事如《闹花灯》等也改编成连环画。出版社接到信后回复说，不久前已约请其他作者研究改编隋唐故事，为避免重复，请他不必再做此事，只完成《女副社长》和《婆与媳》的脚本即可。4月份的信是写在《北京文艺》的无格稿纸上的，金受申在信中说《女副社长》和《婆婆与媳妇》（笔者注：此时已改为这个名字）已在4月号的《北京文艺》上刊出，请出版社研究一下是否可以改编成连环画脚本。同时，金受申随函寄来他写的《虎皮鹦哥的故事》稿本，请出版社研究一下是否也可以改编成连环画。上海人民美术出版社看到《北京文艺》刊出的两篇文章后，认为《女副社长》“故事较单薄，开会的场面太多，不适合连环画脚本的要求”，因此只要求金受申改编《婆婆与媳妇》，而《虎皮鹦哥》“因为民间故事比重关系”，原稿也被退回。《婆婆和媳妇》原作者苏从麟，金受申改编，杨步昇绘图，于1957年由上海人民美术出版社出版。金受申后来还是写了《闹花灯》连环画脚本，转寄给辽宁美术出版社，于1959年出版。

金受申1960年在其旧作《稷下派之研究》封面里页上写的打油诗，2003年由杨良志先生公布于世，不再复录。

手稿《春节琐谈》，钢笔写于稿纸上，三页，写于1962年春节前后，有编辑校改。北京某藏家收藏。

手稿《重阳话登高》，钢笔写于稿纸上，六页，似乎是广播录音稿，页头有批注“18/10上午录”，“录音时请用老北京口吻，谈话一般”，“可以用”。北京某藏家收藏。

手稿《读〈茶馆〉，话茶馆》，钢笔写于稿纸上，仅见首页照片，有编辑大量朱笔校改，右上角有“文艺报　稿第56号”圆戳及“文艺报”三字印。原稿刊于1957年《文艺报》第37期，现藏不明。

手稿《从张羽煮海看龙女故事在民间传说中的发展》，二十页四十面，钢笔纵行书写在红格稿纸上，装在印有“中国科学院民族研究所藏”的牛皮纸封袋里，右下角有金受申的签名。曾在2010年4月6日孔夫子网上拍卖，以五百二十元成交，现藏不明。

手稿《中国饮食史话》，杨良志先生说这是金受申写于60年代的一篇手稿，笔者未见图片，该文在2014年北京出版社出版的《口福老北京》一书中首次刊出。

金受申于辛丑（1961）腊月为祝老舍先生眉寿写的书法立幅。写在洒金笺上，纵八十厘米，宽四十四厘米，文云：

> 窗暖梅红。春意透、百花齐迓东风。霞光泛彩，群仙介寿崆峒。椽笔纵横惊绣虎，思条绎籀讶雕龙。不老松。蓬瀛郁勃，挺秀高峰。　　我曾门墙立雪，愧未通一艺，有负陶镕。跬步孤芳自赏，空飞望鸿。卌年旧事重忆，虽往矣、犹绕梦魂中。黄童今白首，且奉觞，寿吾师，矍铄此翁。
>
> 辛丑腊不尽七日，舍公夫子眉寿良辰，谨拈《瑶台聚八仙》旧调倚声奉祝，缅怀四十年白发师生，不禁感慨系之矣。

落款“受业金受申”，下钤“金受申印”、“仄韵楼主”。这是目前笔者所知金受申唯一的一幅书法作品，收录在舒乙先生2014年编订的《老舍胡絜青藏画集》中，此前也曾展览过。这件祝寿作品送给老舍时并没有装裱，1995年6月老舍的大女儿舒济把它连同董作宾、臧克家两位先生的字，以及老舍的一件残幅，共计四件作品，委托刘金涛先生装裱。舒济在1995年6月8日给刘先生的信中详述此事。该信背面有手书“老舍大女儿的信可留”一行字，可能是收信人写的。后来不知何时此信被撕为两片，可能是作为废纸丢弃前撕的。其后再被某旧书商获得，并用胶带纸重新粘合，在2014年11月7日放到孔夫子网拍卖，为金受申的这件作品又添一段掌故。

仄韵楼实寄信封一枚，墨书“二十局东厂胡同十五号 秋影社　冯大郎　大光启”，左下朱印“仄韵楼”三字，邮票已被揭去，正反面各有邮戳一枚，皆为北京本地戳，日期模糊难识，似为（民国）十一年三月廿九日，反面还盖“郭××”黑色名章一枚。收信人冯大光应是金受申的朋友，《仄韵楼日记》第一册乙丑（1925）有“还冯大光□华国华文刊”（七月十二日〔阴历〕）、“晤隆雁庭，云《沁园春》赠冯大光词已刊于《消闲录》”（七月二十九日）、“访大光索诗稿”（八月二十二日）等记载。日记中还有几处记载金受申订制信封之事，可能就是这种仄韵楼专用信封。金受申的信函，目前仅见三封，分别是傅耕野先生文章《“北京通”金受申》里抄录的1942年金受申致翁偶虹的一封（未见原件），以及前面介绍的1956年3月和4月金受申

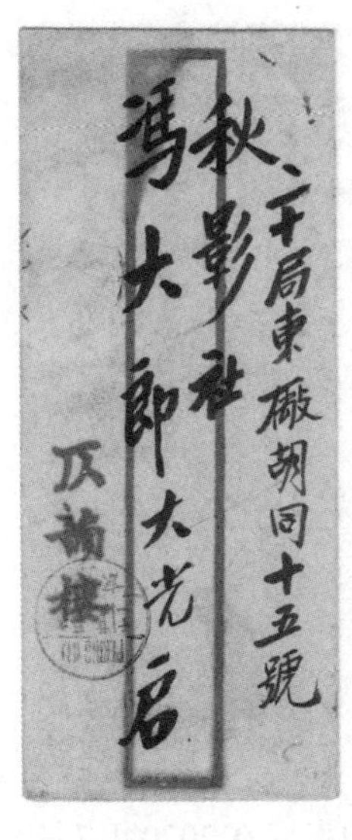

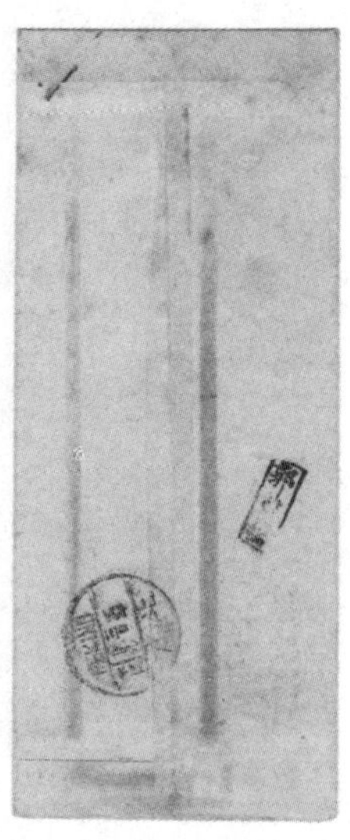

仄韵楼实寄信封

以钢笔写给上海人民美术出版社的两封。此毛笔实寄封，虽信函已失，然留存下来的信封也仅见此一枚，吉光片羽，弥足珍贵。

金受申、端木蕻良等人签名留言的展览会签到纸一张，横五十四厘米，纵三十八厘米。上世纪50年代，汪刃锋举行抚顺煤矿归来速写展览会，有金受申、端木蕻良、姚锦、李岳南、曾白融、王亚平、张梦庚、薛恩厚、王松声等签名留言。此签到纸曾在北京华夏国拍2012春季拍卖会上拍卖。

笔者另见北京市文联资料室藏书《妙峰山琐记》（1929年12月初版本），书后插着的借书卡上有1951年3月4日的借出记录，借阅者“金受申”，对照笔迹，似为金受申的亲笔。

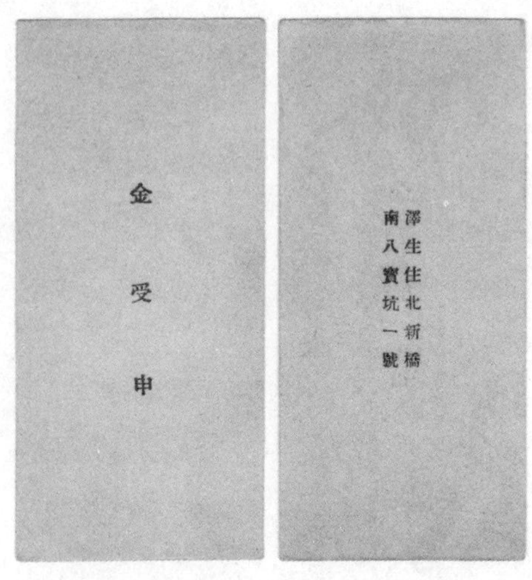

民国时期金受申的名片

孔夫子网大众拍卖区在2020年7月18日曾拍卖金受申民国时期的名片一枚，正面印“金受申”三字，左下角印“泽生”两字，背面空白，成交价八十元。该北京卖家后来又有一枚金受申的名片，在2021年10月13日以一百五十元售出。此名片正面印“金受申”三字，背面竖印两行“泽生住北新桥/南八宝坑一号”。据记载金受申1931年从八宝坑一号搬到五道营居住，因此这枚名片应该是1931年金受申二十六岁之前使用的。

（本文写作过程中承蒙谢其章、韩智冬、陈晓维、王可四位先生提供资料，艾俊川、吴伟二位先生识文辨印，在此致谢！）

周肇祥与北京琉璃厂（下）

史　睿

四、人弃我取有鉴识

周肇祥购藏文物类别很全，包括书画、碑帖、墓志、造像、古籍、玺印、瓷器、青铜器、文房、杂项等，虽无铭心绝品，但皆成系统，颇有见识。

书画是传统收藏的重点，周氏无缘购藏高古巨迹，但也曾于各类赈灾书画展上得以寓目，如1924年记，“今年各省水灾筹赈者以展览书画、古器为集款之法”，清皇室展品，有唐吴元《宝积宾伽罗佛像》、元人《宝相观音像》、宋人《十六罗汉像》，“同宋画绢本，幅幅皆精，人物极有神理，点眼圆湛，目光迥然”。又“从内府借出书画三十馀种”，唐玄宗《鹡鸰颂》、米芾《蜀素帖》、宋徽宗《文会图》、马麟《静听松风图》、黄庭坚《松风阁诗》、赵孟頫《鹊华秋色图》等。也曾对重要藏品作出自己的判断，如宋

周肇祥像

黄庭坚《松风阁诗》，“板滞有俗笔，疑出伪造”；又如元赵孟頫《鹊华秋色图》“世所艳称，细玩，用笔稚弱，设色平庸，当出明人赝造”。（《琉璃厂杂记》，第469—471页）周氏一度主要收藏扇面，此类藏品要价不高，每幅不过十元上下，然名家扇面价高者已不能致，如1923年于韵古斋见董其昌扇面，价昂不得（第422页）。又记明泥金扇面有书画者，十年前每叶仅值四五金，今则三倍不可得。近收高正烨、萧文（字何平）书，皖桐女子金如琼画，颇不劣，皆冷僻无知者，已费三十三番矣（第468页）。又云，清逸阁近从山西收来金扇面颇多，余选得梁绍英、杨德春、葛素，皆草书，甚佳，价六金。若非冷僻之人，曾不足一页之价。吾辈买字不买名，固不妨人弃我取耳（第498页）。

周氏收藏碑帖拓本有其宗旨：“近年藏碑刻拓本者，以云自在龛（缪荃孙）称最，凡二万馀通也。余时得旧拓，多为筱珊所未收，则海内石刻未经著录者，正不知凡几，况新出土耶？此非私人力所能集，若国家有伟大之博物院，正宜从事于斯耳。”（第675页）他常以孙星衍《寰宇访碑录》、赵之谦《补寰宇访碑录》和缪荃孙《艺风堂金石文字目》为标准，凡是诸书未见著录者，词翰优美者，则购之不疑：

关中古刻，前于振古得四十馀种，多有佳本。近又取前次匆匆所选剩之八十馀种内，复选得三十馀种，多孙、赵已著录者。每种京钱一吊三百文。《裴道安志》《李辅志》《石忠政志》，皆旧拓。《南陵县尉张师儒志》《沙弥尼清真塔铭》《张毗罗志》，均未见著录者也。（第13—14页）

隶古送阅各拓本，余择其地僻罕见者，或词翰之美者，凡数种：《宋曹辅墓志》《潼川府学重修记》、张栻《题合江亭诗》，皆川碑，而曹志不见著录。（第673页）

如能补充诸家石刻著录者，周氏亦尝留意：

《平百济碑》，据长洲叶昌炽《语石》，谓在高丽忠清道扶馀县。孙《录》以此碑下截缺，无年月，当在显庆五年。近于庆云堂得拓本，分十六张，纸墨尚好。“大唐平百济国碑”铭七篆字，下有“显庆五年八月己巳朔十五日癸未建”二行，又另行“济州河南权怀素书”，可补孙《录》之阙。（第15—16页）

周氏藏拓多得自琉璃厂庆云堂、隶古斋、集雅斋、渊茂斋、振古斋、古雅斋、鸿文堂、富润轩、清古斋、崇古斋等诸多店铺，这些店铺或专营碑帖，或以古玩、书业为主兼售碑帖（参黄松《民国时期北京碑帖市场研究》，上海大学2009年硕士论文）。

关于琉璃厂主营项目古籍，周氏《琉璃厂杂记》笔墨亦多：

> 革命之后，国学摧夷，旧书几成冷物。迩来事事复古，相需渐多。旧日官僚学究又得美差缺，腰缠渐裕，买书之兴复作。东西洋设立图书馆，间有购求我国旧籍，以充签轴，于是旧书几与古董争奇。寻常一明板书，多或值数十金，少亦须数金。宋元精椠，竟无定价，任意娄索，称买主之有无。（第88页）

周氏特别记录了民国初年袁克文狂搜善本古籍的情形：

> 今年厂甸更不如从前，字画百中无一真，但旧书颇多满洲故家所藏者，索价甚昂。稍罕见之书，即清初本，每册至三四元，豹岑（袁克文）得宋本林尧叟《春秋左传句解》，季沧苇故物，百番。（第68页）
>
> 寒云专收宋椠，投其好者，精粗杂进，辄得重值。故不逾年，所收将三百种，可云富矣。浃旬未见，又得宋王钦臣序刻《韦苏州集》《花庵中兴以来绝妙词选》等数种。《韦集》《词选》，云均出自天禄琳琅，而其目

未载，价至二千。然余所最赏者，北宋熙宁间翻刻蜀本《北山录》耳。得自厂肆，价只百番。唐梓州释神清撰，为篇十六，卷凡十，合释孔、老庄、管晏、杨墨、刘向、扬雄、班固而论列之，恢奇宏辩，为子部所创见。其文亦浩瀚渊雅，注之者蜀释慧宝，亦由儒入禅，故能综博如此。前有宋孙迪、邱濬二序，后序则残缺不全矣。精刻皮纸印，内有补叶，亦间有残损，为项墨林故物。有子京跋尾，注明价一金，何其廉也。此书《四库》《大藏》均未收，其传世之罕可知。亟须翻雕，以绵绝学，胜如影刻词集仅供赏玩者为惠多矣。又有郑所南《太极祭炼内法》，三山老人序，元至大戊申缺牛何悟真募梓，云石男傅启宗重刻。此书《藏》已收而不全，《道藏》板贮大光明殿后阁，余弱冠入都，犹及见之。后闻木斋费数百金觅人检理，已多残缺，录存目。庚子一劫，摧毁尽矣，是可宝也。（第123—124页）

抱存（袁克文）以一万金购宋板七十卷黄唐《礼记》，婺州本《周礼》，黄善夫刻《苏诗》《于湖集》《黄鹤注杜诗》五种于旗下人景朴孙（景贤）。景初得书于盛伯羲（盛昱）家，费仅五百金。伯羲故后，其嗣子（善宝）痴呆，不知贵。约正文斋谭估（谭锡庆，号笃生）往估值，谭估将此数种杂以他书，置屋隅，故贱其值，留以待己。景适继谭而往，发见其覆，问值几何，曰估二百金，景以五百金取之。及谭估再往，知

> 书已为景得，呕血死。（第88页）

又云：

> 盛伯羲祭酒故后，遗书充栋，厂估贱价捆去，邸宅为债主扣抵，其子赁庑而居。昔年贮书之硬木柜高及承尘者，贱售如卖薪。（第542页）

其中盛昱藏书为各家竞购之事，系民国初年京城书肆一段公案，1912年5月，盛昱身后其家所藏大量善本古籍和珍贵文物散出，为景贤、宝熙伙同琉璃厂正文斋、镜古斋等三数家书店合股低价谋夺。其中一部分古籍和书画见于盛昱嗣子善宝和景贤的一纸契约，云“将旧藏宋板《礼记》四十本，黄苏合璧《寒食帖》一卷，元人字册一十页，刁光胤《牡丹图》轴，及《礼堂图》一轴，情愿卖与景朴孙先生，价洋一万二千元正”（邓之诚《骨董琐记》，中国书店1991年版，第311页）。启功云“煌煌剧迹，莫非国宝，即在当时，所值亦不止此”（《启功丛稿·题跋卷》，中华书局1999年版，第256页）。其中正文斋谭锡庆被同业和藏书家指为奸商，说他向来“诈伪巧取，内欺本家，外欺同行，至为凶狡可恨”（1912年5月30日傅增湘致张元济书札，见《张元济傅增湘论书尺牍》，商务印书馆1983年版，第8页），藏书家伦明和通学斋主人孙殿起也对谭估颇致恶评

(明伦《辛亥以来藏书纪事诗》，北京燕山出版社1999年版，第133页；孙殿起《琉璃厂小志》，北京出版社1962年版，第105页)。这次谋夺盛昱藏书，闻谭估"诱其公子(宝善)游荡，及贿通男女童仆方得手"(同前札，见《张元济傅增湘论书尺牍》，第8页)。这是奸商的常见伎俩，先是诱导藏宝之家的主人恣其所好，甚至借予钱财，逮其处境窘迫则逼债，不敷者则以所藏之宝低价折抵，得逞其欲。周氏所云盛昱宅邸为债主扣抵，大约是谭估导其嗣子善宝挥霍无度所致，充栋之书为厂估贱价捆去，定是谭估、景贤等人所为。善本古籍之外，法书名画也是一宗重要的珍宝，同样被景贤等人攫取，连硬木书柜也贱卖如薪。近年来盛昱藏书去向的研究越来越精细，袁克文之外，傅增湘、张元济也是重要藏家，日本书商文求堂田中庆太郎也买去不少。1916年"盛羲伯遗物"之砖最后散出，直至1926年末，周氏尚从式古斋购得盛昱藏砖藏瓦若干品。然周肇祥记谭估因被景贤骗取古籍呕血而死，乃坊间传闻，谭实为罹患霍乱而死，见1912年9月15日王国维致缪荃孙书札(吴泽主编，刘寅生、袁英光编《王国维全集·书信》，中华书局1984年版，第31页，参考马忠文《王国维致缪荃孙、劳乃宣未刊书札笺释》，《文史哲》2010年第4期)。若云在患病之外又有心情上的原因，那主要是当年谭氏将万元资金和所获恭亲王、定王府旧藏古籍付董康，前往日本贩售，未定契约。6月间闻董康在日售书不利，大为折本，谭估闻讯灰心丧气，又疑董康不实，本拟亲往东洋，此时心情焦虑，加之病侵，不治而亡，所谓呕血而死乃不实之词。

五、考古当如断疑案

敦煌西域写本自清末出土以来，不仅在西北各地流散，且因伯希和携其精品与北京学人共赏而骤得大名，成为北京的热门古董。王树枏、陈誾、张广建、邵章、许承尧、梁素文等人民国初年曾在甘肃、新疆等地任官，搜求敦煌西域写本非鲜，都曾携来京都，善价求售。周肇祥曾经亲往各家，观览藏卷，且笔之于书，是当时最早记录各家收藏状况，并辑录题记的学者。如1922年上半年云：

> 歙县许际唐承尧，曾官陇右七年，京师藏敦煌石室写经者推许为第一。余以叶尧臣之介识许君，乃得观其所藏。许君最欣赏者有数卷，不肯与人，余编为五组，将以求善价，组各十六卷，有年号或佳致者不过三四卷耳。（第376页）

荣新江、郑阿财、鲍义来等学者都曾关注过许承尧旧藏，尤以余欣、朱凤玉考证许氏旧藏敦煌写卷的数量、来源与去向最为详备（余欣《许承尧旧藏敦煌文献的调查与研究》，《敦煌学·日本学：石塚晴通教授退职纪念文集》，上海辞书出版社2005年版；朱凤玉《散藏敦煌遗书所见题跋辑录与研究——以许承尧旧藏题跋为例》,《敦煌写本研究年报》第十号)，而周氏《琉璃厂杂记》所载卷目和题记，以及售卖经过，恰可补充前人研究之不足。许氏分为五组的部分皆为写经，而无典籍，此后中村不折所收则典籍数量较多，可能是许氏慳吝不出，不肯与人，留待售之东洋买家，以求高价。

从诸家记录中可以看出，自敦煌文献流散以来，其市场行情并未高企。许承尧在兰州多以廉价得之："予以民国二年至皋兰，适市时遇人求售，价颇廉，因遂购访，先后得二百卷。"（前引余欣文）流转至京，价亦不高，周肇祥云："今敦煌、吐鲁番石窟先后出经不可胜计，多魏晋六朝人书，遑论唐代。钱箨石、吴白华辈得一二叶而诧为奇遇者，近则卷轴纷纭。挟百金而游厂肆，即可得唐人写经一二卷。若夫字类《灵飞》，中唐经生优为之，非殊胜之品也。"（第413页）周氏所藏敦煌写经多为首尾完整且有年款者，大约即是所谓百金可得一二卷的行情。1926年，"镜古堂出示敦煌石室写经一卷，首尾完整，《涅槃经·如来性品》卷第四，通卷无错落字，笔致遒密，微带隶意，隋人书也。乃一夏姓从陆洪涛于甘肃携归，索百番，予以四十番，竟肯售。危难之际，公私竭蹶，玩好之物，故应不值钱也"（第624页）。又得自镜古堂《慈善孝子报恩成道经》一卷，价六十二元，皆在五十元上下。最为廉价者为番文写经，如周氏曾以十五元收得完整古藏文写经一卷，尚叹当世无人能识得古藏文，观象台藏文翻译仅能认得是佛教经典，至于标题亦不能译出（第371页）。疑此卷即今首都博物馆所藏藏文《求寿经》，外题签“蕃书草字求寿经　鹿岩精舍藏”，为周肇祥所题，卷内钤“周肇祥曾护持”朱文印。较之同类书籍，敦煌写经当时价钱不贵，作伪又难（主要是纸、墨、笔法失传，难以模仿），赝作不过添加尾款以求善价而已，通体作伪者殊少。今周肇祥旧藏敦煌文献主要收藏在故宫博物院和首都博物馆，据王素、任昉、孟嗣徽《故宫博物院藏敦煌吐鲁番文献目录》（《敦煌研究》2006年第6期）记录，故宫博物院有周肇祥旧藏敦煌文献共计十七件，编号自新153365至新153381，内容皆为写经，年代自盛唐迄于晚唐五代，其中十六件为徐石雪家属捐赠，一件未说明来源。卷中多钤周氏“周肇祥印”、“周肇祥曾护持”、“绍兴周氏鉴藏”、“无畏”、“养庵”、“退翁”、“山馆周五”、“曾在山阴周养庵家”、“能品”等印。其中新153378《慈善孝子报恩成道经》虽无周肇祥收藏题识或印鉴，但有题记：“天宝十二载（753）六月日，白鹤观为皇帝敬写”，见于《琉璃厂杂记》卷一八（第659页）。新153369《究竟大悲经》，见于《琉璃厂杂记》卷一八，同样购自镜古堂，因卷中有“瓜沙州大王印”，与张议潮有关，且爱其书法健秀，虽时艰资绌，仍然勉力收之（第671页）。据故宫博物院网页景仁榜介绍，徐石雪（1880—1957），名宗浩，字养吾，祖籍江苏常州，久居北京，著名画家、篆刻家、文物收藏家，中国画学研究会会员。徐石雪一生收藏甚富，1953年，捐献元代顾安绘《幽篁秀石图》轴、元代赵孟頫《淮云院记》及《高峰和尚行状》等珍贵文物十二件。去世后家人遵其遗嘱，将所藏法书、绘画、碑帖等文物五百馀件捐献给故宫博物院，其中包括前述十六件敦煌写经。徐氏与周肇祥同庚，又同在中国画学研究会任职，周氏可能在1928年之后将所藏敦煌写经部分转让给徐石雪。首都博物馆藏有周肇祥旧藏敦煌文献四种，即《佛说天皇梵摩经》卷十（馆藏号32.1329）、《妙法莲华经》卷三（32.1330）、藏文《求寿经》（32.1423）、《八菩萨四弘誓咒经》卷四（Y61），全卷见于首都博物馆编、荣新江主编《首都博物馆藏敦煌文献》，北京燕山出版社2019年出版。

玺印是周肇祥搜求的重要类别（参考倪葭《从〈琉璃厂杂记〉看周肇祥的艺术品味》），说来有趣，他曾云钟爱玺印而殊少读书，故所购玺印颇多，而与周氏同时的天津周叔弢则正好与他相反，在购书日记中周氏在无钱购书时则购入玺印。总之玺印在民国前期价格不高，纵观周肇祥所记购入玺印的经历，是花费不多的一类收藏，官印在百元以内，私印几十元以内。周氏颇以收藏玺印自许，他说"藏唐以下古印多者，南方数龚怀西，北方罗叔言，余当在伯仲间"（第678页）。可能是受罗振玉编集《玺印姓氏征》《续百家姓印谱》的影响，周肇祥好收僻姓印，1926年他从式古斋一次购入私印十六方，其中有九方僻姓印，这是周肇祥藏玺印的特色之一。另外，他还关注宋、辽、金、西夏、元官印，这些朝代的官印以往藏家不甚重视，而周氏乐此不疲，常有考订文章见于他主编的《艺林旬刊》《艺林月刊》。1922年初，周肇祥在尊古斋得金代副统官印，背錾“正大四年三月恒山公府造”，于是详考恒山公武仙的历官与事迹。又曾在尊古斋购得一枚南宋嘉定十六年（1223）文思院所铸官印，经周氏辨识，印文为“太平州采石驻扎御前水军第二将印”，翻阅《宋史》，于《兵志》检获此官，不禁快然自适，下笔作文，公之同好。此印尊古斋索价二十元，外赠西番花钱一枚，奇诡可玩，周氏以为不贵（第473页。此印印蜕见于董鸿程《南宋太平州采石驻扎御前水军第二将印考》，李家璘主编《天津文博论丛》第3集，天津人民出版社2010年版）。周肇祥还将收藏的西夏官印提供给王静如考释，论文《新见西夏官印考释》发表于《西夏研究》第55—56页，周氏藏西夏九方官印印蜕也刊于此书。

有关玺印收藏，周肇祥从同僚丁汝彪处听到陈介祺的故事最为令人捧腹：

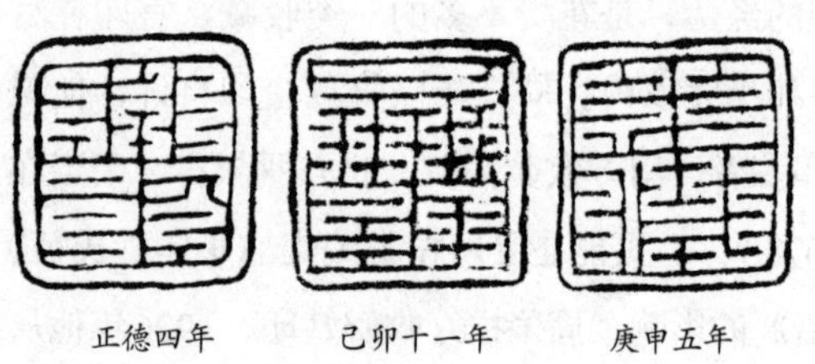

周肇祥所藏西夏官印（王静如释）

丁孔彰汝彪云，陈簠斋好收古印鉨，曾与王西泉说周秦时当有某种文字古鉨，惜未见。逾半载，有樵者晨憩于簠斋门，踞而吸烟，烟囊上系一鉨。簠斋取看，以指画掌释其文，大惊喜，延之入，愿以钱相易。樵者云自得此印于菜畦中，腰脚日健旺，拾薪倍曩时，期期不可。樵者益拒，簠斋价益增，求之益坚。樵者掉头疾走，簠斋遣仆急追之，至郭门强拉归，竟以钱五百串易得。置酒，召宾客，出以夸示。有客云似赝品，簠斋拂髯曰："如其作伪，惟某能之，王西泉或亦能之，然讵忍欺我？"时西泉亦在座，印即西泉所为而授计于樵者。徒赏文字而不辨铜质锈斑，其失若是。（第48页）

西泉即王石经（1831–1918），字君都，号西泉，晚清篆刻家，潍县人，与陈介祺同乡，是他的专用印人。印谱名为《西泉印存》，编有《集古印隽》，他为陈介祺所治印章现藏故宫博物院。正是因为陈介祺与王石经两人至为密切，所以簠斋认为西泉不忍作赝诓骗，不想西泉戏谑如此。周肇祥总结其事云："考古如断狱，勿急勿偏，勿存成见，庶乎得之。"但是周氏自己收藏文物也免不了犯同类的错误。

周肇祥收藏玺印的重要竞争对手是琉璃厂知名买家白坚，周云白氏"买印过于酬价，百金收一枚寒姓私印，误为官印，此不考之过也。近买鉨一方，四字颇精，价至二百元。前有张修甫，后有白坚甫，而印价乃益昂。修甫积贿赂之钱，挥霍无足怪。坚甫穷措大而踵其后尘，何为哉？坚甫屡以古物转卖日本人得善价，宜其妄也，宜哉”（第523页）。此处所记张修甫，即张厚谷（1880–1950？），原名龙瑞，字修府，河北南皮人，是张之洞的族孙，晚清曾任淮安府知府等职，后在国民政府任职，晚年侨寓上海。嗜金石，辑有《碧葭精舍印存》《己巳集》等。白坚是中日文物交易的重要中介人，有关他的生平事迹及相关文物流动的研究最近十年以来成果丰厚，首先是高田时雄先生发表的《李滂と白坚——李盛铎旧藏敦煌写本日本流入の背景》等四篇系列论文（先后载《敦煌写本研究年刊》创刊号〔2007年〕、第二号〔2008年〕、第六号〔2012年〕，第八号〔2014年〕），如今瞿艳丹的中译本收入高田的《近代中国的学术与藏书》（中华书局2018年版）。钱婉约《白坚其人其事》围绕内藤湖南与白坚之间唐写本《说文解字》的交易又作了新的研究（《中华读书报》2013年12月4日）。可以补充的是，周氏在内藤湖南购买之前，即1925年11月顷曾亲见此卷，在《琉璃厂杂记》中对于写卷年代略加考证，并说白坚以三千元购入此卷，准备售给内藤湖南（第589–590页），这也印证了内藤书信中所记的售价。

据首都图书馆藏1914年《浙江旅京同乡录》，周氏居于兵部洼胡同（徐翎《周肇祥年表》），此地在今北京西城区国家大剧院西侧，胡同南端抵前门西大街，北端至东绒线胡同东口与石碑胡同相连。出兵部洼胡同南口西行可达和平门，此地向南折数武之地即琉璃厂；出兵部洼胡同北口，经石碑胡同再北行，可达西长安街，复西行不远即抵中南海。当时周氏卜居于此，工作、逛厂都非常近便。最晚于1934年周肇祥迁居头发胡同二十四号（徐翎《周肇祥年表》），胡同西口通佟麟阁路，东口在宣武门内大街，若沿宣武门内大街南行出宣武门，可访宣外小市，复南行转入前青厂胡同，东行到琉璃厂东街。周氏经常沿此路线去往琉璃厂。周肇祥的恩人赵尔巽居于北兵马司胡同，这条胡同向西与帽儿胡同相连，复西行即至地安门北大街，从此向北不远，即古董聚集的烟袋斜街，这两处也是周肇祥经常往来之地。由此大致可以圈定周氏在北京城区的活动区域和重要地点。此外，周氏《琉璃厂杂记》记载琉璃厂各家商号和商贾最详，复有购求各类文物的事例，有心之人若能循此线索，复结合档案，当可复原一段鲜活的厂肆与藏家的互动场景。今日周肇祥旧藏分别藏于故宫博物院、首都博物馆、天津博物馆、北京市文物研究所、北京市文物局等机构，在拍卖会上偶然也能见到有周氏藏印、落款的文物。其人其事，并未湮没于尘埃之中，随着他的藏品与文献的持续公布，今后的精细研究极可期待。

（文本承蒙宋希於、赵云、卢芳玉、夏艳、刘朝霞、邹典飞诸位指正及提供资料，谨此致谢。）

“千秋冷落龙州月”

——郑孝胥与孟森（下）

谭苦盦

五、“谁似风流孟夫子，阿兰一曲独移情”

郑孝胥“为女伶金月梅者屡咏篇什”，孟森则有同嗜，但其对象并非女伶，而是男优。光绪三十一年（1905）六月二十六日，为光绪帝诞辰，谓之万寿圣节，“前三后五”均为庆贺之期，郑孝胥虽然在边地，仍然妥为预备庆贺事宜。五月二十三日，“万寿节近，京卿恢张庆典，名伶聘之河内，百戏演自军中”。七月初一日，“河内戏班到齐。晚，在戏园开演”，而其“衣饰鲜明，自较荣军戏班美备百倍，脚色亦大概整齐”。早在五月初六日，“顾赓吾为太夫人设寿筵”，便请“荣军戏班”出演剧目，孟森“初见荣军所畜优伶，粤语虽不可解，而演唱均极认真，亦往往肉麻发笑”，相比之下，此时觉得河内戏班“最有名之女旦走盘珠似尚不如荣军班中男旦阿兰能作态也”（《粤行随笔》，第58页）。

七月初四日，孟森日记记载“是日有京卿见似二绝记本日事”（《粤行随笔》，第59页），但未说明具体何事。而对照郑孝胥日记，则说“莼孙借戏台召荣军旧班演唱，阿兰殚其技以媚之。余笑曰，‘士为知己者死，女为悦己者容，阿兰有焉’”，郑孝胥还“作二绝句，戏示莼孙，龙州殊不寂寞矣”（《郑孝胥日记》，第1004页）。诗见《海藏楼诗集》，一曰“盘珠香水竞新声，锦绣云霞绕座生。谁似风流孟夫子，阿兰一曲独移情”，一曰“顾曲周郎老护军，龙州歌管漫纷纷。只应木石心肠在，除却巫山不道云”（《海藏楼诗集》，第149页）。其后，“同人好事，以京卿诗中有‘阿兰’字，特取一扇令书以贻之”，孟森以为“何戡、张野狐之名行且千古”，于是在扇面上照录郑孝胥诗，并且“录竟系以三绝”，内有“沦落天涯最难遣，偶将青眼对斯人”以及“天教名附康成集，不负幽兰九畹芳”（《粤行随笔》，第59页）等语。

而事实上，阿兰本人样貌甚恶，故而孟森所青睐者乃粉墨登场之阿兰，并非“下台之阿兰”，不惟孟森如此，他人亦有同感。据孟森说，“郑佃女见罗隐貌寝，不愿复读其诗，曰：‘惧回吾心。’同人颇有为阿兰所动者，愿勿复见下台之阿兰，阿兰亦应自藏其短，念李夫人垂死语乃佳”。李夫人即汉武帝之妃，“初，李夫人病笃，上自临候之，夫人蒙被谢”，并说“妾久寝病，形容毁坏，不可以见帝”，又说“妇人貌不修饰，不见君父，妾不敢以燕婧见帝”。孟森尝为阿兰作题像诗，“五管江山照眼昏，是中难著苎萝村。怜君幻出天魔相，为洗蛮烟疍雨痕”，可是“诗成而像亦至，一见已失望，旋又见阿兰来，对之弥可厌。京卿高兴供酒，后日已约为兰设饮，睹兰状，似不足邀入座，即命庖人别治一席，与分桌而食，似较可耐，恐一酌之后并兰戏亦不欲观，将奈何，当再令登台，一试吾心尚可回否”。七月初七日，“闻晚台复令开演，此必有爱兰者鼓动其间”，孟森不仅乐观其成，还在心内暗想，“郑穆公名兰，‘人服媚之如是’，若有力，当为起班名曰‘服媚’”，只是“事未必就，姑存其名于此”（《粤行随笔》，第60页）。

孟森还据《史记·范雎列传》“倡优拙则思虑远”作诗一首，题为《倡优拙》，先为倡优正名，“术业无贵贱，各自效一长。斯人同群相欢娱，本非用以蛊庙堂”，对于“庙堂受蛊”旧说加以批判，“如何心忮行乐人，以人从欲恣暴横”，“既已存其人，胡为加摧折”，继而感叹“呜呼古人生太早，未明理道妄腾说”，并引龙州之事为证，“君不见龙州今日销兵气，文物声明起平地。正赖千场鼓吹欢，一开万古獉狉意。使君顾曲旧周郎，黜聪堕明慎自防。却将帐下闲歌舞，分付人间自主张。请看指日跳身去，挥斥八极谁能当”（《粤行随笔》，第61—62页），表彰倡优之际，也不忘揄扬郑孝胥一番。

七月十四日，孟森为陈少兰饯行，“座有阿兰，初惴惴恐其陋劣，既而翩然入席，拇战行觞，俊爽可喜。实甫引之使尽其艺，打诨都带剧中本色，食者忘味，屡舞僛僛，居然欢洽，可称难得”，则孟森对阿兰态度有所改善，“不终席已沾醉，众挟入同庆戏园，有称‘携花接木’者，有羡‘芝兰入室’者”。孟森归而戏成一诗，“兵卫森然画戟门，红灯绿酒夜温存。东山丝竹闲蓁首，北海尊罍共虎贲。强把璧人看卫玠，还将兵子颂桓温。多年冰老成晶日，今雨追思合断魂”。岂虞“实甫见此诗，遂以为真爱一兵，极称兰非梨园，仆为鲍叔”，孟森则以“痴人前真不可说梦也”喻之。“十五挟入戏园，十六登台自演”，孟森“连日觞兰”之后，“闻刘督带、谢道台皆望新到女旦来开宴”，郑孝胥问孟森“来旦果佳，应不复顾兰否”，孟森则说“等是销磨闲岁月，不知何物定倾城”（《粤行随笔》，第62–63页）。

当然，孟森如此偏爱阿兰，不免遭人微辞，如钟麟同“颇怪倾倒阿兰如是无节”。孟森不惟不以为然，甚而“余愧业已以爱兰名，而未能动众，终是穷措大行径，瞻顾太多也”（《粤行随笔》，第64页）。至于“孟莼孙、朱实甫为阿兰、走盘珠等日有倡和”，阳子璲以“云霞妇艳争缠绵，风月儒酸不计钱”之句相讽，郑孝胥则“以为可”（《郑孝胥日记》，第1007页）。虽然孟森自称“以爱兰名，而未能动众”，但刘浩春督带受其渐染，七月廿三日，“在寓中邀走盘珠、香水橙共饮”，被郑孝胥闻知，次日，郑孝胥便颁下条教，“督带、管带及地方官均不宜挟妓饮酒，以其皆有管束手下人之责任，恐失威之重故也”，孟森“本约走盘珠等廿五日来行台宴客，见此教，遂改期”（《郑孝胥日记》，第1008页）。

其后两日，孟森“均在刘钟两督带处饮酒观剧，比较意味，似为乐过于京卿。宴客之日对酒当歌，别是一种迷离颠倒情状，若专为寻欢，无所瞻顾，应用此法。关目精采处，音节浏亮处，辄浮白以赏之，酒酣耳热，方有脱帽露顶气象，杯酌稍倦，而翠袖殷勤，此斟彼劝，为彼姝更尽数杯，‘当此之时髡心最欢’，觉妓席中自有此一种节拍凑合时也”（《粤行随笔》，第66–67页）。廿七日，“莼孙宴客，呼走盘珠及新来诸女旦至，求见督办”，但郑孝胥“却不见”（《郑孝胥日记》，第1008页）。意外的是，孟森在此“大宴群花”（《粤行随笔》，第65页），却未见到阿兰，此后行履更是无迹可寻。

六、“天下无穷学问皆为自得之物”

在郑孝胥数次托病辞官之后，光绪三十一年（1905）六月，岑春煊檄委庄蕴宽署理。庄蕴宽字思缄，江苏常州人，时任广西太平思顺兵备道。郑孝胥尝对孟森说“思缄来边若问旧令尹之政，当作齐相语曰‘以狱市为寄’而已”，语出《史记·曹相国世家》。盖以“龙州向无监，犯人不论轻重押入大堂旁空屋一间，污秽拥挤，不可思议，京卿久为心恻”，故有新造监房之举。“是役由京卿捐银三百两，令地方官筹办，而砖石木料均饬工程处拨给，约值千金，见者谓为广西第一”，而今“工垂毕矣”（《粤行随笔》，第69页）。

七月十六日，“思缄到龙。是日商家公饯京卿，戏酒均在行台。思缄亦在坐，谈次言‘此来督抚皆以边防相委，然无一字公文及此，权限若何，兵事饷事作何布置，俱茫无头绪，仲宣但申言破格相用之美意，云帅亦止称凡事问郑京卿，绝无指授。此事能随同京卿办理若干时或可就绪，一到即接此重任，恐或不胜’云云”。孟森为郑孝胥述之，郑孝胥说“如此大佳，督抚因边事艰大不敢遥制，思缄可悉照现在情形，遇事办事，按季责饷于抚臣，无督办之名而有督办之实，无□饷之苦而有用饷之权，初接手时但率由旧章，一两月后以意更改，力足任专，竟无需请示督抚，但取移交卷宗奉行可矣”。此言为孟森所称许，“茫无把握之事得京卿一言，正是绝妙地位，转败为功之巧，信不虚也”（《粤行随笔》，第70页）。

七月十七日，郑孝胥回拜庄蕴宽，“思缄复用是迟疑，京卿告以昨所云云，思惧资格不足，京卿言：‘公来本非资格，人以破格相待，奈何负之。’归述思缄语”，并阐释道“凡事实力在前，虚文在后，督抚已奏改边防章程，归边道兼理，思缄来署道即有边防之责，且督抚所面商者皆认署道绾边事矣，乃以札之有无为疑，是重虚文忘实力也。人之聪明才力不可为纸片公文所绊，如思缄今日所处，必请命而后行，督抚于边情本甚隔膜，文牍往来徒假吏胥之手，处分无一合于实事之用，及此然后思自打主意，适成龃龉，事机落后之足以败事，类如此也”，孟森认为“此语最有力量”（《粤行随笔》，第70页）。

八月廿八日，郑孝胥引《新闻报》所载，对孟森说“萨镇冰请以上海制造局及船局归余督办，南北洋会衔入奏，未知确否。余戏语莼孙曰：独不闻‘少室山人索价高，两以谏官征不起’耶”（《郑孝胥日记》，第1012页）。郑孝胥在龙州三年，“常言是行得三大阅历，一不挣门面，日日作老秀才行径，实无害于办事，二实心待人，必不虑人欺我，三人立意欺我，一事受欺，而大局可以获益无数”。而孟森来龙州八月有馀，将其闻见经历记录在册，题作《粤行随笔》，自述“是行得一大见解，天下无穷学问皆为自得之物，好尚同者或喜，取而视之，实未尝能利济及人也。功业半在身外，我之处功业者止有‘存心’二字，所谓‘我欲仁，斯仁至矣’，并无穷年累世考究不尽之条件，事至而后应之，博闻强记，特有时足以借助一二，于经世大端无与也。读书谈艺本自娱之事，分其少许以饰政事已恢然有馀，疑古之名世为果得之故纸堆中，谬矣，信才士为足以经世，浅矣。常自嫌文字不能洗去词藻，时时露书契陋习”（《粤行随笔》，第23页）。本来庄蕴宽早已电告郑孝胥，“欲留孟莼孙”（《郑孝胥日记》，第1006页），但从《粤行随笔》止于光绪三十一年（1905）七月十七日来看，孟森似无意于此间。七月廿一日，郑孝胥辞龙州，“十点登舟，送者千馀人”（《郑孝胥日记》，第1016页），但未提及孟森，不知孟森之去是在其前或在其后。

孟森自述“迨森自龙州军次归，挈弟偕赴日本，再入校学法政”（《仲弟昭常家传》），而张维骧也说“孝胥罢官时，资送森及昭常赴日本留学，速成法政”（《清代毗陵名人小传稿》，第288页），但在事实表述以及时间衔接方面，两者均不甚确。盖事实上孟森既非“自龙州军次归”便紧接着“挈弟偕赴日本”，而郑孝胥也并不是“罢官时，资送森及昭常赴日本留学”。孟昭常说“乙巳以后，兄弟又思割弃馆谷，游学于日本”。所谓“馆谷”，犹言束脩，可知孟森离开龙州以后，仍以教书为稻粱谋。其后，起意留学，“内顾菽水，外需资斧，踌躇不能决，闽县郑苏戡先生促之，且以资助”（孟昭常《先太夫人大事哀启》，见《沤风诗文初集》，1919年铅印本）。光绪三十二年（1906）三月初七日，“孟氏兄弟”从上海启程赴日本，郑孝胥“登船送之”（《郑孝胥日记》，第1037页），距其罢官已然半年有馀。

孟森在日本期间与郑孝胥保持联系，以书信相往还，见于《郑孝胥日记》的便有七次：光绪三十二年（1906）四月廿四日“得孟莼孙、大七书”，闰四月廿一日“与柽弟及孟莼孙书”，六月廿三日“复孟莼孙书”，十月廿一日“与柽弟、孟莼孙、陈少南书”，十二月三十日“得孟莼孙书”；三十三年正月初一日“答孟莼孙书”，正月十八日“得孟莼孙书”（《郑孝胥日记》，第1039、1045、1053、1067、1076、1077、1079页）。光绪三十三年三月，孟森兄弟归自日本。虽然孟森自称“留学日本法政大学毕业生阳湖孟森”（《外交报》1909年第9卷，第6–9期），实则肄业而已，并未毕业。而孟昭常“既归，居沪以学问世，旋入省谘议局及京师资政院为议员”（《仲弟昭常家传》），孟森则凭借着郑孝胥与张元济之介绍，“入商务印书馆编译所”（《张元济年谱长编》，上海交通大学出版社2011年版，第227页）。

七、“惟有王城最堪隐，万人如海一身藏”

孟森兄弟居上海时，积极参与以郑孝胥为会长的预备立宪公会事务，并成为中坚力量。后来，时局“如蜩如螗”，国事“如沸如羹”，至辛亥革命起，孟森与郑孝胥在政治取径上有了根本分歧，前者主张共和政体，并为程德全所统率“民国义师”草拟了誓师文，“欲求政本之廓清，端赖国体之改革。无汉无满，一视同仁。为国为民，鞠躬尽瘁。将泯贵贱高低为一大平等，须合行省民族为一大共和”（黄炎培《我亲身经历的辛亥革命事实》，见《辛亥革命亲历记》，中国文史出版社2001年版，第96页）。后者仍然恪守帝制，并对孟森坦言“世界者，有情之质；人类者，有义之物。吾于君国，不能公然为无情无义之举也。共和者，佳名美事，公等好为之；吾为人臣，惟有以遗老终耳”，孟森则以“无庸再蹈谢皋羽、汪水云之成迹”（《郑孝胥日记》，第1356页）相劝。

“不意甲子（1924）溥仪出走津沽。张园会议，海藏即主附倭以延残喘。辛未（1931），倭入沈阳，寖占东省，而海藏果奉溥仪托庇虏廷矣。殷顽犹可恕，托命外族不可恕，而身败名裂，至此益显。”（汪国垣《光宣以来诗坛旁记》，见《民国诗话丛编》第5册，第465-466页）“一二八沪战方剧”之时，陈衍斥责郑孝胥为“丧心病狂”，并说“余与之绝交久矣”（《石语》，见《陈石遗集》附录二，福建人民出版社2001年版，第2183页）。不过，“七载参商迹两歧”，自郑孝胥离开上海为溥仪筹划“满洲国”事宜以来，孟森与之七年未尝相见，纵然“兵间始识生离苦，病里曾裁死别诗”，似始终并未对郑孝胥行径有所指摘，遑论绝交。

1937年7月，卢沟桥事变爆发。孟森“以忧国，食不甘味，日益瘦损”（《郑天挺西南联大日记》，中华书局2018年版，第15页）。“本年自夏入秋，患胃病甚剧。兵火危城，无复生意”（罗常培《孟心史先生的遗诗》，见《治史杂志》1939年第2期，第2页）。11月4日，孟森进入协和医院，“断为胃癌，主割治”（《郑天挺西南联大日记》，第15页）。11月10日，郑孝胥“与稚辛、五丁同访孟莼孙”于其寓所，然而“已入协和医院”（《郑孝胥日记》，第2693页），未遇。次日，孟森闻讯之后，在病榻上作诗两首，题为《郑氏兄弟父子昨来寓拟寄二律》，其内“扫景开门惭废阁，挥毫落纸忆风仪。悬知二老兼尊幼，同讶高轩一过时”之句，对郑孝胥礼敬有加，至于“为报故人消息恶，膏肓攻达窘医和”云云，则对自身所患病症惟恐不治。11月13日，孟森枕上得句“城郭人民旧乡国，令威归来一叹息。事变何须岁月深，潮流只觉年时激。天生磊落人中豪，意气上薄青云高。纲常大义一手绾，天地杀机只目蒿。乾旋坤转我何有，进退绰然仍敛手。天道难堪只侮亡，人生长策惟邱首。呜呼，郏鄏灵长鼎旋迁，宅京最久是幽燕。即论人海藏家世，规矩高曾越百年。君不见贵由赵孟何如贱，况有春秋夷夏辨。一世犹难与俗论，万流何况由天演。弃我去者锁国年中旧是非，逼我来者横流日后新知见。噫吁嘻，锁国原无大是非，横流自有真知见”，题为《枕上作有赠》（《孟心史先生的遗诗》，第3页）。11月15日，郑孝胥“与稚辛同至协和医院视孟莼孙，赠二百元；莼孙气色甚好，病榻中犹作七言古诗，题曰《有赠》，即赠余也”（《郑孝胥日记》，第2693-2694页）。此前一日，11月14日，罗常培到协和医院探病，孟森尝以《郑氏兄弟父子昨来寓拟寄二律》《枕上作有赠》相示，并希望罗常培“带给南方的朋友们看看，以见我心境的一斑”（《孟心史先生的遗诗》，第2页）。罗常培说这几首遗诗是“为郑孝胥而作的。他那种‘贵由赵孟何如贱，况有春秋夷夏辨’的讽刺，仍然是君子绝交不出恶声的态度，不悖诗人温柔敦厚的旨趣”（《孟心史先生的遗诗》，第2页）。而郑天挺也亲见过其诗，认为“极悲愤伤悯之怀”（《郑天挺西南联大日记》，第15页）。其实，《郑氏兄弟父子昨来寓拟寄二律》并无讽刺之意寓焉，《枕上作有赠》先扬后抑，至多止于讽谏而已。且事实上孟森与郑孝胥亦未绝交，自不必以恶声相向。

1938年1月14日，孟森以胃癌疾卒于北京，实岁未及七十一。1月22日，郑孝胥在长春听闻噩耗，在日记内写道“孟莼孙于十四日卒，殡于法源寺，二子皆不在侧”（《郑孝胥日记》，第2703页），却将卒日误延一日。盖其日记例以旧历记事，1月14日，换算过来，应该是十二月十三日。3月28日，郑孝胥因十二指肠溃疡旧疾发作而殁，年七十九，外间传说“死于日本人的暗害”（溥仪《我的前半生》，东方出版社1999年版，第346页）。

八、“绝交虽已隘，益见叔夜真”

郑孝胥在早年有诗“泱泱渤澥意如何，腾碧翻金眼底过。出世只应亲日月，浮生从此藐山河。南归不用怀吾土，东去谁能挽逝波？爱煞滔天露孤岛，弃船聊欲上嵯峨”（《海藏楼诗集》，第218页），而其“睥睨一世之气，冥心孤往之怀，感慨于中，情见乎外”（汪国垣《光宣以来诗坛旁记》，第468页）。在龙州时，钟麟同尝对孟森说“郑帅盖天人也”。所谓“世必有非常之人，然后有非常之事”，郑孝胥自命为不凡，“我固有呼风唤雨之手段，翻江倒海之神通者也”，且谓“余与民国乃敌国也”（《郑孝胥日记》，第1004、1705页），因而“只缘英气平生误”，作出数典忘祖之举，“于清室为不忠，于民族为不孝”（汪国垣《光宣诗坛点将录》，见《民国诗话丛编》第5册，第322页）。孟森也说“忆龙州入幕时，海藏出初刻集相授”，当是时也，“海藏援功成身退之义，累疏求去，骤不得请，意颇郁郁，形于咏歌”，于是孟森“指诗集开篇第一首中一联云‘三十不官宁有道，一生负气恐全非’，戏问海藏：‘今日之求退不得，与十馀年前未出山时语气相较何如？’海藏谓出处之故，情随境变，未可执也，独负气不自瘳耳”，则后来郑孝胥所作诸种恶行，“前言尚可理也”（《海藏楼诗集·序》，第7页）。郑孝胥逝世后，程康哀之以诗“片语救亡臣有策，终身为虏我何尤。宁将国命酬孤注，未必行藏不赘疣”（《光宣诗坛点将录》，第330页），正可为其“非常之事”作一注脚。

魏晋之时，嵇康无意出仕，听闻山涛“议以吾自代”，于是写下《与山巨源绝交书》，后之陈与义评论说“绝交虽已隘，益见叔夜真”，认为绝交之举虽然看出嵇康心胸狭隘，却更加彰显其为人真挚。孟森入郑孝胥军幕虽然仅有数月，但服膺并崇敬郑孝胥均出于至诚，这从《粤行随笔》相关记载可以看出，而且孟森这种情愫贯穿于交游之始终，其中或许还掺杂着客卿对幕主的依从意识，故将“忠孝出处大节”置于其次，听任所为，既未大义凛然地干预或批评，更未与之割席分坐。不惟如此，反而还在《海藏楼近刻诗序》之内借题发挥，“又忆前数年，海藏有刊落风华之意，谓将不作近体诗。今读近年诗，虽危苦有甚，而风致流美，无老手颓唐之态。然则才分有定，爱好之结习与负气并行，所行皆负气之事，所作亦皆负气之诗。负气之事之果为是非，将付难齐之物论，而诗则当世固已无异词矣”（《海藏楼诗集·序》，第7–8页）。其所强调的是物论难齐，而并不是“果为是非”，从中可以看出孟森对郑孝胥的护惜与姑息，是其真挚又未尝不于此“益见”。

踞灶觚（二）

王培军

二十一、严杨二豪

严耕望与侄书，自评其《唐代交通图考》："此为我平生功力最深之著作，亦为司马氏《通鉴》以后九百年来史学界功力最深之论著。《日知录》《明儒学案》《文史通义》诸书，其境界也高，影响也大，但功力不如我之深，我书精审远过前人。"杨宽与人书，亦自评其《战国史料编年辑证》："此书按年所编史料，上继《春秋》《左传》，下讫秦之统一，共二百四十多年，附有编年之考证，并有史料真伪之考订，纠正了《资治通鉴》以来所有这方面著作之错误。可以说，此乃继《春秋》《左传》之后一本研究'战国史'的'经典'著作，将有传世之史料价值。"二家之书，功力湛深，为学人所公认，其本人并亦笃于自信，一比于《资治通鉴》，一比《春秋》《左传》，则不可不谓一世豪也。

二十二、敝师苏大哥

曾文正性喜谐谑，作文宗韩，每称昌黎为“敝师”。一日，出一文示刘霞仙，霞仙读讫笑曰：“只作得‘半截韩退之’耳。”文正问故，霞仙即用韩文语答之：“当其始也，惟陈言之务去，戛戛乎其难哉。”见《答李翊书》。盖亦谑之也。又克黄州时，于残书中拾得一帙，曰《述异记》。中言子贡掌天上文衡，司马子长、班孟坚、韩退之作考官，凡名士死者，皆令赴试。高第者派入文昌府管事，黜落者即放回人间，令再读书。云云。文正览之竟，又语霞仙曰：“敝师作考官，吾无忧矣。”

杭大宗于诗，自云兄事东坡，故每呼为“苏大哥”。见《瓶庐诗稿》卷五《题旧藏杭大宗诗画册》自注。亦滑稽之语，适堪与前事作配。

二十三、仁兄大人

夏穗卿读书通博，思想又极新，故议论行为多奇。其子元瑮，遂亦濡染之。其读书南洋公学时，作书与穗卿，径称之为“仁兄大人”，穗卿发书莞尔，作覆之际，亦呼之“浮筠仁兄大人”。浮筠，元瑮字也。元瑮后游学德国，归为北京大学教授，以善相对论名。

陈仲甫亦然。仲甫与其父书，亦呼之曰兄。仲甫父以道员候补于浙江，不修边幅，仲甫亦习其风耳。钱玄同则呼子为“世兄”，以反对礼教，亦一大怪也。

二十四、仿造佳话

郑板桥生平嗜狗肉，有盐商求其字不得，乃一旦出奇计，设狗肉于某处，诱之使饱食，板桥无以偿，即作字酬之。此事遂传为佳话。何蝯叟书名重海内，亦有赍金求之而不可得者。一日蝯叟往永州访友，距城数里，饥而疲，因憩食于村店。食已，店主索值，时资装已先入城，囊无分文，无以应。乃请作字为偿，店主竟弗许，至典衣而后行。

齐白石有一事，颇亦类之，盖仿此佳话也。白石晚岁时，一日见有推车卖白菜者过，乃忽发雅兴，呼之使前，并取己之画，欲以换彼一车之白菜，卖者大诧怪，峻拒之去。佳话遂亦流产。

二十五、画人之恨事

道光中，华秋岳在京卖画，顾知者鲜，甚不得意。一日，有人以名人字画求售，视之无佳品，将返之，瞥见包画之纸亦是画，虽残，似甚佳，异而谛视，乃即己之画也。秋岳怅叹万状，乃浩然出都。

齐白石年六十，至京，精心作水墨竹石花鸟数幅，皆仿八大山人笔也，送琉璃厂某画肆，属悬之壁间求售，肆主乃却之。白石大恨。又改送于他处，悬之数月，始为一日本人购去，其名乃稍起，然清幽之笔，时俗终不好也。一日，白石忽发奇致，戏取浓墨杂朱碧纵涂巨幅，花大如斗，纷红骇绿，光焰赫然，人竞传其画格大变，日人尤以为美，争求购之，故都之人，无贵贱均以得其画为荣，而白石之门若市矣。白石病之，赋诗以志其事，盖亦自伤也。

二十六、八十拍

谈孺木《枣林杂俎》载：魏忠贤势焰盛时，外廷谄附，实繁有徒。颂其功德者，周应秋凡三十九疏，郭允厚四十疏，薛凤翔四十七疏。彼辈之谀辞，亦云多矣。朱光潜与人书云：袁水拍之媚江青，乃作书八十通，人谓之“八十拍”。见《朱光潜全集》第十册。此倒用“胡笳十八拍”也。此又突过古人，后来居上。

二十七、学问秘本

散原作诗，有换字秘本，凡新诗作成，必取秘本中相等相似之字，择其合格最新颖者，评量而出之，故其诗每佳，多有为他家所未发之语。其秘本之字，为于普通之字下，缕列同义近义字，如“骑”字下，列“驾”、“乘”等，诸如此类。太炎作文，亦有此种秘本，凡十馀册，蝇头小楷，手录汉魏古异字，极精善。太炎每一文成，以稿示弟子，大抵亦文从字顺，无异于人，越日改稿出，则渊雅古茂，有不能句读者矣。

刘申叔另有手抄秘本，乃治国学之心得者，生平未尝以示人，虽家人亦莫敢寓目，死后乃入黄季刚手。季刚喜不自胜，扃诸箧，资为述作之助。后季刚以避战火，挈眷属走北京，藏书猝不能携，不得已，乃托之及门一弟子。比乱定，季刚归而检视藏书，则秘本已不翼而飞，亟招弟子诘之，坚谓不知。季刚懊丧之极，几于经旬不寐。后弟子还之，并告已一一抄之，录为副本矣，季刚亦无如之何。

二十八、季刚死遇夫吊

李肖聃《星庐笔记》云：黄季刚在北京尝訾杨遇夫不明古训，及杨著论驳侃，侃无以应，遇夫心喜。其卒也，遇夫挽之，有“人亡响寂”之叹，盖悲其早逝而著书无成也。按此说稍不确。遇夫挽联中云“悲其早逝”者，指世人言，非遇夫自谓也。此联见杨《积微翁回忆录》1935年11月3日：“夜中不寐，拟挽季刚云：‘平生义相违，朝闻夕死君何恨；艰辛期自得，人亡响寂世同悲。’《哀启》云：‘君之学以刻苦自得为宗’，故有云也。”且季刚死时，遇夫颇有议论，并无若何悲也。《积微翁回忆录》1935年10月10日："阅报知黄季刚病逝。季刚于《说文》烂熟，然其所推论之孳乳先后多出于悬揣，不足据信。大抵此君读书多而识解不足，强于记忆而弱于通悟。余乡人某著一《连绵字典》（按，指符定一），手稿百数十册，季刚见之，惊其夥颐，赞许不容口。而竟不知其书之芜秽凌杂，绝无可取也。某曾以书求序于章先生，先生以其太劣，拒之。此吴检斋亲闻之先生以告余者。先生之识力，季刚愧之远矣。"10月22日："夜中不寐，戏拟挽黄季刚云：'豭韥未终鸿雁杳，虎须可捋狻麑雄。'余去年与季刚书，季书告陆宗达谓，当熏沐覆书，竟杳然。余戏语徐孟博云：'当是季刚熏沐未毕耳。'"11月1日："黄季刚家人致讣来。按先母逝时余讣告季刚，季不答。余致书，又不报。故余只得置之。《哀启》云：'季将没，自伤垂老无成。'近日学界谈及季死，均谓季生时声望虽高，百年后终归岑寂。据《哀启》似季亦自知之矣。（中略）季刚受学太炎，应主实事求是；乃其治学力主保守，逆转为东吴惠氏之信而好古。（中略）此俗所谓'开倒车'。世人皆以季刚不寿未及著书为惜，余谓季刚主旨既差，虽享伏生之年，于学术恐无多增益也。"皆是。以此读"人亡响寂"之联，其意昭然。不仅此也，1943年11月9日又云："夜中不寐，思及黄季刚之为人与治学态度，戏成一联云：'无周公之才，既骄且吝；受章君之教，不皖而吴。'"1944年1月19日："读王静安《尔雅草木虫鱼释例》，穿穴全卷，左右逢源，千百黄侃不能到也。”亦见彼于季刚，初未释然也。

二十九、“硬充内行”

杨重子云：叶郎园精版本，于书画未能用功，而好用其短，故赏鉴多谬，每为人所笑。见《草堂之灵》。王静安云：张孟劬本不知画者，不知于何处见《雪霁图》，乃大赞之，亦奇事也。见《王国维书信集》。二人之“硬充内行”，并有类于《围城》中之方鸿渐也。

三十、章太炎之医学

太炎颇读医书，自谓精于岐黄之术，但无人敢就医。一日其仆病，太炎亟为配方，使夫人亲往调之。途中为门人汪旭初所见，急止之，而密寝其事。未几仆病愈，太炎喜甚，语旭初曰：“古方灵验，惜世人弗之省耳。”旭初为之哑然。

三十一、马君武悔棋

《遁斋闲览》载：王荆公棋力甚劣，着子又疾，每与客弈，至势将败时，便敛手，假曰：“本图适性忘虑，反致苦思劳神，不如且已。”马君武在报社时，喜与程善之弈，其棋力亦低，又死不认输，故每下必悔。程颇苦之，后思得一法，即马悔一子，彼亦悔一子，往往至一局各悔一二十子，不得止休。

三十二、批诸生文字

章式之批诸生文卷，每夹以讽刺。一生文中多用“而”字，且不当律令，章批之云：“当而而不而，不当而而而，而今而后，已而已而。”“已而已而”，见《论语》。又一生乱用“呜呼”，章批之云：“若丧考妣。”

吴玉如任教天津大学，为本科生出试题，为译解《后汉书·范滂传》“如今得与李杜齐名，死亦何恨”，有一生解之曰：“李乃李白也，杜乃杜甫也。”吴之批云：“一注大妙。”亦刺讥语也。

三十三、鸦片烟绝代佳人

王湘绮弟子陈抱碧，与陈伯严游，湘绮诫之曰：“君诗才气已溢，正进功时也。由此放而复敛，自能企及古人。若跌宕自喜，反悔少作，则堕落宋明窠臼矣。陈伯严、易实甫不可与倡和，彼乃鸦片烟也。”

伯严父右铭抚湘时，湘绮尝往来署中，伯严亦从之游。伯严一日侍父侧，父顾问："王先生为何如人？"伯严对曰："东方岁星一流人也。"父笑而颔之，已而诫之曰："若王先生者，真乃一'绝代佳人'矣。汝幸自持，慎勿被其钩引到旧学窝中，溺而不返也。""绝代佳人"者，古谜语所云"美而无子"四字见《左传》也。

三十四、人间词话

沈剑知谓王静安之《人间词话》，乃笨伯所为。剑知，沈文肃之曾孙、涛园之侄孙，所谓大狂人也。龙沐勋则谓静安晚年深悔此作。见《花随人圣盦摭忆》。

三十五、记女子典故

王书衡云：天下记女子典故最多者，莫过三人：易实甫、樊樊山、吴向之是也。然三人所记，又各不同：实甫专记美女子，樊山专记坏女子，吴则专记老太太。向之，吴廷燮字。

三十六、名士嗜吃

何子贞嗜酒，尤好以金华火腿佐酒。此与张船山同，张亦嗜火腿佐酒。梁山舟喜食枇杷，梅伯言嗜栗子，每蒸之以当饭。焦理堂初好食蒜，而恶韭，筵有韭则远之，后见畦中韭肥秀可爱，试食之而善，自此每饭必具。曾重伯幼嗜食杂物，饼饵不能经宿，其尤奇者，乃能手捕苍蝇而食之，且并不病。

苏曼殊则喜食糖果，云是茶花女所耽食之物，故乐效之。辜鸿铭亦然，亦嗜食糖果，即坐皋比讲学时，亦频于手帕中取花生糖果食之，学生匿笑，不顾也。

三十七、熊十力之善骂

熊十力为人介特，尤善骂。时湖北财政厅长为张难先，与之有雅故，人因求熊为游扬，熊不胜其烦，乃作启事云："仆本散人，雅不欲与厅长通音讯，厅长何物，以余视之，不过狗卵胞上之半根毫毛而已！"后为支那内学院比款库券事，财政总长陈锦涛不签字，款久不能发，熊乃骂之曰："陈锦涛岂特亡八蛋，乃亡九九八十一蛋也！"

三十八、学人好货事

胡适云：冯友兰生平好货，且精于打算。其从美国归时，乃亟购三只大冰箱，中皆塞满私货，拟带回国卖之，大赚一笔也。其在北平时，亦多置房地产。又其平日蓄长须，亦是为省钱故，盖剃须必多花钱，非为美观计也。

何兆武云：吴晗执教西南联大时，亦作“二房东”，以此赚钱。彼先租一所大房子，分租之于学生，俟其住定，乃即称有亲戚要来，须收回房子。以此而涨其房价也。何氏之姊，为38级经济系学生，即租过其房。

编后语

去年秋天，昆明的友人在路上走着，瞅见一家店面，大字招牌“掌故”，而且确是刘涛先生手书的刊名。乍一看像是本刊的实体产业，就近观之，旁边还有略小一点的字“老北京涮肉”。“掌故”与“老北京涮肉”的联系，当真百思不得其解，店老板是不是对“掌故”二字有什么误解？七八十年前，也是在昆明，那位迷恋《红楼梦》的吴宓教授怒砸一家湖南菜馆，原因是菜馆名曰“潇湘馆”，唐突了佳人，实难饶恕。本刊当然不敢效颦打砸，甚至连“维权”也缺乏兴致。须知不为好事之徒，不足以办《掌故》，本此精神，就当它是《掌故》影响力的体现，亦可乐也。

较之以往，本集体量明显增大，堪称“特大号”，三篇长文撑起主干。第一篇《钱锺书旁记》，是钱锺书先生的堂弟钱锺汉四十年前所写，虽说是“旁记”，却不得不承认，自家人“旁记”的深度与生动，迥非他人所能及。第二篇从胡适秘藏的一通读者来信，钩沉出他与一对出身名门的年轻夫妇的交往，如同掀起了厚重的时光幕布；作者夏寅年少新进，令人欣喜。高林重新梳理、充实、考察名记者浦熙修在1949年之前的工作与生活，也不妨说是在书写对祖辈那一代新闻工作者精神世界的理解。

新作者序列，本集还有黄大德、牛风雷、叶康宁、吴真四位学人加入。黄大德作为邓尔雅的外孙、黄般若之子，写起汪精卫的侄子、奇人汪希文来，少不了珍秘的家族记忆。留心掌故家及其著作，是《掌故》的一贯偏好。牛风雷写北京掌故家金受申，以丰富的藏品为后盾，最是难得。吴真关注东京文求堂的涉华商业活动及文求堂两代主人的生命史，叶康宁关注与袁世凯“洪宪”朝廷相始终的洪宪金印乃至印蜕等等，人之悲欢，物之浮沉，隐身其后的，无不是时代的翻云覆雨手。俞汝捷、赵珩、胡桂林、胡文辉、艾俊川、宋希於等几位资深作者，也都各有佳构。尤其是俞汝捷，因为特殊的机缘，接触到后来轰动海外的“蝴蝶君”原型时佩璞，记下了他作为戏曲演员的日常一面，正是其传奇经历的绝妙对照。还有在清宫掌故领域里绕不过去的“德龄公主”，早有人指出并非真正的公主，但笼罩在她父亲一家头上的迷雾，直到本集的艾俊川文章才得到全面廓清。不妨说，乐于向读者诸君推荐的篇章很多，这里只是一脔之尝而已。

去年第八集出刊后不久，闻知刘衍文先生以一〇二岁高龄在上海故去。刘先生晚岁多写掌故，足为当代一大家，他的《交游漫忆》刊于本刊第五集，竟或是他的绝笔之作。长久地办好《掌故》，大概是对他老人家的最好纪念。《掌故》一路走来，始终沐浴在一天星斗的光辉之下，何其有幸。

严晓星　壬寅季夏既望